Oscar Y Amanda, O, Los Descendientes De La Abadia – Primary Source Edition

Regina Maria Roche

OSCAR

Y

AMANDA.

III.

OSCAR
Y
AMANDA

O LOS

DECENDIENTES DE LA ABADIA,

OBRA ESCRITA EN INGLES

POR MISS REGINA-MARIA ROCHE:

TRADUCIDA LIBREMENTE

POR

D. CARLOS JOSÈ MELCIOR.

SEGUNDA EDICION.

TOMO III.

BARCELONA:

Imprenta de MANUEL SAURÍ y C.
Año 1828.

OSCAR Y AMANDA

O LOS

DESCENDIENTES DE LA ABADIA.

CAPITULO XLII.

Decidme hija mia, dijo Mistriss Macpherson, quereis tomar alguna cosa? — Con mucho gusto, señora; contestó Amanda, un poco de té.—Ah! lo que es té, acabo yo de tomarlo, y las tazas estan ya lavadas y puestas en el vasar; pero si quereis una corteza de pan con una poca de agua y rom, se os puede dar. Amanda la contestó que no.

—No os insto, dijo Mistriss Macpherson, porque vamos luego á cenar: y mientras esperaban la cena dijo á Amanda que tomase una silla á su lado, y comenzó á incomodarla con preguntas menudas relativas á ella, á las religiosas y á toda la vecindad de santa Catalina. Amanda la dijo en pocas palabras que su padre habia sido militar; que diferentes desgracias le habian arruinado, y que al tiempo

de su muerte, que habia sucedido en la vecindad de santa Catalina, las religiosas la habian recogido por compasion, hasta que pudiese encontrar una colocacion.

Pues bien, os aseguro que habeis encontrado una de buena. Si no estais bien aquí,
será por culpa vuestra. Quiero, añadió, enseñaros la casa y sus dependencias. En verdad que
era cómoda, pues consistia toda entera en
una sala y dos gabinetes contiguos, y la co-
cina al último del pasadizo. Las dependencias
eran un huertecillo plantado de coles y el resto del terreno cubierto de cardos. Es muy buena
habitacion, decia la vieja apoyándose sobre un
baston que llevaba de puño de marfil, echando
la vista por todo el derredor, y meneando la
cabeza con aire de satisfaccion. Al mismo tiempo enseñaba á Amanda la hermosa vista que
tenian delante de la puerta, y llamando á
una criada de pelo rojo que vino con las piernas desnudas, la dijo que cortase algunos cardos, y los pusiese al fuego para apresurar á
que hirviese la marmita. Vueltas á la sala la
vieja abrió un armario, y sacó un par de sá-
banas á fin de ponerlas al aire para que se
acabasen de secar. Acostábase en uno de los
gabinetes, y la cama de Amanda estaba en
el otro, sin cortinas, y con un cobertor roto. El gabinete solo tenia una pequeña ventana que daba al jardin, y por todos muebles
una silla medio rota, y un pedazo de espejo
emplastado con yeso á la pared.

Sirvieron al fin la cena: consistió esta en
algunas coles, pan de avena, un poco de agua,

y una redomita medio llena de una especie de aguardiente, del que Amanda no quiso probar, y de lo que Mistriss Macpherson se alegró mucho; alumbrábalas una pequeña vela que la vieja cortó en dos pedazos para dar la mitad á Amanda, cuando se separaron para acostarse.

Amanda encontró algun alivio en hallarse sola; y pudo entonces llorar sin restriccion, y abandonarse á sus tristes reflecsiones, que la conducian á creer que ella no gustaria jamás de ninguna satisfaccion viviéndo con una persona tan desagradable, y de un carácter tan grosero; pero por penosa que fuese su situacion, se resignaba á ella con la idea de que allí tendria mas ocasiones de tener noticias de santa Catalina que en ninguu otro parage, y saber por este conducto alguna cosa de Lord Mortimer; los detalles mas indiferentes en apariencia, eran para ella un manantial de placeres melancólicos, los solos que podia gustar estando separada de él para siempre.

Esta esperanza endulzaba y al mismo tiempo daba pábulo á su melancolía, disminuyéndosele la violencia de su dolor, llevaba á su alma una dulce tristeza, la mas agrabable de las delicias que le quedaban, despues de haber perdido aquellas que hubiera esperimentado si sus votos se hubiesen verificado. Gustaba con una especie de placer de este dolor virtuoso, cuya amargura lo templaba el testimonio de una conciencia pura.

Fatigada de todas las conmociones de este dia y de las reliquias del mareo que habia sufrido, Amanda se acostó sobre su cama de borra, y se durmió profundamente hasta la mañana, en que la agria voz de Mistriss Macpherson vino á sus oidos. «Vamos, va-«mos, Francisca, ya es hora de levantar-«se!»

Dispertóse Amanda sobresaltada, y desde luego no se acordó ni del nombre que habia tomado, ni del lugar en que estaba; pero un nuevo aviso la volvió en sí. Levantóse pues, y se vistió en poco tiempo. La vieja estaba ya tomando el té, y en lugar de volverle los buenos dias que Amanda le deseaba, la dijo que por motivo de la fatiga del dia anterior, la escusaba el haberse levantado tan tarde, que eran las ocho, y que en lo sucesivo era preciso que se levantase á las seis en verano y á las siete en invierno, añadiendo que no teniendo campanilla, llamaria á la puerta todas las mañanas.

Amanda la aseguró que le gustaba levantarse temprano, y que ya estaba acostumbrada á madrugar. Hecharon el té en las tazas, el cual era de la peor calidad. Solo habia el cogucho, pan de avena, y nada de manteca. No estando Amanda acostumbrada á un desayuno tan malo, despues de haber tragado algunos bocados con dificultad, dijo con alguna cortedad que ella preferiria, un poco de leche. Mistriss Macpherson se puso de muy mal humor á esta proposicion; y despues de haber guardado un momento de silencio, la contestó que ella habia hecho té para dos personas, y que no era amiga de desperdiciar nada; que su

casa estaba arreglada , y que por nadie absoluⁿ
tamente queria alterar este órden En fin añadió, que ella no se alimentaba de vaca, ni tomaba leche todos los dias, sino la que era necesaria para el té y para el gato.

Amanda contestó que pasaria con ello, sobre lo que la vieja murmuró entre dientes algunas palabras sobre las gentes que querian
darse un tono que no les convenia. Antes de
las nueve se abrió la escuela : componiase de
cerca treinta muchachillas de las casas de la-
bradores de las cercanías. Habiendo Mistriss
Macpherson introducido á Amanda en la sala , le dijo que empezase la instruccion delante
de ella , á fin de que pudiese juzgar de su mé-
todo : tarea muy desagradable para una jóven,
cuyo espíritu y cuerpo sufria tanto; el uno la
inquietud, y el otro la fatiga. Sin embargo, como lo habia emprendido , resolvió desempeñarlo
lo mejor que pudo, y fué su desempeño á satisfaccion de la Macpherson , que solo le encontró
el defecto de tener demasiada dulzura, pues
la dijo, que las niñas no la temerian. La
escuela se acabó á las dos, y Amanda tan
feliz como las niñas de recobrar su libertad,
corria al jardin para ver si el aire la alivia-
ria de un violento dolor de cabeza , cuando
la llamaron para que pusiese en órden los
bancos y demas muebles de la escuela. Púsose colorada y permaneció algun tiempo inmovil; pero reflecsionando luego que si reusaba obedecer en esto á Mistriss Macpherson,
se seguiria de aquí una querella que tendria
consecuencias pesadas para sí, vistas las cir-

cunstancias en que se hallaba, se puso á ejecutar la órden que acababan de darle. Sirvieron la comida. Fué esta tan frugal como la de un bracman. Cuando se acabó, Mistriss Macpherson se recostó en su gran silla de brazos para tomar allí el sueño, sin dar, á Amanda especie alguna de escusa.

Libre Amanda habria ido á pasearse por el huerto, pero llovia y tenia al rededor de si todo el horror de la tristeza y del desconsuelo. Desde la ventana veia el mar que estaba agitado, y oia el sordo y meláncolico bramido de las olas que venian á estrellarse contra las rocas.

La criada que limpiaba los platos, cantaba una cancion escocesa muy triste, de modo que todo conspiraba á sumergir á Amanda en un abatimiento mayor que nunca. Toda esperanza estaba muerta para ella. Los lazos que la unian con la sociedad estaban rotos, y parecia que no se le habian de volver á unir; ya no tenia padre, amigo, ni amante que pudiese endulzar sus penas.

Como un arbol jóven trasplantado del suelo que lo ha visto nacer, estaba espuesta al viento de la adversidad; sus lágrimas corrian sobre sus descoloridas mejillas, y suspiraba pensando en su padre. Oh ! el mas querido y mejor de los hombres, esclamaba; si vivieseis aun, no seria yo tan desgraciada; me quedaria vuestro consuelo y vuestra piedad! Una gruta bajo las rocas que estoy viendo, habria sido un asilo soportable si lo hubiese partido con vos; pero yo soy demasiado per-

sonal en mis sentimientos, pues habeis dejado
esta mansion de penas, por la de una paz
eterna, en donde estais reunido con vuestra
querida Malvina.

Pensaba tambien si Lord Mortimer estaria
ocupado en ella en aquel momento ; pero no
podia detenerse en esta idea, convencida como estaba de que segun las apariencias no podia menos de creerla culpable. Sacaba el retrato
de su seno, lo miraba con ternura, y lo
apretaba contra sus labios. En esta ocupacion
fué interrumpida por Mistriss Macpherson, que
habia dispertado. Entonces enjugó prontamente las lágrimas, y ocultó el retrato. La noche se pasó con igual desagrado. Mistriss Macpherson la fatigó con conversaciones fastidiosas,
y preguntas indiscretas, de modo que era tan
pesado escucharla como responderla. Amanda
vió felizmente acercarse la hora de acostarse,
y sustraerse así de esta fastidiosa esclavitud.

CAPITULO XLIII.

Así pasó Amanda el primer dia en su
nueva habitacion, y del mismo modo una
semana entera á escepcion del domingo en
que no habia escuela, y en el que Amanda
fué á la iglesia con Mistriss Macpherson. Al fin
de la semana se encontró de tal modo cansada de la fatiga, y de la vida sedentaria que
estaba obligada á llevar (pues Mistriss Macpherson no la dejaba salir de casa porque decia que estas correrías no eran buenas para nada), que le declaró que la dejaría, á

menos que le diese la libertad de hacer todas
las tardes un poco de ejercicio necesario á
su salud. Mistriss Macpherson se turbó un
poco y murmuró entre dientes; pero como Amanda la habia hablado con tono firme, se espantó de la amenaza, y al fin la
dijo que despues de comer podia hacer tanto ejercicio como quisiese.

Aprovechóse muy bien Amanda de este permiso. Visitó todos los sitios de las cercanias; pero sobre todo frecuentaba los caminos que conducian al mar. Gustábale pasearse á lo largo de
la orilla y cuando se hallaba fatigada, descan-
saba sobre una roca, y contemplaba la costa opuesta. En vano procuraba descubrir los
objetos que conocia. No podia distinguir el
castillo de Carberry; pero sabia su situacion, y hallaba gusto en fijar sus miradas ácia
este lado.

En estos solitarios paseos podia dejar correr libremente sus lágrimas, y fijar sus ojos
sobre el retrato de Lord Mortimer, pues
no temia que la observasen. Las rocas de la
costa formaban, por decirlo así, una mura-
lla á su alrededor: y en el camino que conducia al mar, raras veces encontraba persona humana.

Quince dias se pasaron así, y ya empezaba á estar sorprendida é inquieta de no tener noticia alguna de Mistriss Dermot. Estaba ya resuelta á escribirla, no pudiendo sufrir mas el tormento que le causaba el no saber el efecto que habia podido producir en
Lord Mortimer su fuga. A la mañana del dia

en que habia resuelto escribir, vió ven ir á un marinero ácia á la casa, é imaginando que la traia alguna carta, olvidó toda reserva, y salió del aposento con precipitacion. Detuvole á algunos pasos de la casa, y conociendole por ser del barco que la habia traido, le dijo, me figuro que traeis alguna carta para mí. El hombre le hizo señal que sí, y registrando su seno sacó de él un grande pliego, que Amanda cogió vivamente, y sabiendo que no podia hacerle dar en la casa refresco alguno, le dió un peso para que fuese á beber á otra parte. Entonces se volvió á la sala, é iba á retirarse á su pequeño cuarto, cuando Mistriss Macpherson la detuvo: Qué hay? preguntó: qué significa todo este movimiento? Sin duda habeis recibido alguna carta de amor, tanta es vuestra prisa en leerla,

No por cierto, le dijo Amanda, puedo aseguraros que no es nada.—Y de quien es? insistió Mistriss Macpherson. Juzgando Amanda que si ella decia que era de Mistriss Dermot, la enfadaria con cien preguntas impertinentes, respondió que era de una íntima amiga.

De una íntima amiga! repitió Mistriss Macpherson; suponiendo que no se trata de la vida ó de la muerte de nadie, podeis diferir la lectura de la carta hasta despues de haber comido y dado leccion á las niñas. Este momento fué penoso para Amanda. Titubeó un momento si obedeceria; pero considerando despues que si empezaba esta lectura tendria que interrumpirla á menudo determinó diferirla hasta despues de comer. Por fin llegó el mo-

mento del sueño de Mistriss Macpherson, y
Amanda se apresuró á irse á uno de sus re-
tretes ordinarios entre las rocas. Allí se sentó y rompió la nema. El pliego encerraba dos
cartas; la primera sobre la que puso los ojos
era de Lord Cherbury, y decia lo que sigue,

A Miss Fitzalan.

«En vano, Señora, os resistís á recibir
«socorro alguno pecuniario de mí. No sois
«vos quien contraeria por ello una obliga-
«cion; soy yo quien os debería un eterno re-
«conocimiento, si no cedieseis á mis instan-
«cias. Acabo de llegar á Londres, y he en-
«cargado á mi procurador que os dirigiese un
«contrato de trescientas libras esterlinas cada
«año que enviaré sin falta á la superiora, co-
«mo he hecho con esta carta. Estoy bien per-
«suadido que no puedo jamás pagar el gene-
«roso sacrificio que habeis hecho por mí, el
«cual me escita unos sentimientos que no pue-
«do describir, pues son superiores á toda es-
«presion; pero vos podeis figuraros con que
«ojos miraré al Ser que me ha salvado del
«deshonor y de la destruccion. Sé que Lord
«Mortimer ha dejado la Irlanda, y lo espe-
«ro aquí de un dia á otro. Tengo entretan-
«to la esperanza de que cederá á mis deseos.
«Vos misma imagino que quedaréis satisfecha
«de saber, que el sacrificio que habeis hecho
«no ha sido en vano, y que ha tenido las
«felices consecuencias que yo esperaba. Yo po-
«dré gustar alguna satisfaccion, cuando estaré
«seguro de que sois feliz: Y ¡quién tiene mas

«derecho á serlo que vos, cuya virtud es tan
«pura, cuya alma es tan grande y noble, y
«cuya generosidad es tan heroica que sois su-
«perior á todas las mugeres que haya jamás co-
«nocido!

«Ojalá recibais de este mundo y del otro
«la debida recompensa! Este es el voto ar-
«diente y síncero de aquel que tiene el ho-
«nor de titularse vuestro muy reconocido y
«obediente servidor.

Cherbury.

Hombre insensible! esclamó Amanda, cuán
poco siente en su corazon todo cuanto me es-
cribe! Qué poco conoce el precio del sacrificio que he hecho! Con que erueldad me
presenta sus esperanzas realizadas con la destruccion de todas las mias! No, antes pe-
diré de puerta en puerta el pan de limosna,
que deber cosa alguna á la ostentacion de su
reconocimiento, á aquél cuya vil pasion ha
destruido toda mi felicidad. Volvió á cerrar
la carta, la puso en la bolsa, y tomó la
otra, cuyo sobre era de la mano de Mistriss
Dermot.

A Miss Donald.

«Ay mi querida hija! por qué me habeis
«ecsigido la promesa de escribiros en detall
«todo lo que sucedería despues de vuestra
«partida? En efecto no puedo escusarme á lle-
«nar una promesa que os dí tan solemnemente;
«pero es con la mayor pena, persuadida de
«que lo que tengo que deciros no hará mas

«que agravar vuestros dolores. Con todo me
«parece que os oigo decir: Ciertamente, mi
«querida Mistriss Dermot, me conoceis bastan-
«te para creer que recibiré lo que me diréis
«con valor y resignacion. Bien persuadida de
«esto mi querida, emplead uno y otro, y
«empiezo sin mas rodeos.

«Os podeis acordar que me dejasteis co-
«mo á las tres de la mañana. Yo me metí
«en cama, pero no pude hallar reposo algu-
«no en ella, y me levanté tan fatigada como
«lo estaba al acostarme. Despues me trasla-
«dé á la sala, en donde la atencion soste-
«nida de sor María lo habia preparado todo
«para vuestro desayuno, y el de Lord Mor-
«timer. Yo envié á decir á las hermanas que
«no viniesen, que no se las llamase. Lord
«Mortimer llegó prontamente muy alegre, con
«la cara risueña y los ojos animados. Jamas
«he visto á la felicidad manifestarse de un
«modo mas halagüeño en su fisonomia. Te-
«nia el aire del amor que va á recibir el pre-
«mio de su constancia. Preguntóme si os ha-
«bia visto ya; á lo que contesté que no. Lue-
«go manifestó su impaciencia. Dijo que erais
«una muchacha perezosa, y que temia que no
«fueseis una mala viajadora. Llamó despues,
«y suplicó á la criada que fuese á deciros
«que os esperaban. ¡Golpe terrible querida hija!
«á este momento mi corazon estuvo á pique de
«desfallecer. Volví la cabeza ácia el jardin
«para ocultar mi turbacion. La criada volvió
«un momento despues, y dijo que no esta-
«bais arriba. Está seguramente, dijo Lord Mor-

«timer, en algun otro aposento; os suplico
«que la busqueis y la supliqueis que baje. Algu-
«nos minutos despues entró sor María, pálida,
«deshecha, y respirándo apénas con dificultad,
«y precipitandose en el aposento esclamó: Oh
«cielos! no se encuentra á Miss Fitzalan! pe-
«ro aquí hay dos cartas que he encontrado so-
«bre su mesa, una para vos, señora, y otra
«para Lord Mortimer. No sé que imprésion se
«dejó ver entónces en el semblante de Lord
«Mortimer; pues mi conciencia me quitó el va-
«lor de levantar los ojos hacia él. Tomé mi
«carta en silencio, la abrí, pero no tuve
«fuerzas para leerla. Sor Maria estaba á mi
«lado, torciéndose las manos y llorando. Qué
«es esto? qué os dice? Yo no podia ni res-
«ponderle ni hacer movimiento alguno, cuan-
«do un profundo suspiro, ó mas bien un ge-
«mido doloroso de Lord Mortimer me sacó de
«este estado. Levantéme y le vi pálido é im-
«móvil, teniendo en sus manos la carta so-
«bre la cual tenia fijos sus ojos. Abrí la puer-
«ta del jardin para que recibiese el aire, y
«con esto volvió un poco en sí. Reponeos,
«Milord, le dije. El meneó la cabeza triste-
«mente, y haciéndome señal con la mano de
«que no le siguiese, pasó al jardin. ¡ Buen
«Dios! esclamó sor María, qué os dice pues?
«Yo la respondi dándole vuestra carta, y ro-
«gándola que la leyese alto; pues las lágrimas
«que derramaba al aspecto de la cruel situa-
«cion de Lord Mortimer, habian obscurecido
«del todo mi vista. La alarma que teniamos
«sobre vos, se hizo luego general. Todas las

«religiosas corriéron , y el dolor y la conster-
«nacion se veian pintados en todos sus sem-
«blantes. Cerca de media hora despues, ví á
«Lord Mortimer que volvia á entrar en la
«sala ; yo despedí á las hermanas. Habia él
«hecho increibles esfuerzos para componerse, pe-
«ro no lo habia conseguido. Trémulo como esta-
«ba, pálido y casi yerto , y su voz poco menos
«que estinguida, dióme á leer la carta , y yo
«le entregué la que iba dirigida á mí. Pe-
«ro decidme Milord le interrumpí despues de
«haber leido, debemos tener mas lástima de
«ella , que condenarla.

«Ah ! contestóme., tengo lástima de ella de
«todo mi corazon. Tengo lástima de una cria-
«tura tal como Amanda Fitzalan , hecha es-
«clava y víctima del vicio. Pero ha sido cruel;
«me ha engañado, inhumanamente y destrui-
«do mi felicidad para siempre.

«Ay Milord ! le dije yo, aun que las apa-
«riencias sean contra ella, yo no la creeré
«jamás culpada. La que ha llenado todos los
«deberes de una buena hija, como lo ha hecho
«Amanda; la que he visto resignada á una vi-
«da pobre y laboriosa, jamás podré creerla
«esclava del vicio.

«No me habléis mas de ella, me dijo. So-
«lo el oir pronunciar su nombre es una pu-
«ñalada para mí corazon. Las sospechas que
«tenia algunos dias hace, y que me desespe-
«raba de haber concebido, veo ahora confir-
«madas. Ellas nacieron en mi imaginacion por
«haber visto á Belgrave errante por estos al-
«rededores, y por haberla encontrado á ella

«en estas ruinas al anochecer. ¡Oh cielos! des-
'«pues de haber visto su turbacion: ¡conqué
«facilidad mi corazon prevenido en su favor
«hasta le ceguedad ha procurado escusarla!
«Desgraciada Amanda! vuestro destino es en
«efecto bien triste y digno de compasion! Pue-
«de ser que un pronto arrepentimiento la ar-
«rancará de las manos del malvado, que en
«el dia triunfa de su ruina; pero aun entón-
«ces despues de haber sido separados así, ja-
«más podrémos reunirnos. Estoy persuadido,
«añadió, que su pasion por Belgrave ha si-
«do la causa de su huida, y ya no me to-
«maré la pena de indagar en qué ha parado.
«Yo quise decir algo en vuestro favor, pe-
«ro me impuso silencio. Le insté á que se
«desayunase, pero no pudo tomar nada. Me
«dijo que iba á volverse al momento al
«castillo de Carberry, pero que volveria á
«verme durante el dia. Seguile hasta la puer-
«ta. Al aspecto de vuestras maletas que ha-
«bian quedado en el vestibulo, se estremeció,
«con la impresion que hace la vista de un
«objeto que recuerda el amigo que ha perdi-
«do. Ocultó su conmocion llevando su pañue-
«lo á la cara, y subió al coche que tenia á
«la puerta.

«Os confieso que estuve tentada muchas
«veces en el discurso de la conversacion de de-
«cirle todo lo que sabia de vos, pero la prome-
«sa que os habia hecho se presentaba á mi ima-
«ginacion, y sentia vivamente no poderla vio-
«lar. Con todo, mi querida hija, es cruel pa-
«ra mi oir levantar contra vos tales imputacio-

«nes sin poderos defender. Ni vos ni yo po-
«demos vituperar á Lord Mortimer unas sos-
«pechas injuriosas á las cuales tan natural-
«mente ha dado lugar vuestra conducta. Cier-
«tamente, hija mia, aunque no podais decla-
«rar enteramente el misterio que os ha separa-
«do de él, no podeis perder el derecho de justifi-
«caros: es reducirse á un estremo demasiado cruel
«el sacrificar á un mismo tiempo vuestra dicha y
«vuestro honor. Pesad bien lo que os digo, y au-
«torizadme, si es posible, para decir á Lord Mor-
«timer que sé el lugar de vuestro retiro ; que no
«habeis ido á buscar un amante ni amigos, sino
«la indigencia y la obscuridad, llevada de una
«fatal necesidad, de la cual no podeis manifes-
«tar los lazos, que es la circunstancia mas
«cruel de vuestra situacion. El dará algun
«credito á mis palabras, y se penetrará de lás-
«tima en lugar de condenaros. Cuanto mas
«reflecsiono sobre esta inesperada separacion,
«mas me pierdo en mis congeturas, y mas con-
«vencida estoy de la fragilidad de la huma-
«na dicha, que pasa como la rapidez de una
«nube, despues de haber brillado por un momen-
«to. Cerca de dos horas hacia que Lord Mor-
«timer habia salido del convento, cuando lle-
«garon sus criados para despedir la silla de
«posta y los postillones. Yo fuí á hablarles y
«á preguntarles noticias de su señor. Está muy
«malo, señora, me dijo uno de ellos, y he-
«mos pasado una mañana muy triste. Jamás,
«mi querida Fitzalan, jamás yo ni mis her-
«nas hemos pasado un dia mas cruel. Hácia
«las cinco de la tarde Lord Mortimer volvió;

«estaba sola en la sala, cuando entró con el
«aire de la mas profunda tristeza. Llevaba un
«brazo en cabestrillo. Espánteme temiendo que
«no se hubiese batido con Belgrave. El adivinó
«mi pensamiento, y me dijo que hallándose
«incomodado al volver á su casa, se habia
«hecho sangrar. Me dijo que iba á partir
«á Dublin, en donde contaba embarcarse pa-
«ra Inglatera, pero añadió: no he querido de-
«jaros, mi querida y buena señora, sin des-
«pedirme, y sin aseguraros que todas las pro-
«mesas que la desgraciada ha hecho en mi
«nombre me serán sagradas. Ví que queria
«hablar de las cincuenta libras esterlinas que
«él os encargó que me noticiaseis de su par-
«te, que daria á nuestra casa anualmente. Dí-
«jele que habiamos sido recompensadas mas
«de lo que habiamos hecho por mis Fitzalan;
«pero no pude alterar su generosa resolucion.
«Yo debo deciros á esta ocasion, que la su-
«ma que me dejaisteis sin yo saberlo, es dema-
«siado considerable, y que nosotras no pode-
«mos mirar sino como un préstamo. Pero vol-
«viendo á un asunto mas importante, Lord
«Mortimer parecia débil y fatigado. Le pro-
«puse si queria tomar té, lo que aceptó: salí
«un momento para dar algunas órdenes, y
«cuando volví á entrar le encontré en la ven-
«tana que da sobre el jardin, de tal modo ab-
«sorto en sus pensamientos, que no conoció
«que volvia á entrar, y oí que decia: cruel
«Amanda! así pagais todo cuanto he sufrido
«por vos! Yo me retiré por temor, de que
«no conociese que lo habia oido, y no vol-

«ví sino con la muchacha que traia con que
«hacer el té.

«Cuando se levantó para partir, me pare-
«ció agitado, incierto, y como vacilando, y
«que queria decir alguna cosa que no tenia
«valor de proferir. Al fin con voz con-
«movida, con una palidez mortal, á la que
«sucedió un encarnado muy vivo, me dijó:
«Yo os he dejado la carta de Miss Fitzalan.

«Ay hija mia! jamás hombre alguno ha
«amado á una muger como él os ha amado,
«y os ama aun, Saqué la carta de mi bol-
«sa y se la dí; metióla en su seno con
«una estrema conmocion. Yo creí encontrar
«una ocasion favorable para decir una pala-
«bra en vuestro favor; le supliqué pusie-
«se los ojos sobre vuestra vida pasada, y juz-
«gase por ella si podiais ser culpable. El me
«atajó sin decir mas, y me suplicó que deja-
«se un asunto que le era demasiado penoso;
«y añadió, que si él hubiese sido ménos cré-
«dulo, hubiera sido mas feliz. Y entónces
«estrechándome la mano, me dijo A Dios, con
«un tono y una mirada tan penetrante que me
«hizo saltar algunas lágrimas. Ah! mi querida
«señora, me dijo, cuando ha amanecido el
«dia poco preveia yo el modo con que habia
«de terminar!

«Acompáñele hasta su coche, y se vió
«obligado á apoyarse sobre el brazo de su
«criado para subir en él, y se alejó con el
«aire de ser profundamente desgraciado. Yo he
«envíado muchas veces al castillo de Carberry
«para saber algunas noticias suyas; me han

«respondido que no las tendrian hasta que lle-
«gase el nuevo procurador de Lord Cherbury,
«que seria ántes de tres meses.

«Supe que habia hecho mucho bien en la
«vecindad. Verdaderamente tiene una alma be-
«néfica y caritativa. Ha sido para nuestra co-
«munidad un benefactor generoso ; y así roga-
«mos todos los dias por él. Entre sus bue-
«nas acciones , sabemos que hace cerca de
«tres meses que habia mandado hacer en Du-
«blin un monumento de mármol en memoria
«del capitan Fitzalan , el que ha sido coloca-
«do despues de vuestra partida en la iglesia
«de la parroquia, donde está enterrado. Envié
«allá á sor María y á otra religiosa para verle,
«y me han hecho la descripcion del modo siguien-
«te. Es una urna adornada con un ramo de lau-
«rel , en mármol blanco , puesta sobre un pe-
«destal de mármol gris , donde se halla es-
«crito el nombre del difunto, y sobre el
«cual se leen estas palabras : AQUEL , CUYA
«MEMORIA SE CONSERVA AQUI , HA CUMPLIDO LOS
«DEBERES DE MILITAR Y DE CRISTIANO CON UN
«ZELO QUE NOS HACE ESPERAR QUE ESTA DE
«ELLO BIEN RECOMPENSADO. .

«Me figuro que esta señal del respeto de
«Mortimer por la memoria de vuestro padre os
«hará una viva impresion ; pero he creido que
«no debia dejar de instruiros de esta circunstan-
«cia, pues aunque os afecte fuertemente, os da-
«rá gusto. Lo que ha pasado aquí , nos ha su-
«mergido á todos en el mayor abatimiento.
«Sor María está mas ocupada en orar que
«nunca. Bien puedo yo decirle que solo es

de cuanto la superiora pudiese decir en su favor; y aun cuando fuese justificada en el concepto de Mortimer; de qué le serviria? Su union la hacia imposible un obstáculo insuperable; y si él descubria su retiro; seria para ella un manantial de nuevos disgustos, y tal vez de alguna terrible catástrofe. Estamos separados para siempre en este mundo, esclamaba juntando las manos, y no nos podremos reunir sino en el cielo!

Absorta en estas reflecciones y el dolor que le habia originado esta carta, permanecia en el sitio en que se habia sentado, cuando la criada vino á decirle que Mistriss Macpherson habia hecho el té y se admiraba de que no viniese

Amanda se levantó, y se volvió á casa en donde encontró á la buena vieja de muy mal humor, murmurando mucho de haber estado Amanda tanto tiempo fuera, y observando que tenia los ojos hinchados y encarnados, dijola; creo en efecto que tenia razon de decir que era una carta de amor, la que habiais recibido. Amanda nada respondió, y la noche se pasó en mal humor por una parte, y en silencio por otra.

La circunstancia que hasta entónces habia hecho soportable á Amanda su situacion, habiase acabado; habiéndole Mistriss Dermot noticiado que no le escribiria sino raras veces, y no temiendo nada en efecto de interesante que escribirle despues de la partida de Mortimer, ella habria dejado al momento á Mistriss Macpherson; pero no sabia adonde ir.

Resolvió pues ántes que entrase el invierno suplicar á Mistriss Dermot la buscase otra colocacion; pues como la superiora tenia conocimientos en Escocia, podia colocarla como aya, ó para trabajar labores de muger en casa de alguna señorita ó en alguna otra casa de satisfaccion.

Al dia siguiente se levantó mas temprano de lo que acostumbraba, y escribió sus intenciones á la superiora, y envió la carta en la estafeta de la ciudad vecina por un hombre pobre á quien pagó generosamemte su trabajo.

CAPITULO XLIV.

Entre las educandas de Mistriss Macpherson se hallaban dos hermosas niñas, á las cuales Amanda habia cobrado mucha aficion; su padre de quien traian todavia luto, habia muerto en el mar, y su madre padecia y era desgraciada desde este fatal momento. Las niñas estaban reconocidas á la dulzura con que las trataba Amanda, y que las penetraba tanto mas, cuanto mayor era el contraste que hacia con la aspereza y austeridad de Mistriss Macpherson. Una mañana dijeron al oido de Amanda que su madre vendria aquel dia á ver á la buena Francisca Donald.

La madre vino en efecto: era esta una jóven de agradable figura. Su luto y su abatimiento la hacian mas interesante. Sentóse al lado de Amanda, y aprovechó un momento en que Mistriss Macpherson estaba ocupada con algunas niñas, para decirle que la tenia grandes obligaciones por los cuidados y bondades que manifestaba á sus hijas. Que ella misma se habia ocupado en su instruccion hasta el momento en que el decaimiento de su salud, y el abatimiento de su espíritu no le habian dejado fuerzas para llenar este deber. Amanda le aseguró que era un placer instruir á niñas tan amables y tan dóciles como sus hijas. Mistriss Duncan la suplicó, igualmente que á Mistriss Macpherson, que fuesen á tomar el té por la tarde á su casa: esta proposicion fué aceptada con mucho gusto por Mistriss Macpherson que amaba mucho la sociedad en cualquier otra parte que no fuese en su casa. La de Mistriss Duncan no estaba léjos, y era muy limpia y cómoda. Habia tambien convidado á una vieja de la vecindad para entretener á Mistriss Macpherson, miéntras que ella conversaría mas libremente con Amanda. Notando la delicadeza de las facciones de Amanda, la dijo que no la creia en estado de poder soportar las fatigas del empleo que ocupaba en casa Mistriss Macpherson. Confesóla que llevaba tambien una vida muy solitaria y muy triste: que tendria á gran dicha tener una compañera, con quien poder disfrutar á menudo de conversacion agradable. Amanda la dijo que esto sería dificil, porque disgustaria á Mistriss Macpherson, en lo que tambien convino Mistriss Duncan. En seguida preguntó á Amanda, si se paseaba y en que parage. Amanda contestó que sí, y que casi siempre iba por las orillas del mar.

Mistriss Duncan suspiró, sus ojos se lle-

náron de lágrimas y dijo: tambien en la orilla del mar es donde me paseo, y entónces la
contó la historia de su pérdida. Mr. Duncan,
decia, era el mejor y el mas dulce de los
esposos. Nuestros bienes habian estado algo
enredados en los primeros años de nuestro
matrimonio; pero se habian aumentado bastante cuando pereció mi esposo en el mar
un dia, en que habia ido á divertirse con
otros amigos suyos. Habiendo las olas arrojado
el cuerpo á la orilla, tuve el triste consuelo de
hacerle las últimas ecsequias, y vengo á menudo al sitio que me recuerda esta dolorosa
perdida.

Una mutua simpatía unia á la jóven viuda y
á Amanda, y se aficionaron una á otra estremadamente. Despues de este momento se daban cita casi todas las tardes á la orilla del mar
para conversar y llorar su pasada felicidad, que
no podia volver ya. Mistriss Duncan era demasiado discreta para querer saber de Amanda
cual habia sido su primera situacion; pero veia
que habia sido diferente de lo que era en la
actualidad. Amanda la contó lo mismo que
habia dicho á Mistriss Macpherson. Mistriss
Duncan compadecia sus infortunios, bendecien-
do el feliz acaso que la habia traido á sus inmediaciones, y le habia procurado la dicha de
conocerla.

De esta manera se pasó un mes, cuando
Mistriss Duncan dijo un dia á Amanda, que
iba á dejar el pais bien pronto. Amanda se
puso pálida y sobresaltada á esta triste nueva;
ella no habia recibido respuesta alguna de Mis-

triss Dermot á su última carta, y temia hallarse obligada á pasar el invierno donde estaba; lo que le seria del todo insoportable cuando habria perdido la sociedad de Mistriss Duncan.

— Querida amiga, la dijo esta paseándose con ella en la orilla del mar, una tia qué ha sido siempre muy buena para mí, y que me ha socorrido en el tiempo del disturbio de mis bienes, me propone que vaya á vivir con ella. Habita cerca de diez millas de aquí en un lugar que se llama la Abadia de Dunreath, y tiene el encargo de la administracion de todas sus tierras. ¿ Habeis oido hablar de este sitio ? La agitacion de Amanda fué grande al oir nombrar la casa dónde habia nacido su desgraciada madre; turbóse, inudó de color, y contestó sin saber lo que se decia ; en fin vuelta en sí, dijo, que en efecto habia oido hablar de aquella Abadia.

Pues bien querida, continuó Mistriss Duncan, mi tia, como os he dicho ya, vive allí con grandes conveniencias ; ella dispone de todo, pues nadie de la familia habita allí desde la muerte del conde de Dunreath. Mi tia se fastidia de la vida solitaria que lleva, y en una carta que he recibido esta mañana me propone que vaya á vivir con ella, prometiendome que si acepto su proposicion dejará á mí y á mis hijas todo cuanto posee, que no es poco ; pues se trata muy bien, y debe de haber hecho grandes ahorros. Este ofrecimiento tienta mucho, y os confieso que no vacilo sino por el temor de privar á mis hijas de las ventajas de la educacion que pueden tener aquí.

Porque? dijo Amanda, ellas podrán aprender en todas partes todo lo que les enseñará Mistriss Macpherson.

Yo quiero hablar, dijo Mistriss Duncan, de su educacion en uno ó dos años, para cuyo fin me propongo ir á establecerme con ellas á alguna ciudad vecina; pero es preciso que abandone esta idea si acepto el ofrecimiento de mi tia; pues jamás las enviaré á pension no teniendo ánimo de soportar esta separacion. Lo que desearia, seria encontrar una persona que fuese para mí de una sociedad agradable, y que llenase con ellas las funciones de una buena aya; con esto la soledad de la Abadia de Dunreath, léjos de espantarme, me seria agradable.

Hablando así, fijaba los ojos sobre Amanda con grande atencion; en una palabra querida amiga, continuó, para esplicarme claramente, vos sois precisamente la persona que necesito; vuestra sociedad mitigará mis disgustos, y dareis á mis hijas la instruccion que deseo posean.

Amanda le respondió que se alegraba sobre manera de la ventajosa opinion que debia á Mistriss Duncan hallandose feliz en su compañía, y que de consiguiente iria con mucho gusto á vivir con ella.

Contentisima estoy, continuó Mistriss Duncan, de que las dos convengamos; pero debo deciros que mi tia tiene gran repugnancia á recibir estrangeros en su casa. En cuanto á la razon de esta conducta, yo no puedo imaginar otra que las órdenes espresas de sus amos, y ella me dice en su carta que si acepto su ofrecimiento no debo decir á nadie donde voy. Yo pues no me atrevo á llevaros conmígo sin su permiso, pero le escribiré al momento para pedirselo, y tendré respuesta dentro de dos dias. Miéntras esperamos, no digais nada á Mistriss Macpherson de nuestro proyecto por temor de que no ponga obstáculos. Amanda le prometió el secreto, y se separaron.

Vuelta esta en sí, esperimentó una grande agitacion al pensar que iba á volver á ver la casa de sus antepasados. Esta esperanza la lisongeaba tanto, que temia no se le frustase. La nueva situacion que se le ofrecia, seria infinitamente mejor que todas las que habia esperado un momento ántes. El segundo dia de esta conversacion al llegar á las orillas del mar á su ordinario paseo, vió á Mistriss Duncan que venia con una carta abierta en las manos y la sonrisa de la satisfaccion en el semblante. Tenia el permiso de llevar á Amanda con ella á la Abadia, con la condicion de que no diria á nadie el lugar donde iba. Mistriss Duncan la dijo que tenia algunas cosas que arreglar ántes de partir, lo que la ocuparia algunos dias, y que entónces tendria un carruage que le enviaria su tia; que Amanda daria parte á Mistriss Macpherson de su cercana partida para ir á vivir con Mistriss Duncan: que dejaba el pais, é iba á ser aya de sus dos hijas.

Entónces Mistriss Duncan habló á Amanda del salario pecuniario que podia darle.

Amanda contestó que esta consideracion no
tenia importancia alguna para con ella; pero
la jóven viuda le dijo que aun entre amigos
era preciso que estas cosas se arreglasen con
ecsactitud. Convenidas así, se separaron. Al dia
siguiente, acabada la escuela, Amanda notició
á Mistriss Macpherson su cercana partida. Herida
la vieja como de un rayo permaneció mucho tiempo sin decirle cosa alguna. Pero recobró la palabra tan solo para manifestar su indignacion á
Amanda desaciendose en imprecaciónes contra
Mistriss Duncan y contra la superiora. La primera la dejaba, la segunda le quitaba un útil socorro, y la tercera le habia enviado una persona capaz de un proceder tan poco delicado. Cuando
hubo desminuido su cólera, Amanda trató de
justificar á todas las acusaciones, diciéndole que
ántes que Mistriss Duncan le hiciese proposicion
alguna; tenia resuelto dejar pues que su ocupacion era demasiada penosa para ella; que Mistriss Macpherson no sufriria ningun inconveniente por su partida, y tendria lugar para
proporcionarse otra en su lugar. Pero la verdad salió entónces de la boca de Mistriss
Macpherson en el esceso de su cólera, pues
dijo que no encontraria jamás una persona
que le conviniese tanto; y comenzó á echar-
le en cara amargamente el que la dejase.

Amanda no se ofendió, y conservando toda su sangre fria procuró apaciguarla, y tomó para esto el medio mas eficaz, declarándole que no pretendia recibir salario alguno
por el tiempo que habia estado con ella, y
que si le daba su permiso escribiria al mo-

mento á Mistriss Dermot por una muger que
habia visto en santa Catalina, y que le parecia convenir á Mistriss Macpherson. Era esta
la muger que la debia seguir á Ingleterra. Al
fin Mistriss Macpherson le encargó que escribiese, y la cólera se apaciguó poco á poco luego que Amanda le hubo manifestado que no
queria salario. En efecto Amanda escribió é
instruyó á la superiora de la mudanza feliz de
su situacion, del descontento de Mistriss Macpherson, y del deseo que tenia de tener otra
persona que la reemplazase. Proponiála que en-
viase la muger de que acabamos de hablar;
pero ecsigia que si esta muger consentia en venir, no la enviasen hasta que ella hubiese dejado la casa de Mistriss Macpherson, para que
permaneciese siempre incógnito el lugar donde se retiraba. Ya no pensó mas en los pe-
nosos dias que acababa de pasar; pues la
diligencia que Mistriss Duncan ponia en preparar su partida, le hacia esperar una vida mas
agradable. Recibióse por fin contestacion de Irlanda mucho ántes de lo que esperaba. Mistriss
Dermot la felicitaba de haber encontrado tan
buena amiga como Mistriss Duncan. La muger
que debia reemplazar á Amanda aceptaba los
ofrecimientos de Mistriss Macpherson, y solo
se presentaria despues de haber salido Amanda. La superiora acababa la carta diciendo
que no tenia noticias de Lord Mortimer. Mistriss Macpherson estuvo muy satisfecha de ver
que Amanda seria reemplazada luego. Dos dias
despues de haber recibido esta carta, Mistriss
Duncan dijo á Amanda que su partida estaba

convinada para el dia siguiente, y la rogó que
aquella misma noche fuese adormir con ella.
Amanda consintió. Despues de comer se despidió de Mistriss Macpherson, que le dió su
A Dios entre dientes, dándole á entender que
ella podria muy bien arrepentirse de haberla
dejado, pues estaba tan enfadada la vieja, por
no haber podido saber á donde iba Mistriss Duncan con Amanda, que á esta idea le volvió todo
el mal humor. Amanda dejó esta triste mansion
con un placer que tuvo mucha dificultad en disimular, y acompañada de un hombre que llevaba su maleta, se trasladó con la mayor
prontitud á casa de Mistriss Duncan, en donde fué recibida con las mayores muestras de la
alegría y de la amistad. La velada la pasaron
muy agradablemente. Levantáronse temprano,
y al acabar el desayuno llegó el carruage que
enviaban de la Abadia de Dunreath. El equipage de Mistriss Duncan habia salido el dia
ántes, de manera que nada las detenia.

Mistriss Duncan hizo subir á Amanda y á
sus hijas en el carruage ántes que ella; y detenida por una dolorosa conmocion, permaneció algun tiempo despues de ellos en el um-
bral de la puerta, no pudiendo despedirse de
una habitacion en que habia vivido tan feliz
con un hombre á quien amaba, sin derramar
un torrente de lágrimas que manifestaban el
profundo dolor de su corazon. Amanda conocia demasiado los sentimientos de esta especie
para querer combatirlos; pero las niñas im-
pacientes de ponerse en camino llamaban á
su madre á grandes gritos. Esta cedió á sus

deseos; y cuando ellas manifestaron su disgusto de ver sus mejillas bañadas en lágrimas, las
abrazó tiernamente, procurando recobrar su serenidad, y en poco rato estuvo en estado de
conversar con Amanda. El tiempo era bueno,
y viajaban lentamente, pues los caballos no
eran jóvenes, y á sí les dejaba tiempo de
disfrutar las escenas deliciosas y pintorescas que
el camino presentaba por ámbos lados. La mudanza de objetos, el pensamiento de que se
alejaba de un sitio desagradable, la del parage en que se trasladaba, todo contribuia á
reanimar el espíritu de Amanda; y se halló
mas tranquila de lo que habia estado despues
de su separacion de Lord Mortimer.

CAPITULO XLV.

Mi querida Fany, dijo Mistriss Duncan
llamando á Amanda con el supuesto nombre
que habia tomado, si teneis inclinacion á la
supersticion, os aviso que vais á habitar un sitio capaz de dispertarla en vos. La Abadia de
Dunreath es un edificio gótico y sombrío que
recuerda los pasajes de la historias que se han hecho de casas infestadas de espectros y aparicio-
nes. El abandono en que la han dejado sus dueños, ha acelerado su destruccion, no habiéndose reparado sino la parte del castillo que
habitaban los criados. Con todo la destruccion
del edificio es nada en comparacion de la re-
volucion acaecida en la fortuna de la que tenia la esperanza de ser algun dia su dueña.
La hija mayor del primer matrimonio del con-

de Dunreath (así lo he oido contar) era célebre por su belleza, y tan buena como hermosa; pero una mala madrasta se conjuró contra su dicha, y la obligó á buscar un asilo en los brazos de un hombre dotado de todas las cualidades y dones, escepto los de la fortuna, sin los cuales no podia gustar á Lord Dunreath.

Despues de haber sufrido la pobreza con él durante muchos años, habia encontrado medio para introducirse en el corazon de su padre; pero la vil madrasta impidió el efecto de este retorno feliz de sentimientos paternales. Sin embargo, ha corrido el rumor de que contra la voluntad del conde de Dunreath, y por un detestable artificio de Lady Dunreath, su hija Malvina y los hijos de esta han sido despojados de todos los bienes á que les daba derecho su nacimiento. Este rumor se disipó insensiblemente como otros muchos. Puede ser que no hayan llegado á oidos de Malvina y de su marido, los solos que tenian interés en hacer investigaciones sobre este asunto. Pero, si es verdad que hayan urdido una trama tan pérfida, desgraciado del que sea culpable de tan grande crímen; pues la riqueza de que se ha apoderado en perjuicio del legítimo dueño, no puede apaciguar los remordimientos de su conciencia. Yo preferiria cien veces mas, añadió poniendo sus manos sobre la cabeza de sus hijas, que mis hijas mendigasen el pan de puerta en puerta, que verlas vivir en abundancia con la herencia que su nacimiento aseguraba al huerfano.

Si es cierto que Lady Dunreath haya cometido el crímen de que se la acusa, ha sido bien castigada. Despues de la muerte del conde, manifestó tener una grande pasion por un hombre de clase muy inferior á la suya y sin bienes, pasion que se decia haber tenido orígen durante la vida de su marido. Habriase casado la condesa con él, si la marquesa de Rosline, su hija, no se hubiese opuesto á este casamiento por medios tan violentos como estraordinarios. Llena de orgullo, de ambicion y de avaricia, con la ayuda del marques cuyas pasiones y miras convenian muy bien con las suyas, se apoderaron de la persona de la desgraciada madre, y haciéndola pasar á Francia la encerraron en un convento. Yo no sé si vive aun, y creo que nadie lo sabe, ni se toma la pena de quererlo saber, pues era aborrecida por su altívez é insolencia. Yo he hecho algunas preguntas á mi tia sobre este asunto, pero jamás ha querido satisfacer mi curiosidad. Ha sido educada con la familia de Dunreath, y se cree con obligacion de guardar su secreto.

Vive en la Abadia en la comodidad y la abundancia, y dueña absoluta de la casa y de los pocos criados que la habitan; pero os prevengo que os tengais cuenta con estas gentes, que si las escuchais llenarán vuestra cabeza de historias espantosas, cuyos cuentos, á pesar de la razon, son capaces de hacer impresion á las imaginaciones dispuestas á temores supersticiosos. Ellos pretenden que la primera muger del conde de Dunreath frecuenta

la Abadia, dando gemidos espantosos, que atri-
buyen á su dolor por el infeliz destino de su
hija y de sus nietos, despojados de la herencia por su injusta madrasta.

Con todo, os confesaré con franqueza que
hallándome en la Abadia algunos años ha, que
duraba aun el desarreglo de los bienes de mi
marido, una tarde al anochecer paseándome por
una galería oí un ruido muy estraño. Se lo
dije á mi tia, y se enfadó mucho conmigo
por los terrores involuntarios que yo le manifesté, y me aseguró que lo que habia oido
no era otra cosa que el ruido del viento en los
corredores contiguos. Pero, mi querida Fanny,
dijo continuando en hablar al oido de Amanda
por motivo de sus hijas, qué todo esto que-
de entre nosotras; pues mi tia no me perdonaria jamás el haber hablado de mis temores,
y mucho ménos de los de sus criados á ningun viviente.

Amanda escuchó en silencio el discurso de
Mistriss Duncan, con el temor de que si hablaba no le vendiese su conmocion.

Al fin entraron en la garganta de las montañas entre las cuales está situada la Abadia.
El aspecto es imponente y triste. El valle está
cerrado por todas partes, escepto por una
abertura entre dos montañas que deja ver el
mar. Algunas de estas montañas estan matiza-
das y escarpadas; otras rodeadas en su base
de un rivete de árboles, revestidas de un hermoso verdor, y coronadas de hiniestas con
flores blancas y amarillas. Unas cubiertas de
árboles, escepto en alguna parte que estan claros,

y otras en fin de arbustos con sus flores de
púrpura. Muchos riachuelos corren por la montaña; unos como hilos de plata dan la frescura y vida á los terrenos que riegan; y otros
caen como cascadas de roca en roca con
un agradable murmullo, para ir á formar al
último del valle un vasto estanque sombreado
de árboles tan antiguos como el mismo edificio.

Al pié de estas montañas se conocen todavia restos de los inmensos jardines, que debian haber sido en otro tiempo huertas que
abastecian de todas las producciones vegetales
á los habitantes de la Abadia: pero los edificios en que habitaban los que las consumian,
estaban en decadencia, y los terrenos que se
empleaban para ello, cubiertos de zarzas y es-
pinas por el descuido de los actuales posehe-
dores.

La misma Abadia era uno de los edificios
mas magestuesos por su antiguedad que Amanda hubiese visto jamás, pero ahora no presentaba mas que tristes restos de su remota
grandeza; los dias de su gloria ya no ecsis-
tian. Unas masas medio destruidas anunciaban
la procsima ruina de lo restante; y para emplear el hermoso lenguage de Hutchinson, su
orgullo estaba abatido, su magnificencia se-
pultada en el polvo; la desolacion ocupaba
el lugar de la hospitalidad, la risa estrepito-
sa del alegre huésped á la vista de la copa
del espirituoso licor, era reemplazada por
el silencio y la soledad, y por los gritos me-
lancolicos de las aves nocturnas que habitaban
las ruinas de las torres antiguas.

El corazon de Amanda en este momento estaba lleno de un tierno recuerdo á la memoria triste de sus antepasados. ¡Cuán propio es, decia entre sí, el espectáculo de la vicisitud de las cosas humanas para curar el corazon del hombre de la vanidad que se saca de un nombre ilustre, y de la antigüedad del linage!

Los orgullosos posesores de esta grande habitacion, en el seno de la abundancia y de las diversiones, no pensaban sin duda que fuese posible que una de sus hijas llegase un dia á esta mansion de sus antepasados, no solo sin la pompa y el fausto que les era propio, sino humilde y abatida á una especie de servidumbre: no para ser acogida en ella con la sonrisa del amor ó de la amistad, ni para abrazar á sus tiernos parientes, sino incógnita, afligida por sus desgracias, y satisfecha tan solo de encontrar un asilo y el pan de la dependencia.

Por fortuna Mistriss Duncan no reparó en la conmocion de Amanda á la vista de la Abadia, pues estaba ocupada en responder á las preguntas de sus hijas.

Llegado el carruage á la puerta de la Abadia encontráron á Mistriss Bruce que salia á recibirlas. Esta era una viejecita llena de vivacidad, y manifestó el mayor gusto de ver á su sobrina y á sus hijas. Cuando la presentáron á Amanda, despues de haberla mirado por algun tiempo esclamó: ¡Hé aquí una cosa bien estraña! aunque veo por la primera vez á esta jóven, no me es nueva su fisonomia.

El vestíbulo donde entraron era grande y

sombrío, y enlosado de mármol negro. La bóveda estaba sostenida por colunas de lo mismo, y se veian en él muchas puertas que conducian á diferentes aposentos. Los instrumentos de la caza y de la guerra del uso de los antiguos caledonios, colgaban á lo largo de las paredes y daban magestad á esta mansion. En seguida Mistriss Bruce las condujo á un grande recibidor y de allí á una grande y hermosa sala, que les dijo que en otro tiempo servia de comedor. Los muebles aunque viejos manifestaban aun su antigua magnificencia, y las ventanas goticas habiéndose engrandado considerablemente mas allá de sus primitivas dimensiones, daban una vista estendida y agradable á las posesiones y heredades inmediatas.

—¿Sabeis, dijo Mistriss Duncan, que este aposeuto, aunque uno de los mas agradables por la vista, me inspira constantemente ideas melancólicas? En el momento que entro en él pienso en las fiestas y diversiones que se han dado aquí en otro tiempo, y viéndole ahora desierto y silencioso me acuerdo que aquellos que entónces eran participes de aquellos placeres, en el dia estan sepultados todos en el polvo. Su tia se puso á reir de la reflecsion, y dijo que su sobrina era verdaderamente novelera.

La construccion antigua y solemne del sitio que habitaba Amanda, era muy propio para ecsaltar la disposicion de ánimo que ella habia llevado. No se oia otro ruido que el de las sólidas puertas gruñendo sobre sus goznes, y cerrándose de por si cuando los criados iban y

venian de un aposento á otro para servir. La
tia se llevó á Mistriss Duncan á un rincon del
aposento, donde se conversaban en voz baja
de sus asuntos domésticos, miéntras que las
niñas corrian por la sala haciendo preguntas
sobre todo lo que veian.

Habiendose quedádo sola Amanda, cayó en
una especie de languidez dulce, ocasionada por
la fatiga y estenuacion. El ruido de las aguas que
caian de la montaña, el susurro de los insec-
tos alados que los rayos del sol agitaban, sus-
pendian, por decirlo así, su alma, y la en-
tretenian en una especie de calma pensativa.

¿Estoy realmente, se decia á sí misma,
en la casa que han habitado mis antepasados,
donde ha nacido mi madre, y donde, dió la
mano á mí padre? ¡Feliz destino! el cielo
quiera á lo ménos que yo encuentre en ella
un asilo contra el crímen y los peligros que
me persiguen! ¡Ojalá que pueda yo calmar mí
alma; y si no puedo sufocar sus efectos, con-
siga á lo ménos reprimir sus murmullos por
la pérdida de los objetos que me eran tan
queridos!

Sus reflecsiones se suspendiéron en la hó-
ra de comer. Durante la comida procuró superar su abatimiento, y en ella fue la conversacion si no alegre, á lo ménos animada. Despues de la comida Mistriss Duncan que conocia el gusto de Amanda por los edificios
antiguos, pidió permiso á su tia para enseñarle la Abadia. Mistriss Bruce dijo que ella misma queria acompañarla. Se veian aun en muchas de sus estancias, rasgos de la magnifi-

cencia con que habian sido amuebladas. — Yo no entiendo, dijo Mistriss Duncan, como una habitacion tan magnifica, está abandonada de sus dueños.

El castillo de Rosline, dijo Mistriss Bruce, está construido por un estilo mas moderno, y por esta razon lo prefieren á este. — Luego este, replicó Mistriss Duncan, no es mas que un monumento de familia, que solo subsiste para transmitir á la posteridad el nombre de la marquesa.

Cuánto dista, preguntó Amanda, esta casa de la del marques de Rosline? — Cerca de doce millas, contestó Mistriss Bruce, que parecia no gustar de la conversacion de la sobrina. En seguida las llevó à una larga galería adornada con los retratos de la familia. Amanda tenia ya idea de ella por la descripcion que le habia hecho su padre, contándole que allí se habia detenido á contemplar el retrato de Malvina, y tenia grande impaciencia por verlo.

Mistriss Bruce les nombró todas las personas que estaban retratadas. Aquella, dijo, es la marquesa de Rosline, cuando no era mas que Lady Augusta Dunreath. Amanda reconoció el carácter soberbio de la marquesa, y observó que el cuadro del retrato inmediato estaba vacío.

El retrato de Lady Malvina Dunreath estaba allí, dijo Mistriss Bruce, pero despues de su desgraciado casamiento lo quitáron. — Y lo destruyeron? preguntó Amanda. — No, contestó Mistriss Bruce; lo han arrinconado con los muebles viejos en la antigua capilla que hace muchos años que está cerrada.—Se podria ver? preguntó Amanda.—Eso es imposible, respondió Mistriss Bruce. La capilla y toda la parte del Este de la Abadia se halla en tal estado de ruina, que ha sido necesario cerrar todas las entradas por temor de que sucediesen desgracias.

Allí es, dijo Mistriss Duncan al oido de Amanda, la galería donde oí el ruido estraordinario; pero chiton.

Amanda apénas pudo ocultar su sentimiento. de no poder ver el retrato de Malvina, y de buena gana habria solicitado que le abriesen la capilla, si no hubiese temido dispertar algunas sospechas.

Volviéron de la galería y se fueron á la sala, y en el discurso de la conversacion supo Amanda diferentes anécdotas de la historia de sus antepasados que Mistriss Bruce sabia. Esta tambien hablò de Malvina con unos elogios que hiciéron casi olvidar á Amanda que acababan de llamar trasto viejo al retrato de su madre. Retiróse despues á su aposento consolada y animada por lo que acababa de oir de sus virtudes: la invocó, como igualmente á su padre, suplicándoles bendijesen á su hija, y sostuviesen su valor en los senderos difíciles de la vida, y velasen sobre ella hasta que la providencia los juntase.

CAPITULO XLVI.

La situacion de Amanda llegó á ser aun

mejor de lo que habia esperado : Mistris
Duncan era la amiga mas atenta que podia
encontrar; Mistriss Bruce obsequiosa y política, y las niñas dóciles y reconocidas. Sí
ella hubiese podido olvidar lo pasado, hubiera sido feliz; pero sus memorias estaban
demasiado profundamente grabadas, para bor-
rarse con tanta facilidad. Ellas se mezclaban
en los sueños de la noche, en las ocupaciones del dia, en sus meditaciones solitarias, y
le arrancaban incesantemente suspiros de sentimiento y de ternura. Las mañanas las empleaba en sus educandas. Despues de comer,
unas veces se paseaba con Mistriss Duncan,
otras leia alto delante de la tia y sobrina,
cuando estas estaban ocupadas en las labores,
pero luego que se ponian á hablar de sus
negocios ó á jugar á los cientos, que era
lo mas ordinario (pues Mistriss Bruce no gustaba de trabajar ni pasear), aprovechábase de
este momento para retirarse á su aposento, ó
recorrer las obscuras revueltas de la Abadia y
los paseos de las cercanías. Suspiraba siempre
que pasaba por delante de la capilla en que
se hallaba el retrato de su madre. Esta parte del
edificio estaba en muy mal estado, y oculto
la mayor parte por la yedra y el boj que en-
tapizaban las paredes, y manifestaban su decadencia. Las ventanas estaban rotas en muchas partes, pero á demasiada altura para poder entrar por allí, y la puerta estaba cerrada por dentro con grandes barras de hierro. Todas las de la parte oriental de la casa
estaban tambien barreadas.

Quince dias se pasáron así en la Abadía,
sin que nada turbase la tranquilidad que en
ella reinaba. Nadie se acercaba allí sino algunos pobres, y todos cuantos la habitaban parecian estar contentos de llevar esta vida retirada. Amanda conformándose con los deseos
de Mistriss Duncan, habia pedido á Mistriss
Dermot, que le dirigiese sus cartas á la vecina poblacion que distaba de la Abadia cerca de cinco millas. Un hombre iba y venia
todos los dias, y nunca traia carta para
Amanda.

¿Porqué, he de tener decia entre sí, esta inquietud por una carta y este disgusto de
no recibirla, cuando no tengo nada de interesante ni de agradable que saber? Mistriss
Dermot me ha dicho ya que no tenia medio
alguno para tener noticias de Lord Mortimer;
y aun cuando pudiese dármelas, porqué tengo
deseo de tenerlas, separada como estoy de él
para siempre?

Al fin de la tercera semana un incidente
turbó el reposo de Amanda. Mistriss Bruce
entró una mañana precipitadamente en el aposento en que estaba con Mistriss Duncan y
sus hijas, y las rogó que no saliesen hasta que
el Conserge del castillo de Rosline, que estaba
abajo, se hubiese marchado; porque les dijo,
si él sabia que vosotras residiais en la Abadia no dejaria de decirlo al marques, lo que
me espondria á un disgusto. La aseguraron que
no saldrian del aposento, y se retiró, deján-
dolas muy sorprendidas de la grande agitacion que manifestaba.

Dos horas despues volvió á libertarlas de su encierro. El agénte de negocios del marques se habia vuelto, y este le trajo una noticia que no esperaba. El marques y su familia iban á llegar al castillo de Rosline; la estacion estaba demasiado adelantada para que imaginase, les dijo, que viniesen ántes del verano prócsimo, y pues me he engañado, no hay otro partido que tomar sino enviaros á la cercana poblacion á pasar el tiempo que la familia permanecerá en la vecindad; pues durante su mansion seguramente vendrá alguno de la casa, y si sabian que víviais aquí, tendria este descubrimiento consecuencias funestas para mí.

Mistriss Duncan suplicó á su tia que no se espusiese por su amor á ningun inconveniénte, y le propuso dejar la Abadia aquel mismo dia. Mistriss Bruce le dijo que no era necesario, y que podia permanecer aun algunos dias; pues, añadió, la familia no llega hasta el fin de la semana prócsima á Rosline para celebrar las bodas de la hija del marques Lady Eufrasia Sutherland.

Las bodas de Lady Eufrasia! esclamó Amanda con voz turbada y olvidando su situacion: ¿Y con quien se casa? — Con Lord Mortimer, respondió Mistriss Bruce, hijo único de Lord Cherbury y jóven muy agradable; tiempo hace que se hablaba de este casamiento; pero.... Aquí fué interrumpida por un profundo suspiro ó mas bien por un gemido involuntario de Amanda, la cual conmovida en estremo, y temiendo hacerse traicion, tuvo bas-

tante fuerza y presencia de espíritu para pro-
testar un aturdimiento, y retirarse á su cuarto. Razon tenia de temer que no le escapase el secreto; pues Mistriss Duncan sospechaba mucho tiempo habia que Amanda sin
duda esperimentaba los disgustos del amor, y
las niñas habian dicho á su madre que habian
visto llorar á Amanda mirando un retrato.
Pero como Mistriss Duncan tenia toda la delicadeza que dá la verdadera amistad, no
dejaba descubrir sus conjeturas, bien persuadida por otra parte de que los disgustos
no dimanaban de defecto alguno en su conducta.

Vuelta Amanda á su aposento dejó correr
sus lágrimas, y aun llorando se las reprendia.
¿No sabia yá, se decia á sí misma, que el
sacrificio que hacia á Lord Cherbury tendria
las consecuencias de un suceso que me espan-
ta? Es verdad que lo habia previsto; pero
todas las veces que la idea se presentaba á
su imaginacion, siempre la habia apartado
cuidadosamente, de manera que cuando volvia era con la misma fuerza que la primera
vez. En este instante le parecia que su desgracia habria sido menor, si Lord Mortimer se
hubiera casado con cualquiera otra muger que
con Lady Eufrasia ¡Oh Mortimer! esclamaba,
yo que os amo con tanta ternura, si os unie-
seis con una muger que conociese lo que va-
leis y fuese digna de vos, se templarian mis
trabajos con la certeza de que erais feliz; pero, qué union la de dos personas tan diferentes, y tan poco hechas una para otra! Ah!

no es bastante mi desgracia; es preciso que
me la aumente la vuestra.

Pero puede ser, añadió, que los males
que temo no sucederán; puede ser que el
cielo templará el corazon de Eufrasia, y dándole á Mortimer le hará conocer el precio de
tan grande beneficio. Puede ser que la hará
capaz no solo de inspirar, sino de sentir el
amor. ¡Ah! quiera Dios que ella sea para
con él lo que habria sido Amanda, una amiga, una fiel y tierna compañera! Ojalá que
sea feliz, si contribuye á que lo sea Mortimer!
ojalá que la felicidad de él sea tan grande como sus virtudes y su beneficencia! y finalmente,
que el conocimiento que tendré de ella miti-
gue las penas de mi corazon!

Este movimiento de generosidad reanimó
su espíritu abatido; pero fué solamente por
poco tiempo, pues el color encendido que se
habia difundido en sus mejillas, cedió su lugar á las lagrimas que corrieron de nuevo. Ah!
decia, dentro de pocos dias seré criminal pensando en Lord Mortimer, como he hecho hasta ahora, y me avergonzaré de mirar este
retrato cuando el original sera esposo de Lady
Eufrasia.

La campana de aviso para ir á comer y un
golpe á la puerta la encontráron aun absorta en
sus reflecsiones. Entónces pensó que si se dejaba llevar del abatimiento, como habia hecho hasta allí, despertaria las sospechas
de las que vivian con ella. Este pensamiento
le hizo viva impresion: enjugó sus lágrimas,
y abrió la puerta á Mistriss Duncan que ve-

aia á buscarla para comer. Consiguió calmarse y permaneció en sosiego hasta despues del
té; y cuando trajeron los naipes, salió para
irse á pasear, y se fué al lado de la capilla
vieja, y sentándose contra la pared apoyó su
cabeza en la tapizeria de la yedra y arbústos que
la cubrian. Pocos minutos habia estado en esta
situacion, cuando oyó detras de sí que caian
algunas piedras y aun habria caido tambien si no
la hubiesen sostenido las ramas que entrelaza-
ban en la pared. Levantóse, y vió que acababa
de hacer una abertura bastante capaz para entrar
en la capilla, y observó que la brecha estaba encubierta por los arbustos. Este descubrimiento le dió grande placer, pues conci-
bió la esperanza de ver el retrato de su madre, que Mistriss Bruce le habia dicho que
estaba retirado en este sitio. Separó pues la
yedra y las matas con tiento para no maltra-
tarlas mucho, y despues de haber saltado algunos escombros que cubrian el suelo, se encontró en medio de la capilla. El dia declina-
ba, pero se podian aun distinguir los objetos. Oiánse ya los gritos lúgubres de los mo-
chuelos que habitaban en las arruinadas paredes, y los graznidos de los cuervos que iban
á recogerse á los árboles inmediatos para pasar allí la noche. Las banderas de los antiguos señores, cubiertas de polvo, estaban col-
gadas en las paredes. Se veian tambien pa-
los de lánzas, corazas y cascos tomados del
orin, sobre los cuales pasaba Amanda con paso tímido.

Solo buscaba el retrato de su madre, y

en efecto vió uno apoyado contra la pared
cerca del altar. Quitóle el polvo y reconoció
aun aquella misma de quien su padre le habia hecho tantas veces la descripcion. El dia
estaba demasiado obscuro para que pudiesen distinguirse sus facciones, pero resolvió
volver al dia siguiente mas temprano despues
de comer. Al verle se apoderó de ella un
respeto religioso; se acordó del modo patéti-
co con que su padre la habia pintado su conmocion á la vista de esta imágen querida, y
sus lágrimas corrian por el desgraciado destino de sus padres y por el suyo. Sentada sobre
las gradas del altar donde Fitzalan y Malvina se habian unido con los votos solemnes,
una mano apoyada sobre la balustrada y los
ojos fijos sobre el retrato, parecia creer que
su madre veia sus penas y tenia lástima de
ellas. Entónces oyó la campana de la Abadia
que le advertia que era tiempo de entrar.
Antes de volver hácia la abertura por la
cual habia entrado alli, divisó una pequeña
puerta abierta al lado opuesto. Como sabia por
Mistriss Bruce que el aposento de Lady Malvina estaba en esta parte del castillo, resolvió
procurar verle al dia siguiente ántes de dejar
la Abadia con Mistriss Duncan, por temor de
que durante su ausencia no descubriesen la bre-
cia y la reparasen. Volvió pues á entrar en la sala ántes que las señoras hubiesen acabado el juego, y al dia siguiente despues de comer las dejó
jugando, y se volvió á la capilla. Un momento
antes de entrar se detuvo para asegurarse que
nadie la observaba, y entró como el dia an-

terior. El dia ofrecia bastante claridad para ecsaminar de nuevo el retrato; y aun que estaba un poco echado á perder por la humedad, halló en él las gracias y la belleza del original que habia oido describir á su padre con tanta sensibilidad. Contemplóle como el dia anterior con los sentimientos de reverencia, amor y compasion; su conmocion le escitó otra vez sus làgrimas, y le parecian ménos amargas derramadas delante la imágen de su madre. Pronunciaba los nombres de sus padres y se llamaba á si misma: *Huérfana desgraciada, ahora estraña en la casa de sus antepasados.* Articuló el nombre de Mortimer con el acento apasionado de la ternura y del dolor. Miéntras se abandonaba así á las lágrimas y á las quejas, oyó un ligero ruido como de pasos de una persona á poca distancia de ella. Entónces se levantó de la posicion en que estaba, pues se hallaba de rodillas delante del retrato de su madre, por temor de que se hubiese descubierto que habia penetrado en la capilla, lo que daria mucho disgusto á Mistriss Bruce, aun que Amanda no imaginaba el porqué. Escuchó temblando algunos minutos, y estando todo tranquilo creyó haberse engañado, y volvió á la compañía de las damas, determinada á volver al dia siguiente y visitar el aposento que habia ocupado su madre, á pesar del miedo que acababa de tener.

CAPITULO XLVII.

Al dia siguiente despues de comer, consi-

derando que le quedaba poco tiempo ántes de
su partida para satisfacer su curiosidad, dijo
que tenia deseos de dar un paseo mas largo
de lo acostumbrado. Mistriss Bruce la advirtió
que tuviese cuidado de no resfriarse; y Mistriss Duncan la reprendió porque gustaba demasiado de la soledad. Tomó pues el camino
de la capilla, y se fué derecho à la pequeña
puerta que habia observado en la última visita.
Despues de abierta se encontró con un vestibulo elevado al pié de una grande escalera á
quien daba luz por arriba una ventana al estilo gotico. Subió las gradas amedrentándose
ella misma del ruido de sus pisadas, las cuales repetidas por los ecos de este grande espacio añadian temor á la impresion que pro-
duce la soledad. Al último de la escalera encontró dos puertas de dos ojas, ambas cerradas. Abrió la de la izquierda, y divisó una
grande galería que imaginaba, despues de lo
que habia oido decir á su padre, que conducia al aposento que buscaba.

El dia iba declinando, y su resolucion titubeó un poco; pero avergonzada de ceder á
un temor supersticioso, y de retroceder sin satisfacer su curiosidad, despues de haber adelantado tanto, prosiguió su camino por la galería. La puerta que ella abandonó se cerró
por sí misma con tanto ruido, que hizo tem-
blar todo lo del rededor. La galería tenia á
un lado una porcion de puertas cimbradas, y
al otra lado otras tantas ventanas, pero pe-
queñas y colocadas tan altas que solo daban
una sombría luz. Latia fuertemente el corazon

de Amanda: y encontraba la galería de una
interminable longitud. En fin llegó á una puerta que hacia frente á la otra por la cual habia entrado. Estaba esta entre abierta, é im-
peliéndola poco á poco se encontró en un
grande aposento, que segun todas las congeturas habia sido el de su madre. Yendo adelante vió á la otra estremidad alguna cosa blanca, cuya forma no podia distinguir bien; pero
su terror fué á lo sumo cuando conoció que
era una muger. Creyó que veia un espectro,
y dando un terrible grito de un brinco se puso
fuera del aposento, corriendo hasta la galería.
Corria con tanta viólencia, que llegando á la
puerta por donde habia entrado y que se habia cerrado, dió un violento golpe y cayó.
Algun tiempo estuvo sin poderse levantar; pero miéntras se hallaba en este estado oyó que
alguno se le acercaba. El terror la reanimó un
momento, y procuró abrir la puerta, pero
sus esfuerzos fuéron vanos. Dios mio! esclamó,
protegédme, y en este momento sintió una mano fria sobre la suya, y una voz dolorosa que
le decia: No huyais de mí, alejad temores
supersticiosos; no creais ver en mí un ser
fantástico que habita el otro mundo. Soy una
muger desgraciada, culpable y arrepentida.

A estas palabras se disminuyó el terror de
Amanda: pero su sorpresa fué tan grande como la habia sido su temor. Entónces pudo mirar á la persona que la hablaba, de la que
apartaba los ojos, y escucharla en silencio.

—Si mi vista, dijo la muger blanca, y lo
que he oido de vuestra misma boca no me

engaña, sois descendiente de la familia de Dunreath. Yo os oí ayer tarde llamaros una desgraciada huérfana, hija de Lady Malvina Fitzalan. — Yo soy en efecto su hija, contestó
Amanda.

Decidme pues, continuó la muger, como
os hallais aquí como vos misma decis, estraña y dependiente en la casa de vuestros antepasados?

Yo soy uno y otro, dijo Amanda. Aquí
no me conocen bajo mi verdadero nombre,
pues circunstancias particulares me han obligado á ocultarlo, y he sido conducida á la
Abadia como aya de dos miñas, parientas de
la persona que gobierna la casa.

En fin, esclamó la muger levantándo
al cielo sus ojos hundidos y sus secas manos, en fin mis oraciones han llegado hasta
el trono del Dios de las misericordias, y ya
no puedo dudar de que ha aceptado mi arrepentimiento, pues que me da el medio de
reparar la injusticia de que me he hecho culpada.

¡Y vos! continuó, cuya presencia me recuerda la juventud y belleza de Lady Malvina que yo he marchitado ántes de tiempo, si
vuestra alma es semejante á la de vuestra desgraciada madre, como vuestras facciones se pa-
recen á las suyas, por piedad y por mis largos sufrimientos no me echeis en cara mi crímen! Vos veis en mí á la culpable y arrepentida viuda del conde de Dunreath.

¡Oh Dios! esclamó Amanda, es posible?—
No es verdad que os han enseñado desde peque-

ña á pronunciar mi nombre con horror? preguntó la infeliz muger.—Oh! no, respondió Amanda.—No? repitió Lady Dunreath con admiracion.
Ah! es por que vuestra madre era un ángel!
Pero ¿no ha dejado un hijo?—Sí dijo Amanda.—¿Y vive aun? — Ah! no lo sé, respondió.
La desgracia nos ha separado, y el ignora mi
destino como yo él suyo.

Yo soy, esclamó Lady Dunreath, yo soy,
pobre y dulce Malvina, quien ha sido la causa de las desgracias de vuestros hijos, pero ben-
dita sea la mano de la providencia, que por
medios á ella solo conocidos me pone en estado
de reparar los males causados por mi crueldad
y mi injusticia! Veo, continuó, que el acaso os
ha conducido aquí, y temo deteneros mas tiempo por temor de que seais descubierta. Si sabian que me habiais visto, no podria ejecutar mis intenciones. Guardad el mas profundo secreto, os ruego, no tanto por vos como por mí seguridad, y que Mistriss Bruce no pueda tener el menor indicio de lo
que ha pasado entre nosotras. Volved mañana á la tarde, y recibiréis de mi un depósito sagrado, con el cual entraréis en posesion de los bienes de vuestros antepasados, y
recobraréis á lo menos toda la felicidad que
puede dar la riqueza. Os suplico que pongais
en un papel una relacion abreviada de vuestra vida, y las aventuras que os han traido
á la Abadia, para llenar de un modo tan estraordinario las miras de la providencia.

Amanda le prometió ejecutar todo cuanto
la dijo, y la infeliz señora se retiró por la ga-

lería, miéntras que Amanda bajó la escalera
y salió por la brecha llena de admiracion,
de compasion y de esperanzas. Entró en la
sala donde Mistriss Bruce y Mistriss Duncan
acababan de dejar el juego. La palidez de
Amanda y la turbacion que aun manifestaba
en sus ojos, hicieron viva impresion en las
dos señoras. Acordándose Amanda de lo peligroso que le era ser el objeto de una sospecha, les dijo que habia hecho un paseo demasiado largo, que estaba cansada y pedia permiso para retirarse á su aposento. Mistriss
Duncan la acompañó, y se habria quedado
hasta que se hubiese puesto en cama, si Amanda no se hubiera opuesto á ello. Pero no era
la intencion de Amanda acostarse tan pronto.
El descubrimiento que acababa de hacer tan
estraño y tan interesante, la agitaba tan fuertemente, que tuvo mucha dificultad en calmarse lo suficiente para poner por escrito la
relacion que le habia pedido Lady Dunreath.
Hízola un bosquejo, pero de un modo bastante fuerte para interesar á toda alma sensible. No habló en ella de su amor, sino solo
de los infortunios de su padre y de los suyos, y de los acaecimientos que la habian conducido á la Abadia. Despues de algunas horas de descanso, continuó por la mañana la
relacion que apénas habia comenzado: cuando la hubo acabado, Mistriss Duncan la llamó para hacer sus paquetes para el viage. La
tarde estaba ya adelantada, cuando pudo ir á
la capilla donde encontró á Lady Dunreath
en la actitud de una profunda melancolia,

apoyada contra la barandilla del altar.

Su palidéz, su fisonomia abatida por la desgracia, su falta de carnes, su situacion abandonada, todo inspiraba á Amanda una tierna lástima. Mojó con sus lágrimas la descarnada mano que la señora le presentó al acercarse.—Yo no merezco, dijo Lady Dunreath, las lágrimas de vuestra compasion. No obstante es un gran consuelo para mí, encontrar un ser que sienta mis penas; pero los momentos son preciosos. Entónces llevó á Amanda al altar, y la suplicó que la ayudase á levantar una pequeña losa de mármol semejante á las del pavimiento del pié del altar. Levántaron la piedra con alguna dificultad, y vió Amanda un pequeño cofre de hierro que ayudó tambien Lady Dunreath à levantar. Entónces esta sacó una llave de su seno, abrió el cofre y sacó de él un pergamino sellado.—Recibid, dijo á Amanda, el testamento de vuestro abuelo, depósito sagrado que os confio para entregar á vuestro hermano, legitimo heredero del conde de Dunreath. ¡Quiera el cielo que la restitucion que os hago de él, junto con mi arrepentimiento sincero, espie el crimen que he cometido deteniéndolo tanto tiempo. ¡Ojalá que la fortuna que os vuelvo á los dos, pueda traeros la felicidad!

Amanda trémula recibió el pergamino. Gran Dios! es posible! es verdad que tengo en mis manos el testamento de mi abuelo, y con él los bienes de fortuna restituidos á mi hermano? ¡Oh providencia, que ocultos y misteriosos son tus caminos! Oh Oscar! querido hermano (pues ella en este momento se olvidaba de sí misma), si tu hermana hubiera podido creer que los disgustos que ha sufrido la habian de conducir á tal descubrimiento, no habrian tenido para ella la mitad de la amargura! Sí, Padre mio: á lo ménos uno de tus hijos podrá ser feliz, y el espectáculo de su dicha mitigará y endulzará la miseria del otro. Miéntras hablaba de este modo las lágrimas corrian en abundancia, y aliviaban su corazon agitado por tan fuertes conmociones.

No me hableis, dijo Lady Dunreath con un profundo gemido, no me hableis de vuestras desgracias, si no quereis arrojarme á la última desesperacion; pues yo sola debo acusarme de haber causado todos los infortunios de Lady Malvina y de sus hijos.

Escusadme, esclamó Amanda enjugándose las lágrimas, escusadme estos dolorosos recuerdos; yo seria ingrata con el cielo y con vos misma sí me detenia mas sobre mis pasadas desgracias: pero permitidme no dejar escapar esta ocasion para preguntaros si puedo serviros en alguna cosa; si teneis algun amigo á quien pueda dirigirme en vuestro nombre, para haceros librar de la cruel é injusta prision en que os veo detenida.

No, dijo Lady Dunreath, yo no tengo amigo alguno; no me los grangeé cuando me hallaba en estado de adquirirlos, y si alguno en el mundo se acuerda de mí, solo es con desprecio y con horror. Las leyes de mi pais me darian pronto la libertad, ya lo sé; pero si las cosas giran como yo espero,

ninguna necesidad tendré de invocar las leyes:
y una gestion de esta naturaleza podria tener
para mí y mis opresores consecuencias que
quiero evitar. Vuestra felicidad y mi seguridad ecsigen aun durante algun tiempo un profundo secreto. En este escrito encontraréis las
razones que tengo para pediroslo, y al mismo tiempo le entregó un papel que sacó de su
seno, en cambio del cual Amanda le dió la
relacion que le habia prometido. En seguida
volviéron á colocar el cofrecillo de hierro y
el mármol en su respectivo puesto, y se sentaron sobre las gradas del altar. Amanda hizo saber á Lady Dunreath que partia al dia
siguiente, y el por qué de esta marcha. Lady
Dunreath manifestó la mayor impaciencia que
todo se pusiese por obra prontamente para hacer
reconocer la autenticidad del testamento. Cuando yo vea, decia, al heredero legítimo en posesion de la Abadia, mi alma recobrará alguna calma, hasta que abandone este cuerpo
mortal, momento que creo no está lejos. Lágrimas de compasion cayeron de nuevo de los
ojos de Amanda, y se horrorizó al pensar que.
la desgraciada podia morir abandonada, y
privada de todo consuelo y socorro. Volvióla
á instar paraque le indicase algun medio para procurarle al instante su libertad, y Lady
Dunreath le repitió que esto era imposible
ántes que Amanda hubiese hecho del testamento el uso que debia.

Llevadas por la dulce y meláncolica simpatía que une á los desgraciados, una y otra
olvidaban el peligro de ser descubiertas, cuan-

do la campana del castillo las advirtió la hora
que era.—Idos, gritó Lady Dunreath con el
mayor espanto, sinó somos ámbas perdidas.
Amanda la apretó la mano en silencio, y salió de la capilla. Detúvose á fuera para escuchar; pues siendo ya de noche el oido solo
podia advertirle el peligro de ser sorprendida. Solo se oia el silvido de los vientos en
las cimas de los árboles del valle y el murmullo de las aguas que caian de la montaña.
Buscaba á tientas, por lo lárgo de las paredes de la capilla, un sendero que conducia
á la puerta de la Abadia, cuando oyó la voz
de Mistriss Duncan que la llamaba, y que la
dijo que ya comenzaba ó estar inquieta por
no verla volver, y que iba en su busca con
un criado.

Este incidente hizo temer á Amanda que
la hubiesen descubierto, y esta idea la turbó cruelmente, pero prontamente se convenció por el tono y modo de Mistriss Duncan,
que habia escapado de este peligro.

Tenia muchas ganas de retirarse á su
aposento y no de cenar, y temiendo hacerse
sospechosa se quedó en la sala, tan ocupada
su imaginacion con el acaecimiento de la tarde,
que no sabia lo que decia, ni lo que hacia.
Al fin la sacó de esta meditacion un nombre
querido á su corazon que tenia el poder de
alejarle toda otra idea. Mistriss Bruce hablaba de las prócsimas bodas de Lord Mortimer.
Amanda la miraba tristemente, y á su pesar dejaba escapar algunas lágrimas. Se ponia alternativamente ya colorada, ya pálida. ¡Ay

de mi decia, qué me importan las riquezas cuando he perdido la felicidad! Con todo en seguida desechaba este pensamiento y se preguntaba ¿Qué es despreciable la independencia, y el poder de hacer bien? ¿Qué no merecen estas ventajas, el mas vivo y tierno reconcimiento de los que la poseen hácia la providencia que las ha concedido? Sin duda, decia entre sí, que en este momento pagó en silencio este tributo al autor y dispensador de todos los bienes.

Era ya tarde cuando las damas se separaron, y Amanda habiendo cerrado su aposento por dentro, sacó del seno los papeles que tenia alli ocultos, y se puso á leer la relacion de Lady Dunreath, la que estaba concebida en estos terminos

CAPITULO LXVIII.

«ADORANDO el poder que me ha dado los medios de reparar la injusticia que he cometido, voy á haceros patente, hija amable de la desgraciada Malvina, un corazon que la memoria de sus faltas y sus dolores pasados y los actuales le atormentan desde mucho tiempo. Estoy convencida, de que vos, dotada de la bondad de vuestra madre, asi como se le pareceis en la belleza, condenando al culpado tendréis piedad del penitente, y obtendréis del cielo mi perdon, pues las plegarias de la inocencia son muy poderosas para con él. Mi prision dura hace algunos años, y mi injusticia con Lady Malvina empezaba á disminuirse, aun-

que el deseo que de ello tenia no me dejaba
desesperar enteramente de conseguirlo.

«Ay! buena Malvina: la suerte me habia
condenado á no oir mas mi perdon pronun-
ciado por vuestra boca; pero esperaba obtenerlo algun dia de vuestros hijos; y si de
la mansion dichosa en que disfrutais de la
felicidad prometida á los buenos, es permitido á las almas saber lo que pasa en la
tierra, estoy segura que miraréis con ojos
benignos y compasivos á la desgraciada, que
ella misma se cubre de oprobio y de verguenza, confesando su crímen, para espiar aquel
de que se ha hecho rea con vos.

«Pero yo debo detener las efusiones de
mi corazon á fin de no perder el tiempo que
tengo para haceros lo que llamo mi confesion,
é instruiros de algunas circuntancias que debeis saber.

«Mi crueldad y mi insolencia con Lady Malvina no os deben ser desconocidas. Olvidè los
beneficios que habia recibido de su madre, cuya proteccion y amistad habian hecho los cimientos de mi fortuna y felicidad. Me alegraba
mucho de su casamiento con el capitan Fitzalan,
como un paso que le atraeria la perdida de la
gracia de su padre, y que reduciéndola á la pobreza, eclipsaria sus atractivos que detestaba,
por que obscurecian los de mi hija. El resentimiento del conde al principio fué violento,
pero ví con sorpresa y disgusto que se miti-
gaba poco á poco. Las consecuencias irrepara-
bles de un testamento en que su hija quedaba desheredada, la consideracion de que no te-

nia necesidad de un marido que tuviese bienes de fortuna, la nobleza de Fitzalan, las gracias y virtudes de que estaba dotado, y que le hacian digno de los mejores y mas ricos partidos, venian á menudo á la consideracion del conde, y abogaban fuertemente en favor de su hija. Con el temor de que mis proyectos contra ella no se frustasen enteramente, me ocupé, como el espíritu maligno, en atizar el resentimiento de su padre. Personas ganadas por mí le representaban sin cesar el atrevido desprecio que Lady Malvina había hecho de la amistad de su padre, y que perdonándola tan facilmente, habria que temer en su otra hija una conducta semejante, y algun casamiento con una persona mas pobre, si era posible, y que tuviese aun ménos mérito que Fitzalan. Esta última consideracion tuvo todo el efecto que habia esperado, y Lady Malvina fué declarada enteramente estraña de su familia.

«Entónces esperé que las miras ambiciosas que tenia por mi hija, se realizarian. Mucho tiempo hacia que deseaba casarla con el marques de Rosline; pero habia estado algunos años ántes enamorado de Malvina, y estaba tan fuertemente apasionado de ella, que luego que supo su casamiento se fué á viajar. Entónces probé todos los medios de inducir al conde á que hiciese un testamento en favor de Lady Augusta, pero no pude conseguirlo; y vivia en una cruel aprension de que si moria intestado, no entrase Malvina en la posesion de la parte de los bienes de su padre, de los cuales yo la habia procurado despojar. Queriendo proporcionar á todo precio un grande casamiento para mi hija, hacia correr la voz de que no se dudaba que Augusta seria la única heredera del conde. Tres años despues volvió el marques á su patria. La pasion que tenia á Malvina se habia estinguido. Las voces que habia hecho correr de la disposicion, que el conde haria de sus bienes llegó á sus oidos, y él tomó parte. Llevado del vil interés pidió la mano de mi hija, la que se le concedió. El conde la dió en dote una grande suma de dinero de contado; pero á pesar de mis esfuerzos no quiso darle tierra alguna viviendo él. Yo siempre esperaba, como igualmente el marques, que muriendo le dejaria tódos los bienes. El casamiento de mi hija acrecentó mi altanería natural, y se hizo mas vivo en mí el amor á los placeres, proporcionándome en casa del marques las ocasiones de entregarme á ellos. La vida disipada que llevaba, me hizo olvidar del conde, cuyas enfermedades le confinaban en la Abadia, y fué abandonado á la soledad y á los cuidados de sus criados. Sin duda os admiraréis de un descuido tan impolítico con un esposo que tenia tanto interés en contemporizar; pero la providencia ha dispuesto sabiamente que el vicio sea enemigo de sí mismo. Si yo hubiese continuado en manifestar al conde la misma ternura, y tener por él los mismos cuidados, no puedo dudar que al fin le habria determinado á hacer lo que deseaba; pero embriagada con el placer y la vanidad, mi prudencia (si no es prostituir esta palabra sirviéndome aquí de ella) me abandonó. Su cuerpo víctima de las enfermedades y de la edad, conservaba toda la fuerza de su espíritu. Conoció él muy bien mi negligencia, y se resintió vivamente de ella. Esta le fué tanto mas sensible, cuanto mas contraste hacia con las tiernas y respetuosas atenciones que habia tenido por él la infeliz Malvina á quien habia desterrado de su presencia, y el resentimiento que habia yo atizado cuidadosamente se apaciguó de nuevo; de manera que estaba muy favorablemente dispuesto á oir la inocencia del niño y abogar la causa de la madre. Mi terror y mi sorpresa fueron estremos cuando encontré al pequeño Oscar puesto de rodillas delante de su abuelo. Las lágrimas que el viejo derramaba sobre las mejillas del amable niño, manifestaban el afecto que conservaba á la madre, y el pesar de haberla tratado con tanto rigor. Yo distinguí aun en las miradas que arrojaba sobre el niño, un sentimiento de satisfaccion y de alegria, y crei ver que sé decia á sí mismo: este niño será aun el apoyo, el adorno y el engrandecimiento de mi antigua casa; y diferentes circunstancias que se siguieron me diéron pruebas que habia interpretado bien sus miradas. Yo retiré al niño de su presencia con un movimiento de rabia. El conde se conmovió mucho. Conocia la violencia de mi carácter, y débil para sostener una querella conmigo, juntó todo lo que le quedaba de fuerza y cabeza para arreglar sus negocios, y pareció ceder callando á mi volun-

tad, pero sin mudar de resolucion. Seguramente estaréis instruida del modo con que im-
pedí á vuestra jóven hermano que se presentase de nuevo á su abuelo, y como despedí
á vuestra madre, cuando vino á presentarse
ella misma para hacer el último esfuerzo. ¡Justos cielos! Los remordimientos me despeda-
zan aun despues de tantos años, cuando me
acuerdo de la noche en que la arrojé de la casa
paterna, de esta mansion en que su benéfica
madre me habia acogido en mis primeros
años, poniéndome á cubierto de la tormen-
ta de la adversidad. ¡Oh negra y baja ingratitud! ¡cruel correspondencia á los beneficios que habia recibido! Pero apénas cometí
el crímen, cuando vuestra madre quedó ven-
gada. Ninguna lengua puede esprimir los tormentos que me hiciéron sufrir mis remordimientos en el momento mismo que acababa
de cometer esta barbarie. Terrores involuntarios se apoderaron de mí, y los mas ligeros
ruidos me espantaban. Cada ráfaga de viento
en aquella noche de horrorosa tempestad me
hacia estremecer, y parecia anunciarme el divino castígo que venia á herir mi culpable
cabeza. Temblaba al pensar en mi oculto crímen, que la justicia de los hombres no podia alcanzar. Yo sabia que el conde esperaba
volver á ver á vuestra madre, ó recibir de
ella alguna nueva solicitud. Ignoraba el modo con que yo la habia recibido y tratado,
y tomé todas las precauciones posibles para
mantenerle en esta ignorancia. Luego que estuve asegurada de que Lady Malvina habia deja-

do las inmediaciones de la Abadía, hice escribir en nombre del capitan Fitzalan una carta al conde, donde le hacia las mas insolentes y amargas reconvenciones por su conducta hácia su hija. Esperaba yo que esta carta irritaria á mi esposo, y le volveria á las disposiciones en que queria verlo; pero se engañó mi esperanza. Sea que conociese que la carta era supuesta, sea que estuviese determinado á no castigar los hijos por la falta del padre, envió á llamar á un abogado muy hábil de la poblacion inmediata, que le aconsejaba en sus negocios. Este hombre acababa de morir; pero su hijo educado en la misma profesion vino á la Abadía en lugar de su padre. Yo habia temido su llegada; pero al verle esperimenté una conmocion muy diferente. Una ardiente pasion se apoderó de mi corazon al ver á este jóven en la flor de la edad, dotado de todas las gracias y de talento. Yo misma casada, jóven, habiéndo oido decir siempre que era hermosa, y creyéndome una diosa, estaba segura que haria sobre su corazon la misma impresion que él habia hecho sobre el mio. Si lo conseguia, podria fácilmente con su ayuda impedir los efectos de las favorables disposiciones que el conde volvia á tomar cada dia por Malvina, y crei que el amor le llevaria á hacerme todos los sacrificios que ecsigiria de él. Habia á la verdad un testamento hecho; pero despues del nuevo proyecto ya no me daba cuidado. Melross continuaba en venir á la Abadía mas frecuentemente de lo que pedian los negocios, y sus

ausencias eran cortas. Las dependencias y
asuntos del conde eran el pretesto de sus largas y frecuentes visitas; pero prontamente me
declaró su verdadero motivo, animado con
la inclinacion que le manifestaba. No me de-
tendré sobre esta parte de mi historia. En
fin colmé mi crímen violándo la fe conyugal,
y prometiéndonos mutuamente, Melross y yo,
unirnos luego que me veria libre por la muerte de
mi marido, que no podia tardar mucho tiempo visto el estado de enfermedad en que se
hallaba. A consecuencia de esta promesa Melross consintió en poner en mis manos el testamento del conde que le habia sido confiado. Estaba otorgado en favor de Lady Malvina y de sus
hijos. Los testigos que le habian firmado eran
amigos de Melross, y estaba seguro de poder
comprar su silencio. Os admiraréis de que te-
diendo el testamento en mis manos no lo
quemase en seguida; pero esto no quise hacerlo jamás, pues tenia mis motivos para ello.
Conservándole, me daba un poder sobre mi
hija, que no pude obtener de su afecto. No
dudaba que violenta, imperiósa y altanera como era, lo mismo que el marques (que en esto
se parecian) se opondrian con todas sus fuerzas á mi casamiento con Melross, que ofen-
dia á un mismo tiempo su orgullo y sus intereses; pero que si sabian que estaba en mi
poder el castigarles severamente su oposicion,
obtendria fácilmente su consentimiento, y los
respetos que mi orgullo y tranquilidad pedian
por Melross. El conde habia encargado á Melross que supiese el paradero de Malvina, y

habia prometido hacer las indagaciones ne-
cesarias; pero no es preciso decir que no
llenó jamás su promesa. Mi esposo murió cerca de un año despues que principió mi pasion
por Melross, y la marquesa heredó sus bienes en virtud de otro testamento que Melross
habia fabricado, ignorando ella misma que este era supuesto, aunque por su conducta pos-
terior tengo motivos para creer que no habria hecho escrúpulo alguno de aprovecharse
de este fraude. Despues de la muerte del
conde, dejé la Abadia para irme á vivir
á una hacienda que el conde me habia dejado cerca de quince millas de aquí; y allí
mucho ántes de lo que la decencia prescri-
bia, confesé al marques y á la marquesa de
Rosline mi proyecto de casarme con Melross.
Las consecuencias de esta confesion fuéron tales como yo me las habia figurado. El descontento del marques se manifestó mas en su
aire que en sus palabras; pero la marquesa es-
primió toda su impugnacion por verme unir
con un hombre tan inferior á mí por el nacimiento y por la fortuna. Esto era un insulto, decia, á la memoria de su padre, y una
degradacion á su ilustre casa: que mi casamiento confirmaria tambien los rumores escan-
dalosos que se habian esparcido sobre mi trato con Melross ántes de la muerte de mi esposo. Sus palabras irritaron toda mi violencia.
Yo le heché en cara su ingratitud con una
madre que por enriquecerla habia sofocado la
voz de su conciencia. Mis reconvenciones alár-
maron á mi hija y á su esposo, y me pidieron

la esplicacion de ello. Yo no vacilé en dársela, declarándoles al mismo tiempo, que no
pretendia sujetar mas tiempo mis sentimientos para complacerles, y que como no veia en
ellos ninguna deferencia por mí, declararia que
Lady Malvina Fitzalan era la sola heredera le-
gítima del conde Dunreath. El marques y la
marquesa mudaron de color á esta propósicion.
Ví que temblaban por temor de que no pusiese en
egecucion mi amenaza, aunque híciesen semblante de no creer la ecsistencia del instrumento con
que les amenazaba; artificio que ellos emplearon con mucha habilidad para hacerme esplicar
aun mas.

«Tened cuidado, les dije, levantándome de
mi asiento para dejar el aposento, que no os
dé una prueba demasiado convincente de su
realidad. Si yo no esperimento de vuestra parte
la complacencia y las atenciones que merezco y
que tengo derecho á esperar, no continuaré en
resistir á los remordimientos de mi conciencia,
teniendo oculto el verdadero testamento de mi
esposo. Dueña de mis acciones, qué otro motivo que el amor de mi hija ha podido con-
ducirme á daros parte de mis intenciones?
Vuestra resistencia y vuestra desaprobacion no
pueden tener otro objeto que vuestro interés
personal. Melross, ni por su estado ni por su
mérito puede hacer deshonor á una casa ilustre. Retiréme á mi aposento convencida de que
habia triunfado de su oposicion, y satisfecha
de esta idea; pues creí ver claramente que
mi hija y yerno estaban persuadidos de que
podia privarles de los bienes que acababan de

adquirir por la muerte del conde, y que para conservarlos no vacilarian en sacrificar su orgullo á mis deseos. Yo me prometia celebrar mi casamiento con toda la pompa de que siempre habia gustado: y estando satisfechas mi pasion y mi vanidad, me embriagaba en mi felicidad. Algunas horas despues de esta escena, la marquesa me envió á suplicar le concediese una conferencia. Yo la ví entrar en mi aposento con un aire respetuoso que no le era ordinario, y en seguida me hizo humildes escusas por su conducta. Convino conmigo en que tenia razon de estar ofendida; pero la reflecsion la habia convencido de su falta, y ella me daba las gracias, como igualmente su esposo, por haberles consultado el paso que queria dar. Me prometiéron tener todos los respetos que podia ecsigir por un hombre que habia honrado con mi eleccion. Yo no creí que mi hija fuese sincera en todo cuanto me decia; pero la complacencia y los procedimientos esteriores era todo cuanto ecsigia. Acompañéla al cuarto del marques, y se hizo entre nosotros una reconciliacion; les presenté á Melross á quien acogiéron como yo deseaba.

«Algunos dias despues la marquesa vino una mañana á mi cuarto, y me dijo que tenia que proponerme una cosa, que esperaba me seria agradable. Era un proyecto de hacer un viage al continente, y que ella y su marido habian pensado, que sí Melross y yo queriamos darles el gusto de acompañarles en su viage, podria diferir mi casamiento hasta que estu-

viesemos en Paris, donde contaban ir en dere-
chura; que les parecia que esto era convenien-
te tambien para mi misma, pues celebrado
el matrimonio en Escocia tan pronto despues
de la muerte de mi marido, podia chocar
mucho á los amigos del conde de que estábamos cercados; en lugar de que una vez
hecha la ceremonia en pais estrangero, presen-
tarían á Melross á toda su familia y conocidos, como un hombre digno por todos respetos de ser admitido en su sociedad.

«Despues de haber deliberado algun tiempo, adopté el plan que me proponian porque no contrariaba el mio. Mi pasion no me
cegaba hasta querer chocar con el bien parecer, y no se me podia ocultar que un casamiento celebrado tan cercano á la muerte
de mi esposo, atraeria sobre mí la censura
del público que yo evitaba viajando, quedan-
do desde entónces oculta é incierta la época
de nuestra union. Melross consintió á todo.
Convenimos pues que él marcharia primero á
Paris. Yo le dí todo el dinero necesario para
presentarse con grande tren, y partió muy
alegre de ver que se abria delante de él una
carrera brillante.

«Contaba Melross con impaciencia los dias
esperando que me reuniria con él; y como
lo habiamos arreglado, partimos quince dias
despues. Estábamos en mitad del invierno, y
la noche era oscura. Ya habia algunas horas
que caminabamos, cuando nos detuvimos. Estaba cansada, fatigada y muerta de frio, y creyendo que tomábamos posada en un albergue;

seguí al marques á un largo pasadizo alumbrado por una escasa luz que nos condujo á
una sala bien iluminada, y en la que ardia
un buen fuego. Admiréme mucho de encon-
trárme en un aposento que creí conocer; y
manifesté mi sorpresa al Marques.—Vuestros
ojos, señora, no os engañan, me dijo con
un cruél énfasis; pues os hallais en la Abadia de Dunreath.

«En la Abadia de Dunreath! esclamé: ¡Oh
cielos! y para que me traeis aqui? — Para ocultar á todo el mundo, me respondió, vuestra
locura, vuestra imprudencia y vuestras traiciones; para no dejaros ejecutar un proyecto digno de un corazon depravado, y de una imaginacion desarreglada contrayendo un casamiento vil y criminal; y para evitar á aquellos, cuya alianza con vos os da toda la importancia que teneis, los disgustos que vuestra locura les atraeria.

«No puedo pintar los efectos que hizo en
mì este discurso. Mi furor fué tal, que no
hubo violencia á la que no me hubiese dejado arrastrar, si no hubiese estado destituida de
los medios de venganza; mis labios trémulos
no pudieron en mucho tiempo espresar mi rabia.

«Qué! dije al fin, en una tierra de libertad os atreveis á atentar contra la mia!—Sí,
contestó con una frialdad insultante, por que
está visto que no os hallais capaz de usar ra-
zonablemente de ella; vos deberiais darme gracias por la indulgencia que uso con vos, atribu-
yendo vuestra conducta al desorden de vuestra
imaginacion mas bien que á la depravacion; y

es menester que en efecto seais muy loca para asegurar que ecsiste un testamento del conde Dunreath en favor de Lady Malvina Fitzalan. Estas palabras me descubrieron el motivo de su conducta conmigo; y me provaron
al mismo tiempo que no hay fé entre los
malvados. El marques estaba convencido, despues del conocimiento que tenia de mi carácter, que no dejaria de quererle dominar, caso que tuviese en mis manos el testamento.
Temia tambien que la pasion ó el capricho
no me llevasen algun dia á vender este importante secreto, y á despojarle de su posesion
ilegítima: asi el orgullo y la avaricia le de-
terminaron á desembarazarse de sus temores,
apoderándose de mi persona, y teniéndome
en un encierro privado.

«Ah! esclamé, por qué no he reparado
ya mi injusticia? Asi no habria caido en los
lazo de aquellos que se han aprovechado de
sus despojos.

«Presentad pues ese testamento, dijo, y
disfrutareis de las ventajas que os prometeis
de esta bella accion. Respondile con la rabia y menosprecio en el corazon y en los
ojos:—No, no; está en manos seguras, y
se presentará en el momento en que vosotros
ménos lo espereis, para espiar y reparar mi
injusticia, y manifestar la vuestra publicamente
haciendo entrar en sus derechos al legitimo
heredero. Pedi mi libertad, amenazé, supliqué; pero en vano. El marques me aseguró
que haria mejor en calmarme; pues mi suerte estaba ya decidida.

«Ya sabeis, me dijo con una mirada ma-
ligna , que no teneis amigo alguno que se in-
forme de vos, ó que quiera tomar por su
cuenta vuestros intereses; y aun cuando los
tuvieseis, cuando les aseguraré lo que yo mismo creo, que sois loca, nadie pedirá que
os saquen de la prision. Yo pedí que me dejasen ver á mi hija:—Vos no la vereis jamás,
me dijo, pues no quiere ser testigo de la criminal pasion que la hace avergonzar de teneros por madre.

«Ah ! esclamé, mas bien es por que no se
atreve á presentarse á una madre ultrajada.
Pero qué no espere escapar de un justo castigo
la desgraciada, que ha roto de este modo los
lazos de la naturaleza! Sí, mis sufrimientos
amontonarán sobre su cabeza un peso enorme,
y en el momento en que ménos lo espere su
corazon será víctima de insoportables agonías,
y le alcanzará la pena de su crímen.

«Convencida de que estaba enteramente en
poder del marques , y que no tenia nada que
esperar ni de él, ni de mi hija ; estos injustos y
erueles tratamientos llevaron mi rabia é indignacion hasta un verdadero frenesí, que se
termino por fuertes convulsiones. Al volver en
mí, me encontré en un aposento que conocí
ser el que habia ocupado la difunta Lady
Dunreath, á quien habia reemplazado tan in-
dignamente. Mistriss Bruce, que era la conserge aun ántes de casarme, estaba sentada
al lado de mi cama. Yo vacilé algun tiempo
si me dirigiria á ella como suplicante ó como
señora; y siendo esto último mas conforme á

mi carácter , le dije con altanería que me ayudase á levantar, y me procurase un carruage para salir sin tardanza de la Abadia. Así como daba estas órdenes el Marques entró en mi cuarto.—Vuestro destino, me dijo, os lo repito se ha fijado ya. Esta Abadia será en adelante vuestra residencia, y no saldréis de ella. Bendecid á aquellos que os han procurado este asilo á vuestra locura. Tanto la marquesa como yo no podemos dispensarnos de separar del mundo á una muger que difundiria contra nosotros imputaciones calumniosas, que podrian creerlas aquellos que no nos conocen. Yo me levanté de la cama furiosa y con solo los vestidos que me habian dejado al acostarme. Corrí á la puerta pidiendo mi libertad; pero él me cerró el paso, escuchando mi demanda con un desprecio insultante; un momento despues salió Yo quise seguirle, pero él me impelió brutalmente y cerró la puerta. Las convulsiones me repitieron, y en su consecuencia me atacó una violenta calentura con delirio. En esta situacion el marques y la marquesa me abandonaron, no dudando que mi enfermedad me arrojaria luego á una prision mas segura aunque la que ellos me habian destinado. Muchas semanas estuve en peligro, y al recobrar mis sentidos creí despertar de un pesado sueño, durante el cual habia sido atormentada de espantosas ideas. El primer objeto que distinguí fué Mistriss Bruce á la cabecera de mi cama, mirándome con inquietud, y pareciendo desear mi restablecimiento sin esperarlo.

«Decidme, le pregunté, estoy yo realmente en la Abadia de Dunreath aprisionada por órden de mi hija? Mistriss Bruce suspiró.—No os atormenteis me dijo, con preguntas inútiles, ni empleeis la razon que acabais de recobrar felizmente, en vanas quejas.

«En vanas quejas? repetí dando un suspiro de desesperacion. Despues de haber guardado silencio por largo tiempo, supliqué que me diese un poco de claridad tirando las cortinas de mi cama, y de las dos ventanas. Consintió, y los rayos del sol brillante penetrando en mi aposento, me manifestáron un objeto que no pudé ver sin estremecerme. Este era el retrato de Lady Dunreath mi benefactora, colocado ecsactamente en frente de mí. Mi carácter se habia domado con la enfermedad, y mi alma se habia hecho sensible. Yo creí ver á esta respetable muger delante de mí, escitando los remordimientos en mi conciencia, y el arrepentimiento en mi corazon. El aire bondadoso y benefico, que hacia el carácter principal de su fisonomía, estaba perfectamente imitado en el retrato, y me recordó con mucha fuerza el momento en que esta escelente persona me habia recibido en sus brazos, y me habia dado su casa por asilo contra los vaivenes de la vida. Mi corazon se despedazaba al pensar como habia pagado sus beneficios, causando la ruina y la desgracia de sus hijos. ¡Oh y que suplicio tan cruel fuéron para mí estos recuerdos! Con todo luego dejé de quejarme de mis sufrimientos. Yo los miraba como una espiacion de mi crimen, y la resig-

nacion ocupó en mi alma el lugar de la desesperacion. Justo es, me decia á mi misma
gimiendo, justo es que en el mismo sitio en
que he desplegado mi injusticia y mi crueldad, y urdido una horrible traicion, reciba
la pena debida á mi maldad.

«La mudanza en las disposiciones de mi espíritu produjo otra de la misma naturaleza en
mi carácter. Mistriss Bruce me encontró ménos difícil de guardar, de lo que al principio se habia imaginado. En vano procuré sedu-
cirla para obtener mi libertad; fué inflecsible
é inalterable en su fidelidad á los que la empleaban. Procurando recobrar mi libertad no
tenia intencion alguna de volver á parecer en
el mundo; habria ocultado mi verguenza en
un retiro obscuro; pero tenia un ardiente deseo
de reparar el mal que habia hecho á los hijos
de Lady Dunreath, y este deseo no me ha
abandonado un solo momento. Jamás ha amanecido, ni jamás la noche ha tendido su negro
manto, sin que haya dejado de suplicar al cielo
que me diese los medios de volver la herencia á
los huerfanos á quienes despojé de ella. Mistriss Bruce, aunque firme, no ha sido cruel
conmigo. Me manifestó las mayores atenciones hasta que estuvo restablecida mi salud.
Ha cesado de verme en el discurso del dia, y
solo me ha visitado por la noche; pero no me
ha dejado faltar cosa alguna. Me ha proveido de libros de religion y de moral, como igualmente de papel, pluma y lacre, de
lo que me he servido para recopilar los pensamientos que la lectura me sugeria. A estos

libros y á estos pequeños trabajos debo el ha=
ber soportado con alguna calma mi largo y
triste cautiverio. Ellos han elevado mi alma;
y engrandeciendo mis ideas acia el ser supremo,
me han penetrado de sumision y de respeto á su
voluntad; ellos me han dado á conocer la grandeza de mis faltas sin arrojarme á la desesperacion, pues que haciendome sentir el horror
del crímen, me han instruido tambien en la
eficacia del arrepentimiento. Sin embargo privada como me hallaba de los gozes comunes
de la vida, del aire, del egercicio y de la sociedad, por mas que me dijese á mi misma que
mi castigo era ménor que mis crímenes, la naturaleza se quejaba y sufria, y mi salud se
menoscababa en estremo. Mistriss Bruce me
dijo al fin, que ella me permitiria pasearme
por todo la parte del edificio contiguo al aposento único en que hasta entónces habia sido
confinada, y en donde tendria ventanas que
daban al jardin, si yo le prometia no hacer
tentativa alguna para recobrar mi libertad; tentativa que ella me aseguró no podia tener buen
écsito, pues no habia en la Abadia ni en sus
cercanias sino gentes adictas al marques, que
me entregarían inmediatamente á sus manos;
y que si me sorprendian en la fuga, tenia
ya tomada la resolucion de enviarme á Francia para hacerme encerrar como loca en alguna galera.

«Convencida de que el marques era capaz
de toda suerte de violencias conmigo, penetrada de la suavizacion que Mistriss Bruce me
procuraba en mi cautiverio, y solícita en fa-

cilitarme algun desahogo, le di las seguridades mas solemnes de que no intentaria escaparme jamás. En consecuencia me ha abierto muchos aposentos que comunicaban con el mio, y ha quitado las barras de hierro con que tenian cerrados mis postigos. ¡Conqué mezcla de placer y de pena he visto el espectáculo que la naturaleza ofrecia á mi vista! Viéndome aun privada de disfrutarlo con entera libertad, me he admirado de haberla podido contemplar con ojos indiferentes. Algunas veces me desesperaba al pensar que este bien, comun á todos los hombres, yo solo lo disfrutaba á hurtadillas. No obstante, decia entre mi, ¿á quién debo quejarme de esta privacion sino á mi misma? Estos hermosos presentes del cielo eran mios, yo he perdido por mi culpa el libre uso de ellos: ¡Desgraciada de mí! He cedido á la tentacion que me ha asaltado, me he separado del camino de la justicia, y he sido castigada con la pérdida de todos los bienes. Veia con gusto y con un especie de entusiasmo estas escenas de la naturaleza que hasta entónces habia mirado con indiferencia, como si mis sentidos las hubieran visto por la primera vez. La mudanza de estaciones llevaba una grande diferencia en mi situacion con respeto á esto; pues todas las ventanas estaban cerradas en invierno, escepto las del aposento que yo ocupaba que daban sobre un corral pequeño y sombrio. Era un grande bien para mí la vuelta de la primavera que me volvia la libertad de las ventanas de donde tendia la vista á la campiña.

Qué goce tan delicioso era para mí; el verdor,
las primeras ojas, las primeras flores, el murmullo de las aguas que caian de la montaña y
el canto de las aves! Qué frescura encontraba en
el aire de la primavera! Qué dulzura en el olor
de las flores, que un céfiro benéfico me traia
para endulzar mi cautiverio! La obscuridad
de las noches me daba tambien sus placeres;
y cuando miraba esta bóbeda azul sembrada
de estrellas, este escaso y ligero velo que nos
separa de los habitantes de la mansion celeste, un agradable y dulce sentimiento de piedad me hacia olvidar mis desgracias. Pero ha-
ciéndoos la historia de mis sentimientos, me
separo del objeto que me he propuesto, y
olvido que la persona á quien he hecho tanto mal no puede tomar grande interés en semejantes pormenores.

«Esta tarde os entregaré el testamento en
vuestras manos. Os aconsejo, si no decubris
á vuestro hermano luego, que le confieis á
una persona hábil con cuya providad podais
contar, pues hasta que hayais encontrado un
hombre de esta especie, tened cuidado que no se
sepa que estais en posesion de él, por temor
de que el marques, á quien creo capaz de todo, no os quite mi persona, agente principal de la validez del auto, cuyo testimonio os
es tan necesario, y que se os dará con tanto
gusto: guardad, repito, el mas profundo secreto hasta que todo esté dispuesto para hacer
constar vuestros derechos. Ojalá que su restablecimiento sea para vos y para vuestro hermano
un manantial de felicidad! Ojalá que la rique-

za sea en vuestras manos el socorro y consuelo de los desgraciados, y que vuestros corazones gusten, derramándola así, la satisfaccion pura y duradera, que nos da cuando se
emplea en gastos de un vano lujo y de una
miserable vanidad! Yo deseo tanto como sea
posible, salvar el honor de mi hija: ella no
merece de mí este deseo; pero Ah! yo misma soy en parte culpada de su mala conducta. La providencia la habia confiado á mis
cuidados; he olvidado este sagrado deber; jamas he combatido sus nacientes pasiones, ni
he cimentado en ella los fundamentos de una
sola virtud. Ay! Ojalá que las oraciones de
su desgraciada madre puedan obtener el perdon para ella! Quiera Dios que un sincero
arrepentimiento, aunque tardio, entre en su corazon, y le haga llorar y espiar sus faltas!
Si ella no se hubiese unido á un hombre tan
depravado, creo que jamás se habria apartado
tan léjos del camino que le trazaban la naturaleza y su deber; pero la criminal personalidad del marques la ha corrompido, y no le
ha dejado ver ni seguir mas que el vil interés.

«Poco tiempo despues de mi detencion,
Mistriss Bruce me notició que el Marques habia escrito á Melross diciéndole, que yo habia
mudado de pensamiento, y que ya no pensaba mas en él, y añadió, que creia que se le
habia proporcionado un buen establecimiento en
Francia, pues no habia oido hablar mas de él.
Ella hizo diferentes tentativas para sacar de
mi á quien habia entregado el testamento, pues
yo le habia persuadido que estaba en manos

seguras, y he llegado á ocultarlo tan bien, que
no le ha sido posible descubrirlo. Hé aquí todo cuanto tengo que deciros. Espero con una
inquieta impaciencia la visita vuestra de esta
tarde. Espero este momento en que podré reparar mi injusticia con vuestra madre, este momento en que recibiré la historia de vuestra vida, que vuestras lágrimas, vuestras palabras
y vuestro abatimiento me anuncian que será
la de vuestras desgracias, pero espero que son
unas desgracias que no os ha atraido ninguna falta, cuya memoria se borra con el tiempo y que endulzan la amistad y el testimonio
de una conciencia pura.

«Yo no puedo ménos de deciros la con-
moción que esperimenté al oir vuestra voz:
Esta voz tan semejante á la que yo conocia tan
bien, y que mis crueldades han reducido mucho tiempo há al silencio del sepulcro, me penetró de temor. Estaba en lo alto de la escalera, y bajaba á la capilla como tenia de costumbre á la caida de la tarde. Trémula de
espanto permaneci algunos minutos sin poder
dar un paso; pero cuando me aventuré á
acercarme á la puerta y os vi de rodillas delante de la imágen de aquella que habia perseguido; cuando oí nombraros la desgraciada
huérfana de la infeliz Malvina, mi conmocion
fué profunda y terrible. Una imponente voz
parecia gritar á. mis oidos: Hé aquí ya, llegado el tiempo de la restitucion: hé aquí la
criatura que la mano de la providencia ha
conducido aquí para recibir la reparacion de
la injusticia que has cometido contra su

madre. Adora la mano poderosa que te dá un medio de espiar tu crimen. Obedecí: levanté al cielo mis húmedos ojos de lágrimas y mis manos trémulas, y bendecí al ser poderoso y bueno que habia acogido mi humilde oracion. El camino por el cual os ví salir de la capilla me dió pruebas de que se ignoraba que vinieseis á ella. Yo os espere el dia siguiente con una impaciencia que fué un verdadero suplicio : cuando me creí engañada en mi esperanza, volví á mi aposento donde entrasteis poco tiempo despues, y donde esperimentasteis tan grande terror : pero el mio no fué menor, pues á la luz escasa de que el aposento estaba alumbrado creí ver á la misma Malvina ; tanto os pareceis á ella en el talle, en el aire y en las facciones. Ah ! ojalá que sea vuestro destino mas diferente que el suyo. Sin duda no tardareis en volver á ver á vuestro hermano; si se estremece cuando pronunciareis mi nombre, obtened de él el perdon que vos me concederéis.

«Descendientes y legitimos herederos de una ilustre casa, indemnizaos por una constante felicidad de las desgracias que hasta ahora habeis esperimentado. Ojalá que el tiempo borre estas desgracias, ó no permanezcan en vuestra memoria sino para enseñaros la moderacion en la prosperidad y la compasion por los males de vuestros semejantes. Ojalá que se aumenten las virtudes en vosotros al resplandor célebre de vuestros antepasados, y os aseguren en la otra vida una eterna felicidad. Quiera Dios que vuestro linage se perpetue y con él la fe-

licidad en su seno! Y que sean transmitidos
vuestros nombres á la posteridad por la voz del
reconocimiento, y esciten en otros una noble
emulacion de imitaros!

«Ah! por qué no puedo formar deseos semejantes por mi desgraciada hija! Pero los ha-
ría en vano. Las nobles inclinaciones se han
borrado de su alma, los placeres que da la
virtud son nada para ella; pues no busca sino los que da el fausto y la vanidad.

«¡Amables hijos de Malvina! si vosotros pu-
dieseis imaginar y sentir las agonías que mi
hija me ha causado, os encontrariais mas ven-
gados que todo cuanto os he hecho sufrir.

«Oh Dios! ántes que mi alma deja mi
cuerpo mortal, haced que yo sepa el arrepentimiento de mi hija.

«Y vosotros, jóven é interesante pareja, que
vais á entrar en la posesion peligrosa de
unas grandes riquezas, aprended con mi ejemplo, que su mal uso, y el olvido de los deberes que la providencia impone á aquellos
que las concede, encuentran aun en este mundo su justo castigo!

«Determinada á reparar mi injusticia con
todo mi poder y por todos los medios que se
me proporcionarán, estoy pronta, luego que
seré requerida para ello, á atestiguar con mi
testimonio la legitimidad del testamento que
os entrego. Quiera el cielo que podais disfrutar luego de las ventajas que os debe traer!
Este es el deseo ardiente y sincero de la que
firma este escrito

Anabella, condesa de Dunreath.

CAPITULO II.

Las conmociones que sintió Amanda á esta lectura fuéron muy vivas, pero se apaciguaron poco á poco, é hiciéron lugar á una grande compasion por la desgraciada y arrepentida Lady Dunreath, y al gusto de imaginar que iba á volver á su hermano una grande fortuna. En seguida pensó en las medios de hacer valer el testamento que tenia en sus manos, y sobre todo en encontrar, segun el consejo de Lady Dunreath, un amigo inteligente y seguro, á quien pudiese confiar este importante instrumento.

Pero donde podrá encontrar un amigo semejante en el estado de abandono en que se hallaba? Despues de haber reflecsionado largo tiempo, se presentó á su imaginacion la idea de Rusbrook : pues aunque le fuese casi del todo desconocido, él no miraria como indiscreta una demanda, que era un homenage tributado á su probidad, á la cual tenia ella sin duda una grande confianza. Revelándole un secreto de esta naturaleza le creia no solamente capaz de resentir vívamente una injusticia, sino tambien muy propio para dar sabios consejos y tomar la defensa del oprimido. Se le representó á su imaginacion como amigo, como abogado y consejero, y esperaba que asi mismo le ayudaria á encontrar á Oscar. Tambien se le presentaba el delicioso momento en que despues de haber descubierto á su hermano, le pondria en posesion de una grande fortuna: ó aquel en que estrecharia contra su corazon otro corazon interesado en ver á ella feliz. Despues de haber caminado solitaria y triste en los senderos dificiles de la vida, y haberse visto obligada á quedar sola en la tempestad de la adversidad: ¡cuan dulce le seria volver á encontrar unos ojos llenos de ternura fijos sobre los suyos, un oido atento á los acentos de su voz, y un ser sensible que endulzase sus penas, y participase de ellas. Solo á aquellos que han conocido todas las dulzuras de la vida social!, y que han llorado como ella su pérdida con todas las agonías del dolor, es dable hacerse, si es posible, la idea de todos los sentimientos que agitaban su corazon. Ay Oscar! Ay hermano mio! esclamaba, mojadas sus megillas de lágrimas, qué momento tan delicioso aquel en que os veré! Cuán dulce me es ya ahora pensar que no sufrireis mas las penas de la pobreza, y gustaréis las dulzuras que la beneficencia da á todos los que la ejercen! Entónces será cuando se manifestarán con todo su brillo vuestras virtudes; que haréis honor á los antepasados de que descendeis, sirviendo dignamente á vuestra patria, y difundiendo la felicidad en derredor vuestro.

La mañana sorprendió á Amanda en estas reflecsiones. Abrió los postigos y vió al sol brillante en toda su gloria que disipaba la niebla que cubria el valle, desplegando poco á poco los tapices del hermoso verdor que formaba un contraste con la sombra fuerte que trazaban las elevadas montañas. Un viento fres-

co agitaba las copas de los árboles, pobla-
das de un número infinito de aves que ce-
lebraban con sus conciertos la vuelta del dia,
y parecian dar gracias al grande autor de la
luz y de la vida, por la nueva aparicion de
la aurora.

La espresion de estos mismos sentimientos
se escapaba involuntariamente de los lábios de
Amanda; y esperimentaba la calma y el dulce placer que gusta una alma religiosa y sensible al aspecto de las bellezas de la naturaleza campestre. Entónces probó sí podria tomar
algun descanso, pero sin desnudarse. En efecto, tuvo un sueño bastante dulce, y despertó
un poco refrigerada y descansada á la hora
del desayuno.

Mistriss Bruce les manifestó el grande pesar que tenia de separarse de ellas. Esperaba
les dijo, que su ausencia no seria larga, pues
estaba segura de que el marques dejaria la Escocia inmediatamente despues de las bodas de
Lady Eufrasia. Por mas que Amanda procuró
sostener este recuerdo del casamiento de Enfrasia, su corazon se despedazaba á esta idea.
El ánimo que se daba, pensando en la necesidad que tenia de todas las fuerzas para el
importante negocio que iba á entablar, la
abandonaba.

Hasta despues de haber comido y tomado
el té no salieron de la Abadia. La idea de
de que pronto veria á su hermano dueño de esta
habitacion, dió á Amanda un momento de placer; pero este placer desvaneciase, luego que
pensaba que ántes de esta época Lord Mortimer

sería esposo de Eufrasia. Entónces caia en una profunda melancolia, olvidaba su situacion, no pensaba que estaba en camino, ni notaba objeto alguno. La confusion la sacó de sus meditaciones; y se avergonzó al pensar que su modo de estar debia dar muchas sospechas á Mistriss Duncan, cuyas miradas le manifestaban que en efecto habia adivinado mas de la mitad de los sentimientos que ocupaban á su jóven compañera. Entónces procuró aunque con algun embarazo, entrar en conversacion, y Mistriss Duncan se prestó á ella con la mayor complacencia y alegría. El carruage habia llegado á la estremidad del valle y Amanda sacó la cabeza á la portezuela, para arrojar la última mirada sobre la Abadia. El sol estaba ya á su ocaso, pero aun alumbraba con sus rayos la parte superior del edificio, haciendo contraste con la obscuridad difundida en el fondo del valle por las estendidas sombras de las montañas. Estos objetos y las cercanias de la noche condujéron á nuestros viajantes á la meditacion, y á ideas analogas á la escena melancólica que tenian á la vista; lo restante del viaje lo hicieron en silencio. La posada estaba á la entrada de la poblacion y en ella Mistriss Bruce habia tenido cuidado de hacer encontrar todo cuanto pudiesen necesitar. La dueña de la posada les habia tenido dispuesta una buena cena que les sirvió á su llegada. Despues de esta, Mistriss Duncan, asistida de Amanda, acostó á sus hijas las que acostumbradas á una y otra no habrian querido recibir los servicios de la

criada. Amanda y Mistriss Duncan no teniendo
ganas de dormir, se fuéron á pasear sobre un
terrado contiguo á su aposento. La luna estaba clara. El terrado dominaba un valle que
se estendia á lo largo del mar, y la cadena
de rocas que le servian de límites estaba co-
ronada de las ruinas de un antiguo castillo
cuyas almenas alumbradas por la claridad de
la luna hacian gozar de una vista agradable.
Desde allí veian difundirse las olas formando
una especie de mantel de plata, y las oian
estrellar contra las rocas.

Amanda y Mistriss Duncan unas veces dis-
frutaban en silencio de esta apacible escena,
y otras alababan sus atractivos. Miéntras se
paseaban por este terrado, oyéron á lo lejos
una caja de guerra que tocaba la retreta; y
Mistriss Duncan, que conocia el pais, dijo á
Amanda que este ruido venia de una for-
taleza inmediata á la poblacion. Algunos momentos despues oyéron una música militar
que tocaba una marcha compuesta por Fitza-
lau admirada de los profesores. Una multitud
de memorias viniéron á asaltar á Amanda.
Acordóse del tiempo en que ella tocaba esta
marcha á su padre, miéntras que él sentado á su lado la miraba con ojos que espresaban ternura y placer. Lloraba por estos
tristes recuerdos, y mas oyendo estos mismos sones que tan á menudo habian escitado
en ella sentimientos de alegria y de placer.

Al fin cuando estuviéron convencidas de
que la música se habia acabado para toda la
noche, se retiráron.

Habiéndo Amanda formado su plan relativo
al testamento, estaba determinada á ponerlo
en ejecucion sin tardanza. Habia hablado muchas veces á Mistriss Duncan de sus inquietudes por su hermano que, decia, era la
causa de toda su melancolía, y resolvió decirle que este mismo motivo la llevaba á hacer
un viage á Lóndres, donde buscaría medios
de saber donde se hallaba. A la mañana siguiente instruyó de su proyecto á Mistriss Duncan, la cual no solamente se sorprendió, sino que se afligió y se esforzó á apartarla de
él, representándole del modo mas fuerte los
peligros de un viage tan largo para una jóven sin esperiencia y sin proteccion.

Amanda convino en todo; pero le dijo que
el temor de los peligros y de los inconvenientes de este viage era ménos penoso para
ella que los tormentos que le causaba la incertidumbre en que se hallaba sobre su hermano.

Mistriss Duncan, que en su interior no
podía vituperar la resolucion de Amanda, la
instó á que no hiciese en Lóndres mas larga
mansion de lo que fuese necesario, y le manifestó todo el pesar que tendria de perderla.

Amanda quedó agradecida á estas señales de amistad, y la dijo que esperaba poder
pasar con ella todavia algunos dias felices. Pro-
poníase viajar en una silla de alquiler hasta
la frontera de Inglaterra, y desde allí tomar
la diligencia. La dueña de la posada fué á alquilar una para el dia siguiente por la mañana, y Mistriss Duncan pasó el resto del

dia en llorar la perdida que tenia, y en suplicar á Amanda que volviese lo mas pronto posible. Hasta este momento no habian conocido estas dos mugeres la fuerza de su mutua inclinacion. Mistriss Duncan le ofreció su bolsillo con las instancias mas eficaces, suplicándole usase de él como haria con una hermana, y de tomar todo cuanto podia serle necesario para un viaje tan largo, y una ausencia, cuya duracion era incierta.

Amanda, que no era amiga de contraer obligaciones de esta naturaleza siempre que podia evitarlas, no quiso aceptar este ofrecimiento, pero le manifestó todo su reconocimiento por ello, asegurándole por otra parte, como era verdad, que tenia suficiente dinero para hacer el viaje, y que todo cuanto podia aceptar era lo que Mistriss Duncan le habia ofrecido de salario, segun habian convenido.

Mistriss Duncan la suplicó que tomase una carta para una familia, cuya casa era inmediata al lugar que debia terminar la primera jornada de su viage. Dijola que eran parientes de su difunto esposo, que constantemente habian tenido muchas bondades con él, y aun con ella misma, y habia seguido una correspondencia seguida con ellos hasta el momento en que se habia trasladado á la Abadia de Dunreath, desde dónde habia cesado de escribirles por temor de descubrir el lugar de su retiro: pero que no podia despreciar una ocasion que se le proporcionaba por una persona segura que podia satisfacer á todas sus

preguntas ; y añadió, que era la casa mas agradable y de mas hospitalidad del mundo ; que
seguramente no consentirian que Amanda pasase
la noche en la posada , y que sin duda pro-
curarian tenerla algunas dias , y acompañarla
una gran parte del camino.

Amanda , á quien el estado de su alma
le daba indiferencia por una sociedad no conocida , dijo que ella se encargaba de la carta , pero que no prometia entregarla por sí
misma. Dió gracias á Mistriss Duncan por sus
tiernos cuidados , y añadió, que por una noche era pequeño inconveniente para ella pasar-
la en una posada ; y que en cuanto á retardar
su viage por una mansion en casa de las personas á quienes Mistriss Duncan la dirigia,
que no podia consentir en ello. Mistriss Duncan la riñó por el gusto que tenia á la soledad ; pero no la instó mas sobre este punto , y escribió la carta.

Como la silla debia venir muy temprano,
se despidiéron y se separaron muy tarde. Al
estrechar Mistriss Duncan en sus brazos á Amanda , la rogó de nuevo que volviese prontamente , declarándole que ni ella ni sus hijas
serian felices hasta su vuelta.

Amanda partió muy de mañana , y ántes
de subir al carruage no pudo ménos de arrojar una mirada á un punto de vista léjos , dónde le habian enseñado un grande bosque de
abetos , en medio del cual estaba situado el
castillo de Rosline. Su corazon estaba oprimido al pensar en el suceso que habia habido
ó habria dentro de poco en el castillo. Es-

taba atemorizada por la idea de un largo
y penoso viage, y por las dificultades que
tenia que vencer. Viendo á los habitantes del
campo, volver alegramente á sus labores dia-
rias, comparando su situacion con la de ellos,
se encontraba solitaria y abandonada. ¡Qué
dulces me serian las ocupaciones mas penosas, si podia entregarme á ellas en medio de una familia y de los consuelos de la
vida doméstica! Nuevos temores se levantaban
en su imaginacion. Rusbrook podia estar ausente de Lóndres ó no llenar sus esperanzas;
pero luego se reprendia su inquieta previ-
sion que le hacia nacer así fantasmas é incíer-
tas desgracias, miéntras que esperimentaba ya
demasiado de reales y verdaderas. Procuró distraerse de estos pensamientos con la vista de
los objetos que se le presentaban, y en parte
lo consiguió. Eran cerca las cinco de la tarde
cuando el conductor de la silla se detuvo en
la posada donde debia pasar la noche; pues
la cortedad de los dias en otoño no le habria permitido hacer mas larga jornada, aun
cuando los caballos la hubiesen podido conducir mas léjos. Pararon en la posada que
Mistriss Duncan le habia dicho que bajase. Era
esta una casa pequeña, pero comoda y limpia, y en una situacion verdaderamente pla-
centera al pié de una ladera plantada de viejos abetos, á lo alto del cual se veian restos de un antiguo edificio religioso. Un riachuelo descendia de lo alto, cuyo murmullo se
dejaba oir sin que se viese, pues estaba oculto por el bosque, debajo del cual corria, hasta

que, despues de haber rodeado la casa, iba serpenteando á bañar un largo valle con sus cristalinas aguas. Al centro de este valle y en medio de las habitaciones de que estaba sembrado, se elevaba una casa, cuya grandeza y alrededores manifestaban ser habitacion de un rico propietario. Habiéndo Amanda rogado al huésped que hiciese poner en manos de Mr. Macqueen la carta que Mistriss Duncan le habia entregado; la dijeron que su habitacion era aquella, y la mas principal de toda la comarca. En la posada no habia mas viajeros que Amanda; y la tranquilidad de la casa, como igualmente la buena acogida de los huéspedes ya ancianos, calmaban su agitacion. Sirviéronle bien pronto su pequeña comida. Cuando hubo acabado, y que la dejáron sola, todas las ídeas tristes que habia conseguido desviar en parte por la mañana observando los objetos que se le ofrecian en el camino, volvieron á asaltarla en grupo y con mucha mas fuerza. Los libros, este remedio del alma afligida, le faltaban; pues ninguno se habia traido consigo, ni los que se encontraban en una mesita de su aposento parecia que no pudiesen fijar su atencion, y disipar su tristeza y melancolía. Aunque el tiempo era malo, prefirió mas bien dar un paseo que quedarse sola entregada á sus tristes pensamientos; y despues de haber ordenado que la tuviesen dispuesto el té para cuando volviese y convidado á la huéspeda á tomarlo con ella, se hizo acompañar al jardin de la posada, desde donde subió la ladera por unos sende-

ros y revueltas dificiles ; pues estaban emba-
razados de malas hierbas y zarzas. El viento
era frio, la obscuridad de la tarde se aumentaba con negras y espesas nubes. Sabia que
en las montañas que se veian á lo léjos estaba el castillo de Rosline, y de lo alto de
la colina en donde se hallaba, las miraba con
los mismos ojos que el amigo ó amante, solitario despues de la pérdida del objeto querido de su corazon, mira el sepulcro que en-
cierra sus tristes restos. Olvidando que en el
paseo habia tenido por objeto distraerse, se
sentó sobre una piedra entregándose á su melancolía de tal manera, que no oyó los pasos de algunas personas que se acercaban, ni
observó que la buscaban, sino á la voz de
su huésped que llegó á sus oidos. Levantóse,
y entónces reconoció al dueño de la posada
acompañado de dos señoras que le dijo eran
Mistriss y Miss Maqueen. Saludaron estas á
Amanda y Mistriss Macqueen la tomó de la mano con una mirada llena de bondad y cordialidad y la convidó á pasar la noche en su casa:
asegurándola que el placer que habia tenido
de recibir una carta de Mistriss Duncan se
habia aumentado con el de hacer conocimiento con una persona que Mistriss le decia que
era su amiga. Miss Macqueen se juntó con su
madre para instar á Amanda, y le dijo que
luego de leida la carta habian salido para empeñarla á venir con ellas á su casa.

Qué! dijo el huésped riendo, es así
señoras que me robais los parroquianos; será menester que me aleje de vosotras si no

quiero ser arruinado. Amanda estaba convencida de que en el abatimiento en que se hallaba, no estaria en estado de disfrutar de los placeres de la conversacion y de la sociedad que tan halagüeña se le presentaba, y asi se escusó algun tiempo alegando su resolucion de ponerse en camino al dia siguiente al amanecer.

Mistriss Macqueen le dijo que seria dueña de partir al dia siguiente á la hora que quisiese, y tanto ella como su hija renováron sus instancias con tanto calor, que Amanda no pudo resistirse mas. Acompáñaronla á la posada, en donde Amanda solo se detuvo el tiempo necesario para pagar al huesped, y dar órden al postillon que viniese á tomarla al dia siguiente, luego que se habria levantado alguno de la familia. Entónces volvió con ellos á su casa, que se podia muy bien llamar el templo de la hospitalidad. La familia Macqueen consistia en cuatro hijos y seis hijas, que todos tenian casi la edad de la pubertad, y tan unidos con los lazos de la amistad como con los del parentesco.

Mr. y madama Macqueen despues de haber pasado muchos años en Edimburgo para instruir á sus hijos, habia vuelto á sus posesiones, donde empleaban sus grandes bienes en disfrutar de los halagos de la sociedad, y en hacer bien á todos los que los cercaban. Mistriss Macqueen informó á Amanda de que tenia al presente reunida toda la familia, pues sus hijos que tenian empleos y profesiones en diferentes partes del reino, se habian hecho una ley de visitarles todos los otoños. Cuando llegaron á casa era ya noche cerrada, y el viento era frio y penetrante, de modo que Amanda se halló bien al encontrarse en un salon bien iluminado y caliente; buenas cortinas, espesos tapices, y un buen fuego desafiando al viento que soplaba de la montaña con violencia por fuera, y hacian el gozo del interior mas dulce por el contraste que hacia. En el salon se juntaron Mr. Mácqueen, dos de sus hijas, cinco ó seis hombres y mugeres, á los cuales presentaron á Amanda. Ella encontró en Mr. Macqueen aquel aire benéfico y bueno, que habia hallado en su esposa. Ambos eran iguales en edad, pero la declinacion era mas perceptible en èl. De algun tiempo á aquella parte vivia tan enfermo, que no podia caminar sin la ayuda de alguno; pero su gusto por la sociedad era siempre el mismo, y en su silla de brazos y sus piernas envueltas con flánela tenia siempre alegre toda la casa, y veia con el mismo placer las danzas de los hijos á las que él no se podia mezclar. Mistriss Macqueen parecia ser la hermana mayor de todas sus hijas, las cuales tenian todas un mismo y admirable aire de familia. Altas y bien hechas, aunque poco fuertes; mas hermosas por una fisonomia animada y vivos colores, que por sus regulares facciones, y sobre todo adornadas de gran cantidad de cabellos castaños abandonados á si mismos cayendo en largos anillos sobre sus espaldas, y rizados sobre una blanca y pulida frente con una elegante simplicidad.

Pero bien! dijo Mistriss Macqueen dirigiéndose á una de sus hijas, los jóvenes y vuestras hermanas no han venido aun; temo que
no se hayan aventurado á ir demasiado léjos
para el tiempo que hace. Apénas habia acabado de hablar, cuando se oyó bajo las ventanas una numerosa compañía riendo y conversando, y subiendo luego con una alegría tumultuosa. Abriéron la puerta del salon, y
vió entrar á una muger con un aire noble é
imponente, y de una cierta edad, seguida de
muchas jóvenes y muchos hombres.

Pero ¿cuál fué la sorpresa de Amanda, qué
sentimientos no esperimentó, cuando en esta
concurrencia distinguio á Lord Mortimer y á su
hermana Araminta Dormer? Esto es lo que
me parece no podré describir. Turbada y
confundida dirijió ácia ellos una mirada incierta como si con ella hubiera esperado descubrir que lo que veia solo era una ilusion, y
se volvió como para no ser vista, aunque no
pudo persuadirse que pudiese escapar á su observacion. Jamás se habia hallado en situacion
tan terrible. Volver á ver á Lord Mortimer,
cuando sabia que habia perdido toda su estimacion; volverle á ver cuando iba á unirse
con otra muger, era un tormento horrible,
una verdadera agonía. Inútilmente pensaba que
no habia merecido la pérdida de su estimacion: este testimonio de su conciencia no era
suficiente para reanimar su valor. Su corazon
parecia quererse despedazar; su seno estaba
agitado; todo su cuerpo temblaba, y se ponia alternativamente ya colorada de verguen-

za , y ya helada de espanto , previendo que iba
á sufrir las reconvenciones mudas y espresivas de los ojos de Mortimer, por los agravios de que el la creia falsamente culpada, y
sobre todo el desprecio de su tia (que era la
muger que habia entrado la primera en el salon) y de su hermana.

CAPITULO L.

Amanda sintió amargamente el haberse dejado sacar de la posada , y hubiera perdonado de muy buena gana al destino la mitad
de sus infortunios , para poder escapar del
salon sin ser vista. La compañía que acababa
de entrar , ocupada al principio en hablar á
las primeras personas que se presentaban á
sus ojos en el salon , riendo y haciendo la
relacion de su paseo , y de los pequeños ac-
cidentes que les sucédiéron , estuvo algun tiempo sin observar á Amanda, pero Ah! pronto,
y demasiado pronto para ella , Mistriss Macqueen se acercó para presentarla á aquellos
hijos que acababan de entrar.

Amanda vió que el momento fatal habia
llegado , y no quiso que su misma confusion
la hiciese parecer culpada á los ojos de aquellos que la podian creer tal. Por consiguiente
procuró animarse á sí misma , y se acercó á
dos de las mas jóvenes , ocultandose detras de
ellas de las miradas que temia mas encontrar.
Por esta razon nada respondió á sus cumpli-
mientos sino con una sonrisa , é iba á volverse á sentar , cuando Mistriss Macqueen , tomán-

dola por la mano la presentó á Lady Martha y
á Lady Araminta Dormer. El lector se podrá
bien acordar que la primera jamás habia visto á Amanda. Acogió con una sonrisa obs-
sequiosa á la pretendida Miss Donald, á quien
solo habria manifestado un frio desden, si hubiera creido que aquella era Miss Fitzalan.
En efecto era dificil ver una figura mas
interesante. Su vestido de luto hacia resaltar
toda la elegancia de su figura, la hermosura de
su color, y la delicadeza de sus rasgos, miéntras que la tristeza grabada en todas sus facciones, indicaba un dolor profundo oculto en
el fondo de su corazon. Sus grandes ojos azu-
les estaban medio cerrados por sus largos
párpados; pero las miradas que se le escapaban estaban llenas de dulzura y de sensibilidad. Sus hermosos cabellos desordenados por
el movimiento y vaiven del carruaje y del
viento que habia sufrido en el paseo, caian
en bucles naturales acompañando á su cara y
su cuello, y resaltaban los encantos de su figura con una interesante negligencia. La mirada que recibió de Lady Araminta fué muy
diferente de la de Lady Martha. Los ojos de
aquella jóven espresaron la cólera, la sorpresa y el desprecio. Sus miradas animadas y penetrantes traspasaban el corazon de Amanda, la
cual la oyó repetir con desden el nombre de Miss-
Donald. Con este nombre prestado le era horrible darse entender, pues que justificaba las
sospechas, de que era el objeto. Ah! ¿porque, decia entre sí, me he dejado llevar de
este disimulo? Por qué no he guardado mi

hombre á pesar de los peligros que me haria
correr, ántes que tomar uno de fingido, que
me acusa de engaño á los ojos de aquellos
que me conocen bajo el verdadero? Por fortuna de Amanda el tumulto que reinaba en
la compañia, y la ocupacion particular de cada
uno, impedian que se notasen las miradas y
las palabras que se le escapaban á Lady Araminta.

Amanda retiró sus manos de las de Mistriss
Macqueen para volverse á sentar; pero esta
señora con una política obsequiosa en su intencion, y molesta para la pobre Amanda, la
detuvo, interpelando á Lord Mortimer y nom-
brándola Miss Donald. Amanda levantó la cabeza, pero no los ojos, y no vió ni oyó á Lord
Mortimer. El momento terrible habia ya pasado,
y esta idea le trajo algun alivio; pero la mirada
desdeñosa de Lady Araminta le quedaba aun
en el corazon. Despues que estuvo un poco
calmada, le buscó con la vista, y vió á Mistriss Macqueen sentada entre ella y Lady
Martha hablando en voz baja. El aire y el
semblante de estas damas, y sus miradas dirigidas algunas veces sobre ella, la hicieron creer que era el objeto de la conversacion, y que contaban á Mistriss Macqueen su
verdadera historia.

Apartó ella sus ojos de este espectáculo para entretenerse con uno de los jóvenes Macqueen, que estaba sentado á su lado y empezó una conversacion llena de aquel espíritu
y vivacidad que caracterizaba á esta familia; pero Amanda estaba demasiado ocupada en sus

disgustos para entregarse á ideas estrañas y alegres. Apénas sabia lo que decia, y solo respondia por monosílabas. Al fin una pregunta mas precisa la sacó de su distraccion. Avergonzóse y viendo que el jóven la miraba con una especie de admiracion, le vino á la memoria por la primera vez la figura tan estraña que iba á hacer en esta sociedad, si no tomaba alguna seguridad y firmeza de espiritu. La familia con quien habia sido introducida, merecia por su hospitalidad toda especie de atenciones y respetos de su parte. Despues de haberse escusado no sin razon, por un gran dolor de cabeza, resolvió tomar algun imperio sobre sí misma.

El jóven Macqueen con un celo obsequioso dijo que iba á avisar á su madre ó alguna de sus hermanas de su indisposicion, y le ofreció procurarle algun socorro que la aliviase; pero le suplicó encarecidamente que no hiciese cosa alguna, que esta indisposicion no era nada, y que se disiparia por si misma. Entónces se esforzó á sostener la conversacion, y lo conseguia, escepto cuando la voz dulce é insinuante de Mortimer, esplicándose con su gracia é ingenio acostumbrado, venia á sus oidos, y la detenia en medio de su frase; pero la conversacion con el jóven Macqueen la interrumpió el padre, el cual manifestó á su hijo que no queria verle mas tiempo apoderarse solo de Miss Donald, y que deseaba que tuviese la bondad de acercarsele.

El jóven Macqueen obedeció; y tomando á Amanda por la mano la llevó á donde estaba

su padre y la hizo sentar á su lado y al otro
estaba Lady Martha Dormer. El jóven Macqueen
dijo con gracia, que esta era la primera vez que
habia obedecido á su padre con repugnancia, y
que esperaba que su pronta sumision seria re-
compensada con el permiso de renovar prontamente su conversacion con Miss Donald.
Amanda hasta entónces habia privado á sus
miradas de recorrer el salon, y aunque no
pudo impedirles que viesen la persona de Lord
Mortimer, no habia visto todavia su cara ni
sus ojos, y continuaba en evitar uno y otro.
Mr. Macqueen hizo muchas preguntas á Amanda
relativas á Mistriss Duncan, y contestó bastante bien, porque estaba preparada para ello;
pero dejando del todo esta materia, preguntó
á Amanda de que rama de los Donalds descendia. A esta inesperada pregunta quedó turbada y confusa, y nada respondió hasta que
Mr. Macqueen se lo hubo repetido. Entónces
con la voz trémula y débil, poniéndose colorada hasta los ojos, y bajando la cabeza
hasta el pecho, contestó que no sabia nada.

Macqueen la miró algunos minutos con alguna admiracion, y mudando de discurso le
dijo : yo he conocido muchas bellezas; pero
jamás he visto alguna que teniendo ojos tan
hermosos, tomase tanto cuidado como vos en
esconderlos. Es preciso que sepais el mal que
pueden hacer, y que sea por piedad á los
hombres el que no los manifesteis.

Amanda se puso todavia mas colorada
viendo que se notaba el cuidado que tenia de
conservar los ojos bajos : al fin los levantó y

puso sobre Mr. Macqueen, el cual habiendo
respondido á una pregunta de Lady Martha,
continuó así. Vos no sabeis de que rama de
los Donalds descendeis? Puede ser que esto
solamente sea olvido de vuestra parte; pero
permitidme preguntaros el renombre de vuestro padre, y con qué muger del condado se
casó; pues los Donalds se casan generalmente entre sí.

Entónces conoció Amanda cruel y vivamente cuan penoso y embarazoso es sostener
un engaño, sea cual fuere el motivo que nos
lo haga usar, aun que su alma pura no tuviese necesidad de una nueva prueba de esta verdad. Apartó pues los ojos de Mr. Macqueen y se encontró con los de Mortimer, que
sentado en frente de ella, la miraba con la
mayor atencion, como si hubiese querido observar, como saldria del embarazo en que la
habia puesto este nombre supuesto.

Mistriss Macqueen atribuyó su embarazo al
fastidio que le causaban las preguntas de Mr.
Macqueen, de quien sabia que su parte flaca
era ocuparse mucho en investigar genealogías.
Para sacar á Amanda de esta situacion, propuso un partido de *whist*, que Mr. Macqueen
gustaba, y para el cual estaban ya dispues-
tos mesa y naipes delante de él. Al tomar
estos dijo al oido de Amanda, que fuese á
la mesa del té.

Amanda no se hizo de rogar, y dando
gracias en su interior á Mistriss Macqueen de
haber venido tan á tiempo á su socorro, se
colocó en la mesa del té, en donde se ha-

bian ya reunido todos los jóvenes. La alegría
entre ellos era tan grande, que Miss Macqueen la mayor, personage el mas grave del
concurso, llamaba inutilmente á sus hermanas para que la ayudasen á servir. Hizo lugar á Amanda á su lado, y buscando esta
alguna ocupacion que pudiese ayudarla á ocultar su embarazo y á evitar las miradas que
temia encontrar, se ofreció á servir el té. Estando ocupada en esta funcion, Miss Macqueen
la dijo al oido.—¿Sabeis que todas cuantas
nos hallamos aqui estamos locas por Lord
Mortimer? Es un jóven muy amable, y sus
modales son tan preciosos como su figura. El
no tiene ni la afectacion, ni la vanidad tan
comun á los jóvenes que disfrutan de la ventajas que el tiene; solo el conocimiento que
tenemos de sus empeños nos impide arrancar-
nos los ojos unas á otras por él. Seguramente habréis oido hablar de Lady Eufrasia Sutherland hija del marques de Rosline, con
quien va á casarse. Ella y el marques su padre estuviéron aquí hace algunos dias; la hija no puede compararse en manera alguna con
Lord Mortimer, pero tiene grandes bienes
que es el aliciénte mas propio para hacer pasar por hermosa á cualquiera. Solo se detu-
viéron aquí para desayunarse, y esperabamos
el resto de la sociedad que ha llegado esta mañana, y han consentido en quedarse hasta
mañana para dejar descansar á Lady Martha
que se halla fatigada del viage. Yo me alegro
mucho que os hayais encontrado aqui con ellos.
Las dos mugeres son amables, y Lady Ara-

minta es tan agradable como su hermano; pero aqui viene, añadió apretando la mano de
Amanda, nuestro vencedor. Lord Mortimer
se hizo con algun trabajo un poco de lugar
en la mesa. Fué menester que Miss Macqueen
se acercase á Amanda para hacer tomar un
asiento á su lado á Mortimer. Entònces Amanda se volvió al otro lado, donde habia una
hermosa muchacha con la cual entró en conversacion; pero Miss Maqueen la quitó este
recurso, suplicandole que sirviese el té á Lord
Mortimer. Amanda obedeció, y él se levantó
para recibir la taza que ella le presentó
con mano trémula; y aun que no le miró
la cara, vió que su mano no estaba bien asegurada, y observó que ponia la taza sobre la
mesa y que tenia lós ojos bajos. Oyó que Miss
Macqueen le dirigia dos veces la palabra sin
recibir respuesta; y cuando respondió, fué
tan precipitadamente, que parecia despertarse
sobresaltado. Miss Macqueen entónces se olvidó como su hermana de servir en la mesa.
Acabado el té, oyeron en el aposento vecino
un violin que tocaba una contradanza ingle-
sa. La música puso en movimiento á todo el
mundo, y los jóvenes escogieron sus parejas.
El jóven Macqueen, que había tributado tan
asiduos cuidados á Amanda, vino á suplicar-
la, que baylase con él y se la llevaba á la
sala del bayle, como si el bailar fuese una
accion comun de la vida, de la que no pudiese uno dispensarse. Con todo se escusó, y
le declaró que no bailaria. Quedose algun tiempo incierto si la instaria, y al fin le suplicó

que no le mortificase con la negativa. Mistriss Macqueen juntó sus instancias con las de su hijo, pero Amanda se escusó con su dolor de cabeza.

Mi querida Miss, le dijo Mistriss Macqueen, probad una sola contradanza; mis hijas pretenden que es el remedio de todos los males. Era penoso para Amanda denegarse; pero no pudiendo apénas tenerse en pié, no estaba en estado de bailar: aun cuando hubiese tenido fuerzas para ello, no pedia soportar el pensamiento de que bailando se acercaria á Lord Mortimer, cuyas miradas no podia encontrar sin una violenta conmocion. como ella se resistiese siempre, una de las jóvenes Macqueen vino corriendo al aposento: qué haceis ahí, hermano mio? esclamó, venid pues; y se marchó.

No os detengais mas tiempo, dijo Amanda al jóven Macqueen, y este encontrándola inflecsible, fué á buscar otra pareja. Mistriss Macqueen propuso entónces á Amanda que fuese á la sala del baile, donde se divertiria con el espectáculo sin fatigarse. Amanda hubiera querido dispensarse, pero se creyó obligada á ceder. Lord Mortimer acababa de bailar una contradanza, estaba en pié cerca de la puerta en actitud reflecsiva. En el momento en que vió entrar á Amanda se acercó á su bailadora, y continuó con ella una conversacion muy animada. Amanda se sentó al lado de Mistriss Macqueen, cuya conversacion le quitó insensiblemente sus tristes pensamientos. Manifestaba á Amanda el placer que

una alma sensible esperimenta al espectáculo
de la felicidad domestica, tal como la disfrutaba ella, diciéndola: tengo que dar muchas
gracias al cielo por la felicidad de que os
hablo. Vos nos veis ahora en un momento de
la mayor satisfaccion, por que mis hijos estan en nuestra compañía, pero jamás estamos
tristes. El verano es delicioso para nosotros,
pero ni aun en invierno conocemos el tedio.
Gustamos de la diversion, pero no de la
disipacion. Por la mañana nos entregamos á
ocupaciones útiles, y por la tarde á nuestros
placeres. Todo el manejo y conducta de la casa está en manos de mis hijas, y ellas se
trabajan todas sus modas. Con la ayuda de
nuestros corteses vecinos, con quienes nos reu-
nimos, nos hallamos en estado de variar mucho nuestras diversiones. El baile, el con-
cierto y la comedia se suceden unos á otros.
Dos años hace que mis hijos representaron el
Winter's tale; su pobre padre no estaba entónces en el estado de enfermedad en que le veis:
aqui suspiró y se detuvo un momento, y en
seguida prosiguió: la edad lleva consigo las
enfermedades, pero debo un grande reconocimiento á la providencia, que de los males á
que está sugeta la naturaleza humana, solo
me ha hecho sentir aquellos que el tiempo trae
consigo. Mr. Macqueen tenia entónces toda
su vivacidad. Representaba el papel de Amanda, y yo el de Paulina, y mezclandonos así
en las diversiones de nuestros hijos, hemos
añadido á su amor y respeto por nosotros, la
confianza y la estimacion. Ellos no encuentran

completos sus placeres si nosotros no somos
partícipes de ellos. Ahora estan ocupados en
preparar *the Gentle Shepherd* (el amable Pas-
tor). En estas ocasiones mi hijo mayor es el
director de la comparsa, otro hace las deco-
raciones, y el que os ha pedido para bailar
es el apuntador. Esta conversacion que intere-
saba á Amanda, fué interrumpida; vinieron
á decir á Mistriss Macqueen que el último
robber se habia acabado, y que se necesita-
ban naypes.

Volveré lo mas presto que sea posible dijo Mistriss Macqueen dejando el aposento. Si
Amanda no hubiera temido las miradas de
Lady Martha, tanto como las de Lord Mortimer ó de Lady Araminta, habria seguido á
Mistriss Macqueen al salon; pero permaneció
donde estaba, y se pasó algun tiempo, sin
que advertiese que estaba sola. Miss Macqueen se la acercó, y la dijo: parece que
estais tríste, probad de bailar una contradanza; la que ahora tocan es muy hermosa.

Amanda se negó á esta nueva instancia y
llamada Miss Macqueen á ocupar su puesto, la
dejó otra vez sola. Con todo venia de cuando en cuando, todas las veces que podia dejar el baile, á decir una palabra á Amanda.
Al fin Lord Mortimer la siguió. Amanda bajó los ojos cuando se acercó. Mortimer dijo á
Mistriss Macqueen: voz nos dejais sin cesar?
y creeis que puedo perdonaros vuestras frecuentes deserciones?—Oh! dijo Miss Macqueen
está tan abandonada Miss Donald!—Ved, replicó él vivamente, que vuestra hermana os

hace señas que volvais; permitidme que os
acompañe.

Amanda los miró cuando se alejaron de
de ella, y vió que Mortimer volvia la cara;
pero al instante que vió que le observaba, cesó de mirarla. Cuando se hubo acabado la
contradanza, Miss Macqueen volvió al lado
de Amanda con algunos de sus hermanos y
hermanas. Sirviéron con profusion vinos, pastas y limonada caliente, y el violin fué reemplazado por una gaita parecida á las que llevan
los pastores de las montañas de Escocia, que
hicieron tocar por un criado antiguo de la casa vestido á lo montañés. Ejecutaba una sona-
ta de baile escocés con gran satisfaccion suya
y de sus compatriotas. La gaita hizo entrar
en danza á dos Miss Macqueen y dos jóvenes
de la compañía que la continuaron hasta que
la política les obligó á hacer tocar otra distin-
ta, en cuyo baile pudiese mezclarse el resto
de la concurrencia. El baile continuó así por
largo tiempo, y en los intervalos los jóvenes
Macqueen manifestaron á Amanda toda suerte de atenciones; y sobre la admiracion que
mostraba por la música escocesa, le pregun-
táron qué tocatas le gustaban mas, y las hicieron tocar: pero ni todas estas complacen-
cias, ni el baile ni la música, ni la vivacidad de la conversacion, pudiéron levantarla
de su abatimiento, ni endulzar las penas de
su corazon.

La vuelta de Mistriss Macqueen hizo cesar
el baile; y quiso que los jóvenes descansasen
un poco ántes de ir á cenar. Escusóse con

Amanda por no haber vuelto, diciéndole que Lady Martha Dormer la habia empeñado en una conversacion que no habia podido interrumpir. Al fin avisaron para la cena. Mr. Macqueen fué llevado á la mesa en su misma silla poltrona. Lady Martha fué colocada á su derecha, y Amanda se encontró entre Lord Mortimer y el jóven Macqueen que le habia hecho la corte mas continuamente, y al otro lado de Mortimer Miss Macqueen. Amanda conversaba con el hermano de esta para evitar que Lord Mortimer le dirigiese la palabra, el cual por su parte se ocupó con Miss Macqueen por un motivo del todo semejante. La caza de la mañana habia proveido la mesa de sus resultados. La abundancia y el buen gusto se mostraban en servirla, al paso que la alegría reinaba en todos, y apenas habia un convidado, à quien no se le escapase alguna agudeza. En el discurso de la cena Lord Mortimer se vió obligado por su turno al ejemplo de todos á beber á la salud de Amanda. Obligada á volver los ojos hácia él, su corazon se oprimió, cuando cogió una espresiva mirada, en el momento que pronunció el nombre de Miss Donald. Incierta si habia contestado segun costumbre á su cumplimiento, se volvió al jóven Macqueen, y le hizo algunas preguntas, que apenas él pudo entender. Al fin llegaron á las canciones y á los brindis; Mr. Macqueen el padre dió ejemplo con una cancion escocesa, y convidó á su mas prócsimo vecino á hacer otro tanto despues de él. Entre las canciones llegaron los brindis; y al fin llegó el turno de Lord Mortimer. Amanda cesó de entretenerse con el jóven Macqueen, y vió el vaso de Mortimer todo lleno, y al mismo tiempo le oyó pronunciar el nombre de Lady Eufrasia Sutherland. El sentimiento del orgullo ofendido se apoderó de Amanda, y aunque se puso colorada no bajó los ojos ni la cabeza, como habia hecho tantas veces; conoció ella que las miradas de Lady Martha y Lady Araminta estaban fijas sobre su cara con una grande atencion. Puede ser que ellas quisieran, se decia entre sí, ver en mis ojos la humillacion y el dolor de una esperanza engañada; pero ellas no disfrutarán de este triunfo, si en efecto son capaces de disfrutarlo.

Cuando llegó su turno la rogaron que cantase. Escusóse algun tiempo, pero Mr. Macqueen dijo, que á menos que no asegurase que no sabia cantar, no se podia admitir su escusa, seguridad que no podia dar sin agraviar á la verdad. No queria mostrarse ingrata con unos huespedes tan obsequiosos, ni manifestarse insociable en medio de la general alegria, reusando hacer una cosa, que le decian, debia ser agradable á toda la sociedad. Un secreto sentimiento de vanidad la conducia tambien á mostrar alguna serenidad delante de unas personas que la obserbaban tan atentamente. Asi, despues de haber vacilado un poco, comenzó un aria sencilla y patética de que su padre gustaba mucho, y que muchas veces habia cantado á Lord Mortimer. Esta aria convenia particularmente á su voz, cuyos caractéres eran la dulzura y la sensibili-

dad. Estaba solo á media copla cuando su voz
se debilitó, y volvió trèmula. La compañía
redobló su atencion, pero fue sin fruto; pues
la voz de la cantora se estinguió del todo. Miss
triss Macqueen, con su delicada atencion, temiendo aumentar la turbacion de Amanda ob-
servándola demasiado, hizo señal á la concurrencia para obtener un profundo silencio.
Amanda bajó los ojos: una mano mal segura-
da le presentó un vaso de agua, y era la de
Lord Mortimer. Hizo señal que no la necesitaba. El jóven Macqueen, hablándola al oido la instó á que acabase la cancion. Creyó
que tendria algo de afectacion si esperaba que
lo solicitasen de nuevo; y sonriéndose de su
embarazo, continuó su aria, y cantó con tanto gusto y acentos tan penetrantes, que su voz
parecia llevar al oido atento, una impresion
semejante á la que hace al olfato el aire olo-
roso que ha pasado sobre un campo de violetas.

Los aplausos que recibió, diéron á sus mejillas un color de rosa pálida. A ella tocaba
requirir á otro convidado que cantase, y por
el turno era Lord Mortimer. Tres veces le
dijéron que instase á Lord Mortimer ántes
que se determinase á ello; advertióselo al fin levantando sus ojos hacia él, y vió en su semblante el mismo embarazo que ella acababa
de sufrir. Primeramente pálido, y luego encarnado, parecia buscar y llamar su voz sin
poder encontrar el tono. Sus labios se movian
sin poder articular palabra; y pareciendo supo-
ner que se habia admitido su escusa, se puso á conversar con su vecina Miss Macqueen.

Vamos, Milord, dijo Mr. Macqueen, no os podemos dispensar de pagar el tributo. Lord Mortimer probó el principio de escusarse chanceándose; pero instado fuertemente por el viejo señor, tomó de repente un aire muy serio, y declaró que verdaderamente le era imposible el cantar en aquel momento. Desde entónces cesáron de instarle. En el discurso de los brindis no se olvidó de hacer dar él suyo á Amanda. Como ella habia escuchado con grande atencion el nombre dado por Mortimer, este á su turno esperaba con inquietud el que ella propondria. Aunque titubeó un momento, al fin nombró á Sir Cárlos Bingley. Despues de los brindis, Miss Macqueen dirigiendose á Amanda la dijo Sir Cárlos Bingley? ¡Oh! me acuerdo muy bien de él. Su regimiento estaba de cuartel en la vecindad habrá cosa de dos años, y me acuerdo que en una partida de caza con algunos de sus camaradas, vino aquí á pasar la noche: bailamos toda la velada, y lo hallamos todas muy amable. Le conoceis mucho?—Sí y no, respondió Amanda.—Ah! esclamó Miss Macqueen, creo que vos sois muy astuta. Os suplico me digais, Mylord, su rubor no la vende?

No es menester juzgar siempre por la fisonomía, respondió Mortimer arrojando sobre Amanda una mirada penetrante que desvió en seguida. La esperiencia prueba que este medió no es siempre seguro. Amanda se puso á hablar con el jóven Macqueen, para dar á entender que no habia oido las palabras de Mortimer que eran dirigidas únicamente contra ella, y

que no era sinó una escepcion de lo que él
le habia dicho muchas veces, que se leian en
las facciones de la cara del hombre los movimientos de sus pasiones.

Miss Macqueen pretendió que la regla era
infalible y el medio muy seguro; y que ella
se decidia siempre sobre el carácter de las
gentes desde la primera ojeada.

La concurrencia se separó poco tiempo despues de haber cenado, mas por consideracion á
los que viajaban que por costumbre. Habiendo salido del salon todos los forasteros, com-
parecieron algunas criadas para acompañar á
las damas á sus aposentos. Místriss Macqueen
detuvo á Amanda para procurar empeñarla á
que pasase dos ó tres dias con ella, y sus
hijas se lo instaron tambien; pero Amanda
dándoles las gracias con la mayor sensibilidad por su cortés ofrecimiento, les dijo que le
era verdaderamente imposible ceder á sus instancias.—Pues bien! dijo Macqueen el padre
tomándola de la mano, si no quereis quedar-
os con nosotros mañana, á vuestra vuelta á
lo ménos nos indemnizaréis, sin lo cual os
haré detener á vuestro paso. Pero mientras lo
espero, no quiero perder el privilegio que la
edad concede á un casado viejo; y hablándola de este modo la atrajo á sí poco á poco, y la besó una mégilla; ella se sonrió de esta inocente libertad, y procuró reti-
rar su mano. Ahora con toda la gota, soy un
objeto de envidia para todos estos jóvenes.
Sus hijos añadiéron muchas chanzas á las de
su padre, solo Lord Mortimer guardó silencio

apoyada la cabeza sobre su mano, y el codo sobre una mesita de la chiminea. Sus desordenados cabellos hacian mas notable su palidez y su abatimiento. Uno de los jovenes Macqueen le dirigió una vez la palabra inútilmente, pues no respondió, y á la repeticion de la pregunta salió sobresaltado de su meditacion, y dió algunas escusas de su distraccion.

Milord, le dijo Macqueen el padre riéndo, nosotros adivinamos todos los paises donde se transporta vuestra imaginacion. No es mas allá de estas montañas? Sabemos donde está vuestro tesoro, y de consiguiente donde está vuestro corazon.—Vos lo sabeis, dijo Lord Mortimer con un profundo suspiro, un aire y un tono que podian hacer creer que no sabia lo que se decia. Al fin se repuso un poco, y él mismo se chanceó para salvarse de los chistes que le dirigian. La escena era penosa para Amanda, y al fin retiró su mano de las de Mr. Macqueen, y deseando á todos una buena noche, siguió á la criada que la esperaba en el corredor, y la acompañó á su aposento. A la puerta de él despidió á la criada, y arrojándose en una silla de brazos iba á aprovechar la soledad para dar curso libre á sus lágrimas, cuando oyó llamar á la puerta poco á poco, y creyendo que era una de las hijas Macqueen enjugó sus ojos y se fué á abrir. En lugar de la que habia creido encontró á una camarera que, hablándole con un modo muy respetuoso, le dijo que su señora Lady Martha Dormer deseaba verla un momento.— Verme! dijo Amanda con estrema sorpresa. Es posible? Pero luego detuvo sus espresiones de admiracion, y dijo que iba al momento al cuarto de Milady. Siguió á la camarera asaltada de una multitud de ideas estrañas. Hicièronla entrar en un aposento en donde encontró á Lord Mortimer que caminaba á largos pasos, pareciendo agitado fuertemente. Estaba este de espaldas á la puerta, y cuando entró se volvió, la miró un momento, y llevando la mano á su frente fué á sentarse á un rincon del aposento.

Lady Martha estaba sentada á otra parte del aposento, y se contentó con saludar á Amanda con la cabeza, y la convidó á sentarse. Amanda obedeció gustosa, pues apenas podia tenerse en pié.

Despues de un pequeño rato de silencio, Lady Martha le dijo con mucha gravedad: Señorita, yo no me habria tomado la libertad de suplicaros que os llegaseis aquí á estas horas, si no hubiese creido que este momento me ofrecia una ocasion favorable, que me seria dificil volver encontrar, para hablaros de un asunto que me interesa vivamente.

El verano pasado, continuó Lady Martha despues de una pausa, recibisteis de Lord Mortimer algunos presentes. Los acaecimientos sucedidos despues de esta época, dan motivo á creer que no tienen para vos estima ni valor, y aquellos para quienes se disponen les serán útiles. Calló, y Amanda no respondió cosa alguna.

Sin duda no ignorais, añadió Lady Mar-

tha con un tono mas severo, como ofendida del silencio de Amanda, que quiero hablar del anillo y el retrato que teneis de Lord
Mortímer. Siendo el anillo una joya que he
destinado en todo tiempo para la esposa de Mortimer; os la pido en mi nombre. En cuanto al
retrato estoy autorizada tambien por Morti-
mes para recobrarlo, el cual, para conven-
ceros que esta es su intencion ha tomado el
partido de hallarse presente á nuestra conversacion, por si su presencia fuese en efecto necesaria para persuadiros.

No, señora; este medio de ningun modo
era necesario, dijo Amanda; y yo habria....
No pudo acabar la frase asaltada por una multitud de sentimientos estraordinarios.

Si no podeis volvérmelo ahora, dijo Lady
Martha, os diré un conducto por donde podais dirigirlo á Lóndres, puesto que vais allá
segun me ha dicho Mistriss Macqueen.

Nada se opone á que os lo vuelva aqui
al momento, contestó Amanda, que habia recobrado alguna serenidad, animada con el testimonio de una conciencia pura, y con el sentimiento de su ofendida vanidad. Voy á mi
aposento, dijo adelantándose hácia la puerta,
y os le traeré.

El retrato lo llevaba pendiente del cuello
y oculto en su seno, y el anillo estaba en su
bolsa dentro de un estuche. El modo con que
le habian pedido uno y otro, causándole crueles
agonías le hacia encontrar algun placer en poder-
lo devolver al instante. Con todo, cuando hubo
llegado á su aposento, cuando desprendió el re-

trato del cuello para ponerlo en la caja, el dolor tuvo ascendiente sobre todos los otros sentimientos, y corriéron de sus ojos un torrente de lágrimas.

Ay Mortimer! decia, querido Mortimer! con que debo separarme aun de vuestra imagen! no puedo conservar vestigio alguno de los felices momentos que hemos pasado juntos! Pero, por qué esta pasion por un retrato, cuando no podré poseer el original y que si vuelvo jamás á ver á Lord Mortimer, solo lo veré esposo de Lady Eufrasia?

Sin embargo pensó que el tiempo se pasaba, enjugó sus lágrimas y procuró calmar su agitacion. Llamó el orgullo á su socorro, que le dió en efecto algun ánimo, y volvió á Lady Martha, determinada á no dejar ver, si era posible, flaqueza alguna.

Puede ser que jamás habia parecido mas interesante que en el momento en que volvió á entrar en el aposento de Lady Martha. Sus mejillas estaban coloradas, y los vestigios de las lágrimas que acababan de bañarlas, se mostraban como gotas de rocío sobre las ojas de la rosa, ántes que el sol las haya secado. Sus ojos húmedos tenian un brillo mas dulce; sus cabellos abandonados á sí mismos (pues se habia quitado el sombrero al entrar en su aposento) y esparciéndose con toda abundancia á su alrededor, realzaban la belleza de su fisonomía, y la alegría de su aire.

Aquí está, Milady, dijo al entrar, el anillo y no pudo añadir el retrato, aun que lo presentó el mismo tiempo; pues la voz le fal-

tó , y saltó una lágrima de sus ojos. Determinada á ocultar , si le era posible los sentimientos de que estaba agitada, se apresuraba
á alejar de sí esta prenda tan querida, y
Lady Martha estendia la mano para recibirla;
cuando levantándose de repente Lord Mortimer de donde estaba sentado , le tomó de la
mano trémula de Amanda , le sacó del ca-
joncito, y arrojándole en el suelo le holló con
los pies esclamando: así perezcan todas las
memorias de mi pasion por Amanda! Oh desgraciada jóven! añadió tomándola la mano
con afecto y retirándola en seguida ; vos misma os habeis perdido para mí! Al mismo tiempo se salió del aposento. Espantada Amanda
de este movimiento y de las palabras que lo
habian acompañado, solo tuvo tiempo de dejarse caer sobre una silla, pues no podia sostenerse. Lady Martha herida como de un rayo permaneció inmóvil, cuando le llamó la
atencion los gemidos convulsivos de Amanda. Acercóse á ella , le frotó las sienes con
agua de alhuzema , y le dió un vaso de agua.
Estas atenciones reanimáron á Amanda, y sus
lágrimas contribuyéron tambien á aliviarla.
Quiso volverse á levantar del asiento en que
estaba , pero no se halló todavia en estado
de tenerse en pié.

Pobre y desgraciada jóven! esclamó Lady
Martha, os tengo la mayor compasion. Ah!
si vuestra alma se hubiese parecido á vuestra
figura , qué criatura tan perfecta seriais, y cuan
feliz habria sido mi pobre Mortimer con vos!

Este era el momento de la mas dura prue-

ba para la virtud de Amanda, á quien desesperaba el pensamiento de que iba á quedar perdida su opinion en el concepto de unas personas que amaba con tanta pasion, y estima-
ba tan profundamente. Sabia que podia en un
moménto y en muy pocas palabras esplicar
en su favor las apariencias que le habian hecho perder su estimacion, y ganar otra vez
plenamente el afecto de Mortimer, y la proteccion y amistad de su respetable tia y de su
amáble hermana. Tenia la cabeza apoyada en
la mano, y habiéndose disminuido su opre-
cion esclamó: Yo puedo dar tantas pruebas
de mi inocencia..... Aquí se detuvo sin decir
otra palabra mas, sus lábios se cerraron, y
su semblante se cubrió de una pálidez mortal. La idea de un suicidio se le presentó con
todo su horror. De repente se le presentó de
nuevo la terrible y solemne amenaza que le
habia hecho Lord Cherbury de no sobrevivir á
la vergüenza de ver descubierto su secreto, y
la promesa que le habia hecho de guardárse-
lo inviolable. Veiase en el borde de un abismo en donde estaba procsima á caer, arras-
trando en su caida á una criatura humana,
cuya muerte habria apresurado y cuyo crímen podia serle reconvenido en el tribunal de
Dios. En fin se preguntaba á sí misma. ¿Es
por una violacion de mi promesa que preten-
do volver á ganar la estimacion de Lord Mortimer y de sus parientes? Ah! es una falsa
mira. Y suponiendo que por una falta semejante á la promesa pudiese restablecerme su
concepto, qué es su estimacion si pierdo la

de mi propio corazon? Oh! no, decia entre
sí levantando los ojos al cielo; no, jamás
añadiré los remordimientos de mi conciencia á
los demas sufrimientos mios. Lo he prometido al cielo, y jamás mereceré mis desgracias
por una accion vituperable y voluntaria. Perdonad, mi Dios, á vuestra débil criatura asaltada por tan fuerte tentacion, el haber titubeado un momento en permanecer en el camino de la justicia y de la fidelidad á las promesas, el solo que puede conducir á la mansion, donde la paz y la felicidad eterna serán
la recompensa de la virtud.

Amanda en medio de estas grandes conmociones, olvidaba que la observaban, y solo
pensaba en que estaba á los ojos del ser to-
dopoderoso, á quien ella pedia perdon de su
debilidad, y al mismo tiempo la fuerza de
seguir la voz de la virtud. Lady Martha habia observado en silencio todos sus movimientos, pero prevenida como estaba contra Amanda, solo creyó ver la espresion de sus remordimientos por su conducta pasada, renacidos
por las privaciones y sacrificios que acababan
de ecsigir de ella.

Cuando vió á Amanda en estado de oir-
la, le dijo: me causan mucha afliccion vuestras
penas: yo no os repetiré que veo con satisfaccion que son el resultado de vuestro arrepentimiento por vuestras pasadas faltas; un arrepentimiento tal los espía, y seria menester tener
un corazon muy duro para no estar penetrada de compasion y dispuesta á la indulgencia á la vista de los remordimientos que ma-

nifestais. A estas palabras Amanda fijó la vista sobre Lady Martha, y sus mejillas volviéron á tomar sus colores animados.

Puede ser, dijo Lady Martha notando el color de Amanda, é imputándolo á resentimiento, que os hablo con demasiada franqueza; pero yo no sé disimular. Habia sabido con gusto que os habiais colocado con Mistriss Duncan; pero esta satisfaccion se ha disipado cuando me han dicho que ibais á Lóndres para descubrir el paradero de vuestro hermano. Si este es en efecto el motivo de vuestro viage, teniais medios de hacer esta averiguacion sin dar un paso tan imprudente.

Imprudente! repitió Amanda.—Sí dijo Lady Martha, emprender un viage de este modo tiene muchos peligros, de que una jóven, y debo añadir hermosa, debe amedrentarse. Si realmente vais á buscar á vuestro hermano, y este tiene por vos todos los respetos de amistad que os debe, seguramente preferirá que le olvideis á veros espuesta, corriendo tras él, á toda especie de insultos. No hay circunstancia alguna en la vida que deba hacernos violar las leyes de la decencia y del pudor. Es una impiedad pretender producir el bien haciendo el mal; y es una locura buscar el placer por la imprudencia: estas son acciones que algunas veces prometen suceso lisongeros, pero que siempre tienen desgraciados y funestos resultados.

Si quereis huir en adelante de la censura de que ya habeis sido el objeto, volveos con Mistriss Duncan, y sin duda no vacilareis en

hacerlo cuando yo os diga, si es que lo ignorais, que el coronel Belgrave ha pasado por
aquí hace cosa de un mes, volviendo de Escocia á Lóndres, donde ahora se halla.

—Yo no puedo impedir, dijo Amanda,
que se dén malas interpretaciones á mis acciones las mas inocentes; pero me consuelo con el
testimonio de mi conciencia. En efecto, tengo
motivos de estar ofendida por las sospechas
de que soy el objeto por un vil miserable
que he aborrecido con toda mi alma, desde el
momento que he conocido su carácter y sus
principios.

Si vuestro viage, dijo Lady Martha, no
tiene realmente por motivo la necesidad de ver
á vuestro hermano, añadis á vuestras faltas
una doblez muy despreciable.

Vos sois muy severa Señora, esclamó Amanda, con el orgullo de la inocencia injustamente condenada.

Si pongo el dedo en la llaga, dijo Lady
Martha, es solo para curarla. Yo no tengo otro
deseo que desviaros de cometer otras faltas y
salvar de su ruina á una persona que ha sido tan querida de Lord Mortimer, en cuyo
nombre os hablo, y á quien amo con la mayor ternura. Volved con Mistriss Duncan,
provadnos á lo menos en esta circunstancia
que no mereceis las sospechas de que sois el
objeto. Ella es vuestra amiga, y en una situacion como la vuestra una verdadera amiga os es demasiado necesaria y muy preciosa para que podais aventurar á perderla. Como ella vive retirada, correis menos peligro

de que vuestra historia y vuestro verdadero
nombre sean conocidos en el lugar que habi-
tareis con ella. Cualquiera que sea el motivo
que os ha ya hecho tomar un nombre supuesto
es mas sensible para vos el que hayais usado
de este artificio, pues un engaño hace sospechar otros. Volved, os repito con Mistriss
Duncan, y si necesitais que se hagan indagaciones para descubrir á vuestro hermano, decid lo que quereis que hagamos, y yo misma me tomaré el cuidado de la egecucion, y
os haré saber el resultado de mis pasos.

Si Amanda no hubiese tenido otro motivo
para hacer el viage á Lóndres que el deseo
de encontrar y ver á su hermano, habria
aceptado los ofrecimienos, y seguido los consejos de Lady Martha con gusto: de esta manera alejaba de ella las imputaciones de
correr tras de Belgrave, el peligro de encontrarlo en Lóndres, y los riesgos de tan largo viage; pero el asunto del testamento ecsi-
gió celeridad y su presencia. No podia con-
fiarlo á otra persona que aquella que debia seguirlo ante los tribunales, y este secreto era
aun mas necesario con Lady Martha, de la
cual podia bien temerse alguna prevencion en
favor de la familia de Rosline con la cual iba á
unirse su sobrino, y que el testamento despo-
jaba de sus bienes.

Esperaba Amanda que en una ciudad tan
grande como Lóndres, y bajo un nombre supuesto que se determinaba á conservar para su
mayor seguridad, escaparia de Belgrave. En
cuanto á encontrarlo por el camino, no te-

nia temor alguno, pues creía que no habria hecho tan largo viage, como del interior de la Escocia á Lóndres para hacer tan corta mansion en la capital. El tiempo probará la falsedad de las consecuencias que se sacaban contra ella por su perseverancia en la resolucion de ir á Lóndres. Contestó pues á Lady Martha que la daba las gracias por sus obsequiosos ofrecimientos: que la conduta que se habia trazado, y creia inocente se justificaria algun dia, y que por lo mismo los tenia por inútiles.—Siento mucho, dijo Lady Martha, vuestra determinacion; aunque no puedo menos de vituperarla, no os puedo dejar partir sin deciros que en cualquier tiempo que tengais necesidad de algunos servicios que no querais pedir á los estraños, ó que no os podais lisongear de obtener, podeis noticiarmelo, y contad conmigo. Os manifiesto aqui no solo mis intenciones, sino tambien las de Lord Mortimer, y en su nombre tanto como en el mio os hablo asi. Aunque lo que ha pasado entre vosotros, y la nueva situacion en que vá á entrar no le permitè intervenir mas en lo que respeta á vos, el no podria presindir de que la hija del capitan Fitzalan estuviese en un estado penoso, sin hacer todos los esfuerzos para sacarla de él.

Ay señora! esclamó Amanda, conozco los nobles sentimientos de Lord Mortimer, y he sido colmada de sus beneficios. Lady Martha se conmovió de la espresion que Amanda habia dado á estas pocas palabras. Su voz tomó mas dulzura. Las faltas, le dijo, mi querida

hija serian mas reprensibles en vos que en
cualquiera otra, pues que no podeis escusaros
como otras desgraciadas, en que estan aban-
donadas de todo el mundo. El arrepentimiento de vuestras faltas pasadas, cuales quiera que
ellas hayan podido ser, es suficiente para aseguraros mis socorros y mis cuidados en todas
las circunstancias en que tendreis necesidad de
ellos, y despues de mi, delegaré á otro este cuidado que lo desempeñará en mi lugar;
y en esto no harè mas que satisfacer las intenciones y sentimientos de Lord Mortimer.

Os agradezco, Milady, dijo Amanda, levantándose y llamando á su valor, el interés
que me manifestais. Tal vez vendrá un tiempo
en que probaré que jamás he sido indigna, y
que los buenos oficios que me haceis por compasion á mi situacion, quiseraís hacermelos
tambien por mi estimacion; entónces la compasion de Lady Martha no me humillará, y
aun me honraré con ella, por que será el sentimiento generoso de una alma virtuosa que
participa de los dolores de la inocencia desgraciada. Y adelantandose acia la puerta oyó
que Lady Martha decia: ¡Que triste es ver
tanto talento echado á perder por el defecto
de su conducta!

Ay Milady!, esclamó Amanda, detenién-
dose y volviendose tristemente acia ella, yo
os hallo todavia inflecsible! Lady Martha, hizo un movimiento de cabeza, y asi como Amanda abria la puerta, Lady Martha la dijo; creo
que tambien teneis cartas de Mortimer. Amanda hizo señal que sí. — Me parece que seria

mejor, dijo Lady Martha, devolveroslas recíprocamente.—Enviad las suyas en un paquete cerrado á casa Lord Cherbury á Lóndres, y yo me encargo de haceros remitir las vuestras.—Sereis obedecida, contestó Amanda en voz baja. Lady Martha le dijo que no queria detenerla mas tiempo y se separaron.

Cuando Amanda estuvo sola, su sentimiento que habia contenido tanto tiempo estalló con violencia. Su grandeza de animo que la habia sostenido en algunos mónientos le llegó á ser de un debil socorro, pues que acordandose de todas las circunstancias en que se habia encontrado, no podia menos de conocer que habia habido mas de una que podia autorizar las sospechas de que era el objeto. Veiase obligada á perdonar la severidad de Lady Martha, pero las lágrimas que derramaba no eran por ella sola. Lloraba el destino de Mortimer á quien creia tan desgraciado como ella misma. Habia conocido en los acentos y en las miradas del Lord que su pasion por ella era todavia entera, y tan fuerte y verdadera como siempre. Veia tambien que Lady Eufrasia no era suficiente para disipar su tristeza, y borrar de aquel corazon una imagen, que escluiria de el para siempre la paz y la dicha. Agitada por todos los acaecimientos de la noche, no creia poder tomar reposo alguno; pero la naturaleza fatigada lo pedia, y cayó en un profundo sueño.

Dispertóse tarde. Como no habia hecho mas que tirarse sobre la cama vestida; habia tenido frio, y no habia del todo descansado: compuso su vestido y peinado delante del espejo, y se sorprendió de verse tan pálida. Deseaba mucho evitar las gentes de la casa antes de partir y miraba con inquietud por la ventana para ver si la silla habia llegado; peró vió despues, que desde el cuarto que ocupaba, que caia á la parte de atrás, no podia verlo. Como no oia ruido alguno, sacó por consecuencia que no se habrian aun levantado los de la casa. La ventana de su aposento daba á un jardin ameno y agradable, cuyo espacio dominado por las alturas pintorescas de su alrededor, abrigaban á los tiernos y hermosos plantados, al paso que los defendian de los vientos frios: pero ni estas alturas cubiertas aun de niebla, ni los varios colores que el otoño difunde sobre la campiña, ni el buen gusto y propiedad del jardin pudieron distraer á Amanda. Cansóse al fin de esperar y abrió la puerta para ver si oiria algun movimiento en la casa, y en efecto oyó voces y pasos en el patío; con esto bajó y encontró al jóven Macqueen que despues de haberle dado un político y afectuoso buen dia, la llevó á una sala, donde halló no solamente la familia y todos los forasteros que habian pasado la noche en la casa, sino tambien otros caballeros de la vecindad. El Doctor Johuson ha celebrado los desayunos escoceces; aquel en que presidia Mistriss Macquen y sus hermosas híjas no era menos notable que los que el habia visto. A mas del chocolate, del té, del café y demas anejo, de las tortas, de las confituras y pastas de toda especie, cubrian la mesa el jamon y los pollos. Los manteles estaban sembrados de yerbas aromáticas, y de flores campestres cogidas al pie de las montañas, y cada convidado tenia un ramillete de flores con pequeños lemas franceses de amor y de amistad que habrian y se leian con grande alegría de toda la concurrencia.

Cuando Amanda llegó, Mistriss Macqueen la dijo que en aquel mismo punto iba á enviar una de sus hijas para hacerla bajar; lo que ya lo hubiera hecho antes si no hubiese temido que no la dejaria el tiempo suficiente para descansar de las fatigas del dia anterior.

Amanda le dijo que ya hacia rato que se habia levantado esperando el carruage que debia llevarla: ya tuve cuidado ayer de hacer venir vuestro carruage, dijo Mistriss Macqueen, pero no he querido que nos dejaseis antes de haberos desayunado con nosotros. Amanda se halló entre el jóven Macqueen que la habia obsequiado el dia anterior y su hermana mayor: procuró entrar en conversacion con el primero, para hurtarse de los ojos de Mortimer, pero la conmovia tan fuertemente su voz como sus miradas.

Suplicoos Lady Martha, dijo una de las Miss Macqueen que salgais garante de la promesa que acabo de conseguir de Lord Mortimer.—Querida mia, respondió Lady Martha, es preciso que primero sepa cual es esta promesa.

Milady puede muy bien figurarselo, res-

pondió la jóven Miss, son unos guantes, y
algunos regalitos de boda, que me ha prometido, y os juro que contra toda su voluntad Amanda se vió obligada á dejar sobre la
mesa la taza que llevaba á sus lábios, y arrojó involuntariamente una mirada á Lord Mortimer y la apartó luego que se encontró con
sus ojos. Y protesto, continuó Miss Macqueen,
que los recibiré con mucho gusto y reconocimiento.

A mi solo toca, dijo Lord Mortimer, afec-
tando alegria, lisongearme de ofreceroslo. Bien
podeis estar seguro Mylord, dijo una de las
jóvenes Macqueen, que por el favor que la
hareis, no dejará ella de haceros otro igual.

En esto, dijo uno de los convidados, ella
se parece á todas las muchachas. Que pensais
de esto dijo á Amanda el jóven Macqueen
que estaba á su lado. Amanda turbada ocul-
taba muy mal su agitacion y tartamudeó algunas palabras. Las muchachas respondiéron
á la pregunta alegramente, y aliviaron á
Amanda.

Acabado el desayuno, Amanda estaba impaciente por partir, y sin embargo no tenia valor para levantarse la primera, y parecia
atada por un encanto al lugar en que veia
á Lord Mortimer por la última vez, ó á lo
menos la en que lo veia antes que fuese
esposo de otra.

El temor de que se hiciera tarde en el
camino, (pues tenia que hacer mucho antes de
llegar à donde debia pernoctar), triunfó al fin
de su repugnancia en levantarse, y dijo al

jóven Macqueen que era tiempo de que ella partiese. Al mismo tiempo Lord Mortimer se levantó y propuso á los hijos Macqueen que fuesen á ver con ellos los nuevos plantados que habian hecho detras de la casa , sobre los cuales queria su padre saber su opinion.

Todos los hombres escepto el jóven. Macqueen acompañaron á Lord Mortimer , y antes de salir desearon un buen viage á Amanda.

Esta permaneció taciturna y triste sobre la silla algunos mínutos despues de haberse marchado todos; y cuando se levantó para salir Mistriss Macqueen se la llevó á una ventana, y la suplicó de nuevo que pasase algunos dias con ellos. Amanda se escusó como habia hecho hasta entónces , manifestándole todo su reconocimiento por la acogida que habia recibido. Mistriss Macqueen la dijo que esperaba tener mas fortuna cuando Amanda volveria á Escocia. Algunos de sus hijos la habrian acompañado algunas millas , si antes de su llegada no hubiesen prometido acompañar á Lord Mortimer hasta la posada á donde iba á detenerse para comer y á donde tenian proyectado comer todo juntos antes del despido. Dijola tambien que iba á escribir aquel mismo dia á Mistriss Duncan pará darle gracias de haberla hecho conocer una persona tan amable; conocimiento que era una verdadera adquisicion para su familia. Habiendo Amanda recibido un tierno *A Dios* de esta amable muger y de sus hijas, las hizo su cortesia é igualmente á Lady Martha y á Lady Araminta , las cuales se la devolvieron con mucha frialdad.

Apresuróse á bajar el vestibulo seguida de las dos jóvenes Miss Macqueen, pero tuvo mucha pena viendo á Lord Mortimer detenido á la puerta con el jóven Macqueen que habia ido á ver si estaba dispuesta la silla de posta, con otro de sus hermanos. Habriáse metido luego en el carruage si no la hubiesen detenido los obsequios de los jóvenes.

Milord, preguntaron las Miss Macqueen á Lord Mortimer, que habeis hecho de todos los hombres que os han acompañado? Preguntadlo, respondió Mortimer á vuestro hermano que los ha encerrado en el invernadero. Esta era una travesura de los jóvenes Macqueen que se complacian en jugar estas partidas. Las dos Miss para disfrutar del embarazo de los prisioneros partieron con sus dos hermanos suplicando á Amanda que no se fuese hasta su vuelta. Sus suplicas no habrian detenido á Amanda, que tenia necesidad de salir de la penosa situacion en que se hallaba, y habria montado en la silla, si el postillon no hubiese estado tan léjos, ó hubiese podido llamarle. Entónces oyó una voz que tenia gran poder sobre ella que esclamaba. Amanda, en que situacion os veo! que escéna tan dolorosa la que sufristeis ayer! Yo estoy ahora desesperado, pues á pesar de todo lo que ha pasado no puedo quereros mal alguno. Siento todas vuestras penas: Os perdono de todo mi corazon las que me habeis causado, y la desgracia en que me habeis precipitado. Las lágrimas que derramo son de indulgencia y de compasion.

Conmovida Amanda mas allá de toda espresion, cubrió su cara para ocultar las lágrimas que la inundaban. Dadme el consuelo
de oir, continuó Mortimer, que me perdo-
náis la pena que os causó la escena de ayer
noche. Que yo es perdone! repitió Amanda, Ah! Milord, y la voz se le estingió en sus
lábios.—Ah! quiera el cielo, añadió Lord Mortimer; quiera el cielo que seais feliz!—Feliz!
replicó Amanda. Oh! jamás, jamás lo seré
en este mundo; y levantó al cielo sus ojos inun-
dados de lágrimas.

A este momento los Macqueen volvieron
con los prisioneros que habian libertado. Amanda hubiera querido partir luego, para escon-
derse de sus miradas, pero el postillon estaba lejos y su voz era muy debil para que le
oyese. Lord Mortimer que tenia lastima de su
situacion abrió la puerta, y tomando con una
mano mal asegurada, la mano tremula de Amanda la llevó hasta el carruage. Allí habiendo abierto la puerta, apretóle la mano entre las suyas, la
ayudó á subir, llamó el postillon, que al fin llegó,
y estaba ya en la silla cuando llegó toda la comitiva. ¡Que contraste entre la juventud alegre,
brillante de salud y regocijo, y la mas feliz situacion, con el abandono, la soledad y abatimiento de Amanda! Asi como iban llegando, queriendo Mortimer aborrar á su querida y desgraciada Amanda la pena de que la
observasen en la grande agitacion en que se
hallaba, hizo señal al postillon que partiese,
y este echó á andar.

Asi dejó Amanda la morada de Macqueen,

donde raras veces antes de élla habia entrado el dolor sin encontrar algun alivio; donde el estrangero, el pasagero, y el pobre estaban seguros de la acogida benevola y de la hospitalidad, de unos dueños que ofrecian el espectáculo de la felicidad tal como se puede hallar sobre la tierra. Amanda al salir vió los sumtuosos equipages de Lord Mortimer y de Lady Martha, pero apartó luego los ojos al pensar que iban á contribuir á la pompa del casamiento de Lady Eufrasia. Prosiguió pues su viaje sin que le sucediese cosa notable, llegó á Lóndres por la tarde, y se fué á apearse á casa Mistriss Connel en Bond-Street.

CAPITULO LI.

Habiendose detenido el carruage á la puerta Amanda bajó de el, y entró en la tienda, donde con inesprimible satisfaccion el primer objeto que se le presentó á la vista fué Miss Rusbrook sentada al tablero en actitud pensativa. Esta se acordó al momento de Amanda y levantandose con diligencia, y tomandola de la mano esclamó: Ah! mi querida señora; que agradable sorpresa! cuanto he deseado volveros á encontrar para manifestaros todo mi reconocimiento. Esta obsequiosa acogida, y el inesperado encuentro de Miss Rusbrook prometian á Amanda un feliz resultado en sus proyectos, sobre todo creia que Rusbrook no encontraria obstaculos para conseguir el negocio de que se proponia encargarle. Volvió pues á Miss Rusbrook, los testi-

monios de afecto que recibia, y la preguntó
noticias de su padre. Pareció que la pregunta
daba alguna pena á Emilia pues manifestó en
su respuesta una turbacion tal que Amanda
no se atrevió á repetírla. Mistriss Connel no
estaba allí, y Amanda pidió permiso para verla si estaba en casa. Miss Rusbrook fue al
momento á buscarla á una sala detras de la
tienda y vino con ella. Era esta una Irlande-
sa pequeña, pero de muchas carnes, que no
era muy jóven aunque le gustaban todos los
placeres de la vida. Mi querida señora, dijo á
Amanda, saludandola, que seais bien venida.
Estoy muy contenta de volveros á ver despues de haber tenido antes una sola vez este gusto: pero desde entónces he oido alabar-
os sin cesar por boca de esta jóven. Amanda la dió gracias; pero estaba demasiado ocupada en el objeto de su visita para hablar de
ninguna otra cosa. Entónces dijo á Mistriss
Connel que venia de un condado lejano, donde habia dejado á sus amigos; y que no queriendo ir á vivir á casa de gentes que le fuesen absolutamente estrañas habia desmontado
en la suya con la esperanza de encontrar en
ella posada.

Mi querida señora, dijo Mistriss Connel,
por muy dichosa me tendria en recibiros, pero mi casa está toda llena. La pena que tenia
Amanda por una denegacion la volvió mu-
da por algunos momentos é iba á pedir á
Mistriss Connel que le indicase alguna casa
á donde pudiese ir á alojarse recomendada por
ella, cuando Miss Rusbrook habiendo di-

cho una palabra al oído de Mistriss Connel
aprobando esta con un movimiento de cabeza lo que acababa de oir añadió: Puesto que
temeis tanto ir á alojaros á casa de gentes que
no os conozcan, lo que prueba vuestra prudencia á todos los que saben cuan malvados
son los hombres, Miss Emilia dice que si os
dignais aceptar la mitad de su pequeña cama
hasta que os podais procurar un alojamiento
mas comodo, os recibirá en ella con el mayor placer, y yo haré por vos cuanto de-
penderá de mi para haceros agradable la casa.

Si, acepto este ofrecimiento con mucha
alegría y reconocimiento, esclamó Amanda.
Un pequeño rincon en una casa tan agradable será para mi un asilo mas comodo que
un palacio, donde solo encontraria personas
que me serian estrañas. En seguida retiraron
su maleta del carruage. Veo señora dijo Mistriss Connel, leyendo en el sobre el nombre
de Miss Donald, que sois Escocesa aunque no
teneis el acento de tal. Hasta ahora, dijo
Emilia habia ignorado vuestro nombre.

Contenta estuvo Amanda de lo que oia, pues
que estaba resuelta á no darse á conocer
bajo su verdadero nombre, hasta que se hubiese asegurado de que Rusbrook se queria en-
cargar de sus negocios. Hicieronla pasar á una
sala amueblada con propiedad, y que comunicaba con la tienda por una puerta de cris-
tales. Mistriss Connel atizó el fuego y preguntó á Amanda lo que queria comer. Si hubieseis llegado, dos horas antes os habria dado
un escelente pedazo de ternera. Amanda dijo

que no tomaria nada hasta la hora del té.

Muy bien, dijo Mistriss Connel, vos tendreis luego una buena taza de té, y una torta bien caliente. Yo tambien gusto mucho del té, aunque el pobre Mr. Connel, que Dios tenga en el cielo, me repetia sin cesar que vaporosa como era no debia jamás tomarlo; pero, añadia riendose el pobre hombre, mi querida Brigida, vos y todo vuestro secso os pareceis á nuestra madre Eva, que no podeis resistir á la tentacion de comer del fruto vedado.

Emilia se retiró, y un momento despues volvió con su sombrero diciendo á Amanda que debia salir para ir á ver á su padre y á su madre, y que solo una razon semejante podia determinarla á privarse del gusto de estar con ella. Mostróse Amanda agradecida, y la dijo que no gustaba de incomodarla en nada.

Despues que hubo salido, Mistriss Connel, dijo á Amanda: os aseguro que esta muchacha os ama tiernamente. Me alegro infinito, respondió Amanda, pues la encuentro muy amable.

Lo es en efecto, dijo Mistriss Connel, su solo defecto es ser demasiado adusta para su edad. Es verdad que uno no debe admirarse de ello, atendida la situacion de su padre. Me figuro, contestó Amanda que no será mala como antes. No tan mala! repitió Mistriss Connel como que no puede ser peor. El pobre capitan está preso, mas de un año há. Lo siento mucho, dijo Amanda. Se ha he-

cho algun paso en su favor con Lady Greystok desde que está preso? Con Lady Greystok! ¡Buen Dios! esclamó Mistriss Connel.
Bien podria uno dirigirse con mas esperanza
del buen ecsito á alguna de las bestias fe-
roces que se guardan en la torre. Pobre señor! sino hubiese tenido otro socorro que el
de ella, tiempo ha que no seria de carga á
nadie. Hace cerca de catorce años que le ví
por la primera vez. Mi pobre marido difunto y yo, teniamos una tienda en Dublin donde se hallaba su regimiento de guarnicion.
Habiase alojado en nuestra casa en la que Mistriss Rusbrook parió. Durante su mansion se
trabó la amistad entre nosotros; y luego nos
dejaron para ir á América. Poco tiempo despues, un pariente de mi marido propietario
de esta casa y tienda, habiendo perdido su
muger, reducido á si mismo y sin hijos, nos
propuso que viniesemos á vivir con el, pro-
metiendonos, si aceptabamos su porposicion,
que nos asociaria á su comercio, y nos dejaria sus bienes despues de su muerte. No
se presentan todos los dias ofrecimientos semejantes, de manera que nosotros le tomamos
la palabra. Al cabo de poco tiempo que estabamos juntos el pobre hombre murió, y luego
le siguió mi marido; al principio estuve muy
triste y desconsolada, pero pensando que la religion nos prohibe dejarnos abatir demasiado del
dolor, tomé animo y procuré vivir. En fin
para abreviar os diré que ha cosa de seis
años que Mistriss Rusbrook y Miss Emilia vinieron á comprar alguna cosa en mi tienda

no pensando encontrar en ella una antigua
amiga. Este encuentro fue mezclado de alegría
y de penas. Nos contamos mutuamente nuestros
infortunios. Encontré los asuntos del pobre capitan en muy mal estado. Yo tengo mucho
cuidado de él, y de su familia. Cuando le pren-
dieron tomé á Emilia en mi casa para ayu-
darme en mi comercio. El dinero que gana,
sirve para la manutencion de sus padres, y yo
me he convenido en vestirla de valde. Pero
no siendo suficiente este socorro para una familia numerosa, he procurado buscar trabajo á Mistriss Rusbrook y á sus hijas. Emilia
es muy buena muchacha. Ahora ha salido
para ir á ver á su padre. Pero mientras yo
charlo me olvido de que el agua hierbe. Acabado su discurso se levantó, y llamando á la criada sacó del armario las tazas y todos los
utensilios para servir el té. Hecho esto prepa-
radas las tortas y servidas calientes, Mistriss
Connel hizo con toda conveniencia una pequeña comida.

Os aseguro señora, dijo á Amanda que Miss
Emilia ha sido muy feliz en colocarse con
migo. No lo dudo, contestó Amanda; sabeis
pues continuó Mistriss Connel que vino á alojarse en mi casa, cosa de un mes ha, un
caballero que pronto conocí que obsequiaba à
Emilia. Sobre esto le emprendí un dia. Mr.
Sipthorpe, le dije, veo que mirais con buenos
ojos á una de mis muchachas, pero debo deciros que esta es una jóven honesta y bien
nacida, de manera que sino teneis miras
honradas sobre ella solo teneis que elegir

entre estos dos partidos, ó tomar las de Villadiego ó no hablarla mas. Sobre esto el me hizo un hermoso discurso, tan largo como el de un miembro del parlamento sobre una nueva tasa. Dios mio, Mr. Sipthorpe, le dije, entre nosotros no se necesitan tantas palabras. Solo una sirve, vamos al hecho. Instado así, me respondió que el habia hecho animo de comportarse honradamente siempre con Miss Emilia. Al mismo tiempo me dijo el estado de su fortuna que era considerable y yo suponia lo mismo vísto su modo de estar y de vivir. Aseguróme que se proponia no solo casarse con Emilia, sino sacar á su padre de la carcel, y hacer bien á toda su familia. Ahora voy á la parte mas sensible de la historia. Un jóven ministro que ha ayudado con algunos socorros á Rusbrook y á su familia al principio de sus apuros, se ha enamorado de Emilia, y ella tambien le tiene pasion. Sus padres habian consentido en su union; lo que era una locura vista la imposibilidad del jóven á serles de provecho. Con todo les prometió mucho, y mas de lo que puede un pobre mínistro, y sobre todo cuando una vez ha cargado con una muger y sus propios hijos. Despues de esto pensé que Rusbrook y su muger estarian muy contentos de haberse desembarazado del ministro y de dar su hija á Mr. Sipthorpe. Nada de esto; cuando les propuse este partido, uno me habló de honor y el otro de reconocimiento, y en cuanto á Emilia ya se desvanecia de él. Determinéme á servirles á pesar suyo, y conociendo el modo de pensar un poco romancesco del jóven le escribí para representarle, cuan cruel seria para Emilia si por motivo de la promesa que le habia dado, la hacia perder de este modo un establecimiento que debia salvar y hacer feliz á todo su familia; en fin supe tomarle tan bien por los buenos sentimientos, que ha escrito, como yo la esperaba, una carta declarando á Emilia que renunciaba á su mano. Esta carta ha desconsolado á Emilia: pero el capitan y su muger creo que han estado muy contentos en el fondo de su corazon, de modo que todo está arreglado con Mr. Sipthorpe, el cual ha hecho ya á su futura esposa muy hermosos regalos. Ellos deben casarse dentro de pocos dias. Mr. Sirphorpe solo esperaba algun dinero de sus arrendatarios para sacar al capitan de la prision. El mal está en que Miss Emilia en lugar de estar alegre y contenta, está triste y malancolica, como si fuese á casarse con un hombre viejo y feo.

Ah! dijo Amanda acordaos de lo que me habeis dicho que su corazon está prendado!

—Bueno! una muchacha jóven debe mudar de amor como de gorro.—Yo espero que Emilia no es capaz de tal ligereza, repuso Amanda, á pesar de que muchos padecen de este mal haciendo muchas veces alarde de semejantes principios.

Señora, dijo Mistriss Connel con una mirada en la que parecia esperar de Amanda la misma confianza, que su huespeda acababa de hacerle, puedo preguntaros de que parage venis?

De una parte de Escocia muy léjos de
aquí, respondió Amanda. Ay Dios! y que viage! Dicen que es muy mal pais y que no se
ven allí ni árboles ni matas.—Os aseguro, dijo Amanda que no faltan ni verduras ni sombra.—De verdad esclamó Mistriss Connel. Ved
que mentiras se dicen! Y de que pais sois.
—Del pais de Gales, respondió Amanda.—Vos
debeis haber trepado \mas de una vez, dijo
Mistriss Connel, las montañas, para correr
tras de las cabras, que dicen hay muchas en
aquella parte del mundo.—No ciertamente contestó Amanda. — Permanecereis mucho tiempo
en Lóndres, señora? — No lo sé aun. — Habeis venido para algunos negocios? — Si.—No
serán de mucha cosecuencia pues una persona
tan jóven no emprenderia, dirigirselos por si
sola.

Amanda se sonrió sin replicarle, y al fin
se desembarazó de las pesadas preguntas de
Mistriss Connel, cuando esta llamó á las muchachas de la tienda para el té. Despues de
esto lavó las tazas, las puso en el armario,
y fué á ocuparse en disponer la cena.

Quedandose sola Amanda, consideró que en
el estado en que se hallaban los asuntos de
Rusbrook, ocupado en el establecimiento de su
hija, no podia sin indiscrecion dirigirse á el
para encargarle sus asuntos. Determinó pues
esperar que la agitacion que podia causar un
tal suceso se calmase un poco para dar parte
á Rushrook de sus proyectos; deseando por
otra parte con todo su corazon, que el nuevo
establecimiento de Emilia hiciese la felicidad de

toda la familia. Mistriss Connel no estuvo mucho tiempo ausente y casi el mismo tiempo que ella entró Miss Emilia.—Miss, dijo Mistriss Connel, sin darle tiempo de decir cosa alguna á Amanda, he dicho á vuestra buena amiga todo lo que era menester decirle de vuestro asunto.

Y se lo habeis dicho todo? repuso Emilia con una sonrisa forzada y una voz apagada. Amanda, la miraba con atencion y veia en sus ojos una profunda tristeza. Juzgaba por su propio corazon de los sentimientos dolorosos que debia sufrir Emilia, obligada á renunciar al objeto de su pasion, y á mas sentia por ella una tierna compasion. La charla de Mistriss Connel fatigaba mucho á las dos jóvenes. Por fortuna se terminó luego con el aviso de ir á cenar. Amanda alegó su cansancio para acostarse temprano, y se retiró con Emilia. El aposento era pequeño, pero aseado y alegre con un buen fuego, delante del cual se sentaron para desnudarse. Emilia aprovechó este primer momento en que se encontraba sola con su benefactora para manifestarle todo su reconocimiento. Amanda se esforzó á hacerla mudar de conversacion. Ay! señora, le dijo Emilia, el bien que nos habeis hecho con tanta delicadeza, está gravado en nuestros corazones, y mis padres han tenido una tarde feliz cuando les he dicho que podia mostraros mi agradecimiento y el suyo.

Haciendo Amanda un nuevo esfuerzo, para hacer mudar de discurso á Emilia, la dijo; sin duda Vos habeis podido figurar por lo que os ha dicho Mistriss Connel, que yo le he preguntado detalles sobre vuestra situacion, y vuestros asuntos, pero no me creí capaz de esta indiscrecion á pesar de todo el interés que me habeis inspirado.

Oh, señora! replicó Emilia, yo no he tenido tal pensamiento y por otra parte vuestra curiosidad sobre este asunto, no podia menos de serme agradable, porque ella os conducirá puede ser á oir la relacion de mis penas, y á obtener los consuelos que me faltan mucho tiempo ha, y estoy segura que no 'me los reusareis.

Yo me contaré por feliz si puedo aliviar efectivamente vuestras penas, la dijo afectuosamente Amanda.

Ah señora! continuó Emilia, vuestra sola compasion las aliviará, y derramará un balsamo sobre las llagas de mi corazon. Vos me fortificareis en la observancia de mis deberes, y me enseñareis la resignacion. Solo temo merecer la reconvencion de personalidad ocupandoos asi de mis asuntos.

No, no, le dijo Amanda tomandola de la mano, hareis una cosa que me será estremadamente agradable.

Pues bien Señora, mientras os desnudareis os contaré mi triste y corta historia, y principió así.

CAPITULO LII.

El mas dulce consuelo que puede recibir un corazon afligido, es descubrirse á otro compasivo, tal como estoy segura que lo es el vuestro. En el tiempo en que yo tuve la dicha de veros por la primera vez, el credito de mi padre estaba agotado, y siendo conocida su insolencia fué arrestado una noche, y sacado de la cama del lado de mi madre casi moribunda. No quiero destrozar vuestro sensible corazon pintandoos los horrores de este momento; la desesperacion de un padre y de un esposo arrancado del seno de su familia á la cual dejaba sin socorro; el infeliz estado de mi padre enfermo y debil, cubierto de unos vestidos que no bastaban á libertarle del rigor de la estacion. Arrojando una mirada de despido á mi madre, á quien no esperaba ver mas, se conmovió tan vivamente que se vió obligado á apoyarse en el brazo de uno de los soldados que lo llevaban. Mi madre se hallaba desmayada en el momento en que mi padre salia del aposento, y la fuerza me faltó durante algunos minutos para acercarme á ella, pero volviendo en mí no tenia socorro alguno que darle; mi hermano mayor habia seguido á mi padre y los mas jóvenes espantados de la escena que acababan de ver, lloraban y estaban agazapados en un rincon del aposento. Al fin me acordé de una señora que vivia en la vecindad, y de quien esperaba tener algun alivio; solo el ser la necesidad tan urgente pudo resolverme á este paso pues la beneficencia que nos habia mostrado al principio, viniendo algunas veces á nuestra casa, habia cesado desde la muerte de Mr. Heathfield dueño de la suya. Mi orgullo cedió á la necesidad, y corrí á su casa. El criado me introdujo á una sala baja,

en donde la encontré tomando el té con sus
hijas y un jóven ministro, á quien jamás habia visto. Yo no podia determinarme á espo-
nerla nuestra situacion en presencia de un es-
tranjero, y supliqué á la señora que tuviese
la bondad de oirme á solas; pero ella contestó con dureza, que podia hablar delante de
las personas que estaban presentes. Contéla á
media voz, y esta interrumpida muchas veces
por mis suspiros y lágrimas, la desgracia que
acababa de sucedernos, y la situacion de mi
madre, y la pedí algun cordial para ella. Mi
admiracion fué estrema cuando repitió en voz
alta lo que acababa de decirle con algun misterio, y que dijo á su hija que me diese media botella de vino, añadiendo: ya he dicho
siempre que las cosas acabarian así, y que
era una locura de Mr. Herthfield teneros en
su casa, y haceros gastar tanto. Yo no repli-
qué, y me retiré llevandome el vino, pero
con el corazon traspasado de dolor.

Apenas habia vuelto, á casa y me hallaba de rodillas al lado de la cama de mi madre, que comenzaba á dar señales de vida,
cuando oi llamar á la puerta. Creí yo que era
mi hermano que volvia, y dije á uno de los
niños que fuese á abrir. Cual fué mi sorpersa
cuando vi entrar al jóven ministro que habia encontrado en casa de aquella señora. Levantéme apresurada, y mis miradas le manifestaron mi admiracion. Acercóse, y con el
tono de la beneficencia se escusó por haber
entrado tan precipitadamente, por el deseo y
esperanza que tenia de sernos útil·

¡Oh! que consoladoras fueron estas palabras! Que dulce es á los oidos de la desgracia la voz y la sensibilidad, que participa de sus penas! Mis làgrimas que la altivez é indignacion habian detenido empezaron á correr.

Pero no quiero deteneros demasiado tiempo sobre el cuadro de lo que he sufrido, bastará deciros que este benefico jóven nos tributó todos los cuidados que pudo, para aliviar nuestra miseria y con sus esfuerzos y los mios recobró prontamente los sentidos mi madre. Sus miradas, sus palabras, sus modales y su ministerio todo contribuyó á calmarla y á reanimarla. Ella bendijo la providencia que nos habia enviado un amigo tan bueno. Mi hermano vino de la prision unicamente para saber el estado en que estabamos, y se volvió con su padre. El estrangero pidió que lo acompañasen allá, y esta demanda nos dió mucho gusto, pues esperabamos que su visita llenaria el corazon de mi pobre padre de los mismos consuelos que nosotros habiamos recibido de él. Apenas habia marchado cuando vimos que nos traian un canastro lleno de botellas de vino y toda especie de provisiones. Seria abusar de vuestra paciencia citaros todos los rasgos de bondad de este escelente jóven: en fin á beneficio de sus cuidados mi madre estuvo en estado de ir á ver á mi padre en la prision. Mistriss Connel que á la primera noticia de nuestra desgracia vino á vernos, me llevó á su casa, y me dió un salario que entrego á mis padres, y sirve para mantenerlos con el resto de la

familia. Nuestro amigo nos acompañó; y en el
camino me notició que iba á verse obligado
á dejar la ciudad, que el solo era vicario de
un pueblo, y que la licencia que le habia
dado el cura iba á espirar. Habia cerca de
un mes que le conocia y sus atenciones sos-
tenidas habian sido para nosotros un manantial de consuelos. Mi corazon se heló á esta
noticia, y desde este momento me parecieron
mis penas mas crueles. Al entrar en los jardines me senté sobre un pequeño cerro; pues
mis piernas estaban trémulas, y el se sentó
á mi lado. Jamás habia sentido tal opresion,
y mis lágrimas corrian á pesar de los esfuerzos que hacia para detenerlas. Yo procuré
hacerle entender que las causaba el recuerdo
de los momentos en que habia disfrutado con
mis padres del espectaculo de este hermoso sitio. Quisiera el cielo, esclamó él, que yo pudiese hacerselo disfrutar aun!

Ah! esclamé; os tienen ya tantas obligaciones que no podran jamás agradecerlas bastante, y perdiendoos, añadí involuntariamente,
van á perder su único apoyo.

Si es verdad, como me decis, que yo
puedo serles de algun socorro, permitid que
tenga á este socorro un derecho constante y
adquirido. Oh Emilia! haced que vuestros padres puedan ser tambien los mios como vuestros; entónces su escrupulosa delicadeza no les
detendria en recibir de mi mano en pago de
una deuda, lo que miran como un beneficio
de mi parte. Yo senti que á estas palabras los
colores me salian á la cara. Mi fortuna conti-

unió, es muy modica; si hubiese sido mas
considerable tiempo ha que os hubiera propuesto partirla conmigo; si consentis á esta
partición hareis la felicidad de mi vida. Detuvose esperando mi respuesta; pero yo no estaba en estado de dársela.

Ay! señora! no era ya necesaria, pues
mis miradas y mi turbacion hacian traicion á
mis sentimientos. Instóme de nuevo, y al fin
le confesé que no vacilaria un momento en
unir mi destino al suyo, sino fuese necesaria
mi presencia á mis padres en la triste situacion
en que se hallaban. Ah! no penseis, me dijo
él, que quiera haceros descuidar un deber tan
sagrado; aunque al presente no esté en estado
de hacer recobrar la libertad á vuestro padre,
puedo aseguraros, que si consentis en nuestra
union, nuestra economia nos proporcionará
medios de conseguirla, que no los tengo ahora.

Su demanda y ofrecimientos fueron comu-
nicados á mis padres, los cuales las recibieron
y aprobaron con una estrema satisfaccion,
menos por la ventaja que encontraban para si,
que por la ternura que me tenian y por el
placer de estar en adelante tranquilos sobre
mi suerte, viendome asi colocada. Nosotros
debiamos tomar una de mis hermanas con nosotros. Yo podia emplear el tiempo en hacer
obra de moda que Mistriss Connel venderia para
dar el producto á mis padres y yo podria
venir á visitarlos de cuando en cuando, hasta que estuviese en estado de recibirlos en
nuestro humilde retrete. Tales eran los proyectos é intenciones del jóven ministro: Vióse pre-

cisado á partir, pero me dijo que volveria pronto, y que á su vuelta se acabaria de arreglar lo
demas.

Cerca de una semana despues de su marcha, una mañana viniendo de hacer un recado
para una dama de parte de Mistriss Connel,
se me acercó en la calle un hombre bien puesto, el cual con una libertad algo grosera quiso entrar en conversacion conmigo. Yo hice
cuanto pude para desembarazarme de el sin
poder conseguirlo y asi apresure el paso para
volverme á casa á donde vi que me seguia.
Ya no pensaba mas en este encuentro cuando dos
dias despues le ví entrar en la tienda y pedir á
Mistriss Connel un cuarto en su casa para alquilar; al momento se lo dió con gran disgusto mio, y luego tomó posesion de él. Yo
no podia menos de sospechar que tenia algunas miras sobre mi, y asi resolví, si este era
en efecto el motivo, de desconcertar su proyecto, evitando con cuidado encontrarme al
paso con él; pero por mas que hice, su vi-
gilancia era tan sostenida que no podia subir ni bajar la escalera sin encontrarlo. Al fin
instruí á Mistriss Connel de la conducta de
su inquilino, y la supliqué que correspondiese
á la confianza que le habian manifestado mis
padres confiandome á su cuidado, haciendo
cesar los insultos de Mr. Sipthorpe. Ay! si
yo hubiese podido preveer las circunstancias
de este paso, habria preferido soportar sus insultos en silencio; estas consecuencias os las ha
contado ya Mistriss Connel. Ay señora! á la
llegada de esta carta que rompia una prome-

sa contraida con todo el zelo y ternura , todas
mis esperanzas se desvanecieron. Yo resis-
tí mucho tiempo á las instancias que me hacian de casarme con Sipthorpe; pero cuando
mi madre me dijo que estaba desconsolada
de ver que mis sentimientos fuesen menos nobles y menos delicados, que los del hombre
que yo sentia, y que habia tan generosamente
renunciado mi mano para salvar á mi padre
del estado horrible en que gemia, está reconvencion me despedazó el corazon; yo me
admiré, y me indigné contra mi misma de
haber podido titubear tanto tiempo en tómar
un partido que abria á mi padre las puertas de la prision, y me determiné á sacrificarme;
pues oh Miss Donald! el sacrificio es para mi
el mas penoso y el mas horrible! Sipthorpe
es un hombre á quien no podré amar jamás,
aun cuando mi corazon no hubiese contraido
ningun otro empeño.

Amanda tuvo verdaderamente lastima por
los disgustos de su jóven amiga, que habia
acabado su relacion con las lágrimas; pero
no hizo como la mayor parte de las jovenes
de corazon sensible y de razon debil, que
hacen aun mas vivos los dolores que se les con-
fia, abandonandose ellas tambien á la sensibilidad. Dió á Emilia pruebas de una amistad
mas real, y de una compasion mas grande,
procurando reconciliarla con su destino que le
parecia fijado para en adelante. Hablola de
los derechos de un padre sobre sus hijos; y
de la dulce satisfaccion que sentiria en llenar
tan sagrados deberes. La pintó la alegría que

seguia al triunfo de la razon y de la humanidad, sobre el egoismo y la pasion y la apro-
bacion consoladora de la conciencia tan superior á todos los otros placeres y ventajas es-
tériores.

Hablaba asi con la conviccion de sus propios sentimientos, acordándose del momento
en que la voz de su padre habia renunciado
al hombre que amaba y de quien era amada; y
era de parecer que colocada en la situacion
de Emilia, haria sin vacilar el sacrificio al que
ecshortaba á su jóven compañera. Practicaba
las lecciones que daba, bien diferente en esto de aquellos mal humorados moralistas, que
pretenden llevarnos al cielo por caminos dificiles y espinosos, y siembran de flores los que
toman para si. La persuacion que salia de
sus lábios, daba á su lenguage una energia y
elocuencia poco común, pero mientras que procuraba animar á su jóven amiga, su sensibilidad y la situacion penosa de su propio corazon la hacian participar vivamente de las penas de Emilia, que veia huir sus esperanzas y
acercarse el momento de una union que tanto
temia. Amanda no dejaba de llorar sobre un
destino tan triste que ella casi miraba tan
cruel como el suyo, pero la reflecsion la hacia mirarse como miserable, pues que ella no
tenia ninguno de los alivios que Emilia encontraba en sus penas, y que podian ayudarla
á suportarlas. Amanda no tenia el consuelo
como Emilia, de pensar que sus dolores con-
tribuian á llevar algun alivio á los males de
la persona que le fue tan querida.

Vuestras palabras, mi querida señora la
dijo Emilia, han calmado mi alma. Estoy resuelta á desterrar en adelante inutíles pesares,
os suplico que me perdoneis la indiscrecion
que me ha llevado á entreteneros tanto tiempo en mis asuntos, y al fin de una jornada
que debe haberos fatigado mucho. Amanda
en efecto parecia estar cansada, y se apresuró á meterse en cama. Un sueño interrumpido
muchas veces la dió poco descanso, sus disgustos pesaban en su corazon como en la
vispera. Lord Mortimer entraba en sus sueños
y este era su primer pensamiento al dispertarse. Por la mañana encontró su almohada moja-
da de lágrimas. Emilia estaba ya levantada,
pero habiendo Amanda abierto sus cortinas,
dejó el libro que leia y corrió acia la cama.
Encontróla muy debil y achacando esta debi-
bad á la fatiga del viage la invitó á desayunarse y á quedarse en la cama; pero Amanda que sabia bien que su indisposicion era
efecto de causas diferentes á las cuales el reposo no podia hacer nada, se levantó y se
puso al tocador. Estando en esta ocupacion
Emilia gritó: si quereis ver á Sipthorpe os
le voy á enseñar, pues ahora sale de casa.
Amanda se fué á la ventana que Emilia le
abrió poco á poco; pero quien representa-
rá su admiracion cuando en este Sipthorpe
conoció al artificioso é infame Belgrave! La
sangre se le heló en las venas, y retirandose algunos pasos, cayó medio desmayada en
una silla. Emilia espantada iba á llamar para
socorrer á Amanda, cuando esta la hizo señas

con la cabeza que callase. Esto no será nada
dijo ella ; voy á ponerme encima de la cama
un momento, y os suplico que entretanto os va-
yais á desayunar. Emilia lo reusaba, y queria
hacer llevar el desayuno de las dos al aposento. Amanda la dijo que no tomaria nada
en este momento y que solo necesitaba reposo. Emilia al fin la dejó con el mayor disgusto.

Habiéndose quedado sola Amanda, procuró
juntar y calmar su agitacion, á fin de poder
formar un plan que la sacase de la situacion
en que se encontraba. El libertinage de Belgrave no permitia á Amanda pensar que el
nuevo objeto que tenia á la mira le desviase
de perseguirla tambien, cuando le encontraria
arrojada en el camino de un modo tan inesperado, y falta de toda proteccion. Ella no
podia decir que conocia á Belgrave, ni toda
su maldad; pues debia temer mucho que salvando á Emilia no se perdiese á sí misma.
Una declaracion semejante la venderia ; y aun
que ella pudiese hacerlo despedir de la casa
de Mistriss Connel, sin amigos, sin parientes,
no pudiendo encontrar proteccion en Rusbrook, temblaba al pensar en los peligros
que corria si se descubria á Belgrave, cuya desverguenza y profundas traiciones la en-
redarian en los lazos de donde le seria, imposible librarse. En consecuencia creyó que
la medida mas sabia que podia tomar, era
de dejar la casa el mismo dia, péro sin decir que no se proponia volver. Acordose de
un parage donde creyó que podria encontrar facilmente un alojamiento, que le se-

ria al mismo tiempo un retiro seguro y oculto, y resolvió instruir al capitan Rusbrook con una carta anonima del peligro que corria su hija, enviando al capitan para asegurarse de la verdad, el testimonio de Sir Cárlos Bingley. Formado asi su plan se tranquilizó; y cuando Emilia volvió, la preguntó con el semblante de que le hacia una pregunta indiferente á que hora comunmente volvia á casa Mr. Sipthorpe.

Es incierta respondió Emilia. Yo pues necesito salir hoy continuó Amanda, para un asunto que me corre prisa y al momento quiero vestirme para todo el dia. En seguida pidió papel, pluma y lacre, y Emilia se lo trajo. Cuando esta salió, escribió la carta que se verá, abrió su maletita, y sacó alguna ropa blanca, el testamento de Lord Dunreath y el escrito de Lady Dunreath: he aqui su carta al capitan Rusbrook.

«Una persona que estima al capitan Rus-«brook y la amable sencillez de su hija, avisa «al padre que guarde la inocencia de Emilia, «de un gran peligro que la amenaza de la par-«te de un miserable, que bajo la apariencia de «hombria de bien, se propone penetrar unos co-«razones afligidos con un golpe mas agudo «que el que la adversidad les ha herido. El «corazon de Sipthorpe es tan falso como su «nombre. El petendido Sipthorpe es el coro-«nel Belgrave, cuyo caracter se á señalado des-«de muchos años con otros de engaño y trai-«cion, no menos horribles que el que prepa-«ra para perder la amable muchacha que se

«ocupa en perseguir. La persona que da es-
«te aviso al capitan Rusbrook le remite para
«asegurarse de la verdad de los hechos á Sir
«Cárlos Bingley oficial del regimiento n.º 15 don-
«de tendrá la direccion en la Estafeta de....
«y el cual dará seguramente todas las noticias,
«y hará todos los pasos necesarios para salvar
«la virtud y la inocencia del peligro de una
«procsima destruccion."

Amanda tan inquieta por su propia situacion como por la de Emilia resolvió llevar
ella misma la carta á la prision de Rusbrook,
por miedo de algun accidente si la hacia entregar por cualquier otra mano. Tenia muchas ganas de dejar la casa en seguida; pero
creyó que valia mas esperar hasta la tarde en
que corria menos riesgo de ser encontrada y
conocida de Belgrave, quien en dicha ocasion
se hallaria verosimilmente en algun parage donde pasaria el resto del dia. Emilia vino despues de una hora de estar ausente, y en-
contrando libre á Amanda la pidió el permiso de estar con ella. Amanda en la situacion
de su alma hubiera deseado mas quedarse sola; pero no podia reusar la compañia de esta muchacha que la amaba, y que conversando con ella, procuraba disipar la tristeza
que le daba la idea de su procsima union con
Sipthorpe. Amanda escuchaba con atencion inquieta si Belgrave entraba, pero no oyó cosa que pudiese hacerla creer que habia vuelto. Al fin las avisaron para comer, pero Amanda no creyó deber ir por temor de ser vista
de él. Para evitar este riesgo y no ser tratada

de singularidad por su denegacion, se determinó salir, y habiendo hecho saber su intencion á Emilia la instó fuertemente á quedarse á comer, pero ella lo reusó y salió de casa con inquietud sin haber respondido á las preguntas de Emilia que queria saber si volveria pronto. Asi amenazada de nuevos peligros, estaba como una ave espantada que busca un abrigo contra la tempestad. Caminó con mucha presteza hasta Oxfor-Street en donde tomó un coche. El cochero se vió casi obligado á meterla dentro tanta era su debilidad. Fuese á la prision, donde llamó á un criado del carcelero y le entregó la carta destinada á Rusbrook, quien se encargó de entregarla en sus manos. De alli se hizo llevar á Pall-Mall, donde pueden acordarse que habia estado alojada con Lady Greystook. Esta era la sola casa de tal naturaleza que conocia en Lóndres; es verdad que alojandose en ella no contaba encontrar otra ventaja que la de estar con seguridad, pues la posadera era una muger de un caracter muy disgustado. Habia sido rica en otro tiempo, y esta memoria agriaba su humor, y la hacia incapaz de disfrutar de la comodidad que habia recobrado, ó á lo menos de convenirse con ella. Descargaba su mal humor sobre todo lo que tuviese dependencia suya. Su pasion dominante era una insaciable curiosidad, y su mayor placer era volver á contar todo lo que habia sabido de bien ó de mal. Subiendo Amanda á la puerta, que la dueña de la casa estaba en ella, despachó el coche, y fué introducida por una criada en una sala donde encontró á Mistriss Hansard; la cual al verla, sin levantarse de la silla ni volverle el saludo, le preguntó con una sonrisa altanera desde cuando estaba de vuelta á Lóndres y lo que venia hacer en la ciudad.

Por este modo impertinente de recibirla, Amanda conoció que era preciso que Mistriss Hansard estuviese instruida de la situacion en que se hallaba, pues esta muger otras veces habia sido humilde con ella hasta tocar en bajeza. Suspiró Amanda al verse obligada á tener alguna relacion con una criatura que tenia la vileza de tratarla mal por este abandono. Temblaba pensando en su triste posicion; enferma, debil, cansada, cayó mas bien que no se sentó, sobre una silla, que ni le habian propuesto tomar.

Y bien Miss? preguntó Mistriss Hansard con un tono aun mas impertinente, qué negocios os trae á la ciudad?

Mis negocios señora, respondió Amanda no pueden interesar á las personas que no tienen conecsion alguna conmigo. Mi negocio con vos es unicamente saber si podeis darme posada en vuestra casa.

En verdad? le respondió Mistriss Hansard; pero vos habriais podido hacerme el gusto de preguntarme como me va. No podeis imaginar cuanto me habria lisongeado una atencion semejante de parte de tan amable jóven.

Estas palabras pronunciadas con el tono de la ironía, dispertaron el orgullo de Amanda, y la reanimaron.—Yo estaria mas contenta señora, dijo ella con un tono mas calmado y

mas asegurado, de saber, si podiais ó si que-
riais darme alojamiento en vuestra casa.

Dios mio! querida, no os atormenteis tanto, tomad una tasa de té conmigo y en seguida hablaremos de vuestro asunto. Estas
palabras parecian llevar un consentimiento á
la cosa que Amanda deseaba; y por mas desagradable que fuese el asilo que encontraba
se creia feliz en tenerlo. El té se hizo pronto y Amanda que no habia comido desde el
desayuno lo habria tomado con gusto sino hubiese sido perseguida por las preguntas de Mistriss Hansard que la tendió veinte lazos diferentes para hacerla decir el fin de su viaje á
Lóndres. Amanda aunque ignoraba todo artificio, una triste esperiencia le habia adverti-
do que debia tenerse cuenta contra el de otros
y no descubrió el secreto. Mistriss Hansard,
que gustaba de lo que ello llamaba conversacion del té prolongó su duracion sin medida.
Amanda al fin mortificada y alarmada por algunas espresiones que se escaparon á esta muger la pidió la hiciese conducir á un cuarto.

Vuestra demanda es seria? le preguntó Mistriss Hansard. Habia en las palabras y facciones de la huespeda tal espresion de desprecio
que Amanda herida á lo vivo, no estuvo en
estado de responder al momento, y continuando Mistriss Hansard añadió: sí pretendeis
sériamente alojaros en mi casa, es preciso querida que tengais un grado de seguridad que
no creo en vos, aunque se que estais abun-
dantemente provista de ella. Pensais que yo
quiero perder la reputacion de mi casa reci-

biendoos ; yo que no alojo sino personas decentes y de reputacion...? Os parece que no sabemos que Lady Greystook, despues de haberos concedido su proteccion por caridad, os la ha quitado por vuestra mala conducta? Pobre señora! He sabido toda vuestra historia de su propia boca. Ella estaba muy embarazada con vos. Yo veia bien lo que era; y no obstante vuestra reserva hipocrita, descubria á maravilla que os comportabais muy mal. Os aseguro que si os recibia en mi casa no estariais bien en ella, pues mis aposentos no tienen gabinete donde una jóven de vuestro porte pueda ocultar un jóven abispado. Si habeis tenido alguna querella con alguno de vuestros amigos que os obligue á buscar un nuevo alojamiento, os aconsejo que os reconciléis con él; aun que á decir verdad, si no os reconciliais con el en una ciudad como Lóndres encontrareis facilmente otro. Por lo demas, puede ser que esteis en camino de arrepentiros de vuestra conducta pasada; pero esto no es un motivo para que os reciba en mi casa, persuadida como estoy, de que mi complacencia dañaria á mi bolsillo tanto como á mi reputacion.

El terror y las inquietas miradas de Amanda al oir este discurso habrian cerrado la boca á toda persona que hubiese tenido en el corazon una chispa de humanidad, y la habria detenido en medio de este torrente de injurias y malignidades, aun suponiendolas dirigidas contra uno verdaderamente culpable. Pero esta muger, incapaz de ningun sentimien-

tó humano generoso, triunfaba en su malicia
y se alegraba de penetrar el corazon palpitante de la inocente victima con los tiros del
insulto y de la reconvencion injusta. Entre las
pruebas á que Amanda habia estado sujeta en
una vida corta, pero fecunda en tristes acaecimientos, esta era una de las mas duras.
Pasmada del discurso de Mistriss Hansard estuvo algun tiempo sin poder proferir ni una
solo palabra, al fin esclamó: Justo Dios á
quien me dirijo, y que sóis mi solo refugio! á que pruebas me someteis? Hasta cuando seré perseguida, insultada y ultrajada? Ah!
que dulce, seria para mi un asilo en el cielo, en donde la malicia y la maldad de los
hombres no podrian alcansarme! Me alegro
mucho, continuó levantandose y arrojando
una mirada noble y fiera á Mistriss Hansard, de que no me hayais recibido en vuestra casa; pues estoy convencida por las disposiciones que veo en vos, de que no habria
encontrado en ella la seguridad que buscaba. Al
mismo tiempo salió del aposento: pero cuando estuvo en el vestibulo, todo su valor la
abandono por la idea terrible de que salien-
do de esta casa, no sabia donde poder encontrar un refugío. Horrorizada á este pensamiento se habia dejado caer sobre una silla cuando
una criada que provablemente habria oido
la conversacion que se acaba de contar y
que no temia ser oida de su ama, pues Miss
Hansard habia cerrado la puerta de la sala
donde se habia quedado, la dijo: Miss por
por que os afligis tanto? ¡ay buen Dios! que

os impórta lo que os ha dicho esta malvada vieja? yo os aseguro que si nosotras hacíamos el menor caso, tendríamos los ojos encarnados toda la semana. Pero decidme Miss si puedo haceros algun servicio.

Amanda le dió gracias con una voz debil, y se puso á considerar que el buscar posada á esta hora era esponerse á los peligros que había querido evitar. La casa de Mistriss Connel vino á su imaginacion, por causa de la imposibilidad de encontrar otra en aquel momento. Entónces empezó á pensar que no corria en ella tanto riesgo como se habia imaginado al principio. Verosimilmente seria ya Belgrave despedido de la casa cuando volveria allá, pues la carta tenia ya tiempo de haber producido su efecto. Si el estuviese aun, podia tener la fortuna de no ser descubierta: y si la descubria, Mistriss Connel la pondria al abrigo de los insultos manifiestos, mientras que se lisongeaba que sus precauciones, junto con la ayuda del cielo la salvarian de los ocultos lázos. Determinóse pues, ó mas bien se vió forzada por la necesidad á volver á casa Mistriss Connel. En consecuencia de esta determinacion, suplicó á la buena criada que fuese á buscar un coche y la pagó de su trabajo. Al volver á casa Mistriss Connel, se esforzó á calmar su agitacion, y alejar sus temores. Cuando el coche se hubo detenido á la puerta, y que habia bajado estuvo fuertemente tentada á preguntar á la muchacha que le abrió, si habia alguna persona estraña en la casa. Sin embargo pensando que esta pregunta podia escitar sospechas y que estas podian dar lugar á investigaciones, contuvo su curiosidad, y volvió á entrar temblando otra vez en una casa de la que habia huido pocas horas antes con tan grande terror.

CAPITULO LII.

Apenas estaba Amanda en la tienda, que abrieron la puerta de la sala y se le presentó delante Mistriss Connel.—Ola Miss! la dijo esta, ya estais de vuelta; ya principiaba á creer que nos habias dejado para siempre. Dijo estas palabras con un tono tan brutal y grosero que confundió á Amanda, y la dió que pensar que su huespeda no estaba en si. Entrad Miss, entrad continuó Mistriss Connel ya estaba en la mayor impaciencia por veros volver. Los temores de Amanda se aumentaron; siguió en silencio á Mistriss Connel, y encontró en la sala á una muger de alguna edad de bastante buen parecer que parecia muy agitada. No congeturaba ella que tuviese que tener diferencias con esta muger y sin embargo la temia: sentóse temblando toda ella, esperando con impaciencia una esplicacion.

Despues de un silencio general de pocos minutos, mirando la estrangera á Amanda, la dijo: hija mia, esta señora me ha informado de todo cuanto habeis hecho por nosotros, yo me encuentro por felicidad en estado de poder pagar mi deuda. Por estas palabras conoció Amanda á Mistriss Rusbrook; pero le sorprendió mucho su tono y sus maneras, cuya frialdad y política afectada, espresaban mas bien el descontento y la aversion que la gratitud y el reconocimiento. Mistriss Rusbrook se levantó al mismo tiempo y presentó á Amanda un billete de banco. La admiracion la quitó la palabra y no la dejó la fuerza de rereusar ni aceptar el billete, y este quedó sobre la mesa.

Permitidme, dijo entónces Mistriss Rusbrook que se habia vuelto á sentar, que os pregunte si vuestro verdadero nombre es Donald? El presentimiento de Amanda de que se levantaba alguna tempestad sobre su cabeza se verificó desde entónces. Bien se dejó ve que esto era obra de Belgrave, quien demasiado bien habia salido con sus proyectos.

· Amanda pareció estar entónces en la crisis de su destino. En los diferentes sufrimientos que hasta entónces habia esperimentado, siempre le habia quedado alguna esperanza, algun apoyo en su debilidad, algun lenitivo en sus dolores. Cuando habia sucumbido al ecsacrable complot de Belgrave que habia denigrado su honor en la opinion de las personas cuya estimación apreciaba infinito, habia podido sacar algun consuelo pensando que tendria un asilo y un refugio en los brazos de un padre que la adoraba. Cuando se vió privada de su padre, habia encontrado amigos tiernos que habian mezclado sus lágrimas con las suyas, y habían derramado sobre su corazon herido el balsamo de la compasion. Cuando arrancada del objeto de su mas tierna pasion la ecsistencia le habia llegado á ser pesada, la voz de la amistad habia penetrado aun en su retiro y en su alma, y sin poder curar sus males los habria á lo menos aliviado; en el dia sola, abandonada, sin socorro de ningun ser viviente, veia una tempestad espantosa dispuesta á descargar sobre su cabeza sin abrigo alguno que pudiese defenderla de ella, y sin esperanza alguna á que poderse entregar. Cercada de estrangeros prevenidos contra ella, no podia esperar que la esposicion sencilla que les haria de su conducta encontrase credito con ellos, y pudiese empeñarles á protegerla contra el miserable, cuyas maquinaciones le habian perdido en su estimacion. En este momento el horror de su situacion presentóse de tal modo que la turbó el espíritu y cayó en una especie de estupidez; apoyó con las manos su cabeza, y salió de su agonizante corazon un profundo gemido.

Veís dijo Mistriss Connel, despues de un largo silencio, que ella nada tiene que responder. A estas palabras Amanda levantó la cabeza y recobró algun tanto sus sentidos. El ser todo poderoso y todo bondad en quien tengo confianza, y á quien jamás he ofendido voluntariamente vendrá sin duda á mi socorro como lo ha hecho ya. Esto decia entre si por no tener fuerza para hablar, pero la pregunta de Mistriss Rusbrook resonaba todavia en sus oidos.—Permitidme señora, que os pregunte, le dijo al fin, que razon teneis para querer saber si mi verdadero nombre es Donald?

Valgame Dios, querida, dijo Mistriss Connel, no es necesario atormentaros mas en hacerla preguntas, pues la que ella os hace es respuesta suficiente á la vuestra.—Soy de vuestro parecer, dijo Mistriss Rusbrook, toda averiguacion seria por demas.

Convengo, dijo Amanda, con voz asegurada por el testimonio de su conciencia que mi nombre no es Donald. Debo tambien hacerme la justicia de declarar, á peligro de no ser creida, que no he ocultada mi verdadero nombre por ningun motivo de que tenga que avergonzarme ni que pueda merecer vituperio. Mi situacion es muy angustiada, y mi solo consuelo es poderme decir á mi misma, que no me la he atraido por imprudencia alguna.

No tengo necesidad señora, dijo Mistriss Rusbrook, de saber vuestra situacion. Habeis sido franca en una cosa y espero que lo seréis igualmente en otra pregunta. Esta carta, le dijo presentandole la escrita á Rusbrook, es de vuestra mano?—Si señora, respondió Amanda, cuyo orgullo esforzaba para rechazar el desprecio que le mostraban, es de mi mano.—Os suplico me digais, continuo Mistriss Rusbrook mirandola y tomando un tono mas severo, que motivo habeis tenido para escribir una carta semejante?—Creo señora respondió Amanda, que el motivo está bastante claramente esplicado en la carta misma

Bonita esplicacion! esclamó Mistriss Connel. ¿Y es de este modo que creeis poder disfamar el caracter de un hombre de bien? pero Miss, nosotras hemos recibido tambien otra

esplicacion diferente de la vuestra, y que vos
no habeis previsto que nos dirian. Os hemos
descubierto no obstante vuestra destreza en
hacer cartas anonimas como se hallan en las
novelas. Mr. Sipthorpe ha conocido al momento vuestra letra. ¡Pobre caballero! Dice
que no os falta talento, pero que teneis muy
malas intenciones, y es lastima: el os conoce
muy bien á costa suya.

Si, dijo Amanda, sabe que soy una criatura cuya felicidad ha destruido, pero sin haber triunfado de mi inocencia. Sabe que semejante á un mal genio, ha acumulado sobre mi cabeza desgracias sobre desgracias, y
sobre mi corazon dolores sobre dolores; pero sabe tambien que no he sucumbido á sus
infames maquinaciones y que de mi, solo ha
conseguido el desprecio y el horror que merece, y que han sido mi sola respuesta á sus
ofrecimientos.

Ay señora! esclamó Mistriss Connel mirando á Mistriss Rusbrook; no lo dudeis ella
ha representado en algun teatro.—Si señora,
contestó Amanda, cuya voz apagada manifestaba la agonia de su corazon, y en escenas bien tristes y crueles.—Vamos, vamos es-
esclamó Mistriss Connel, confesad todo lo que
ha habido entre vos y Mr. Sipthorpe y todo
se olvidará.

En efecto, dijo Amanda, debo esplicarme
enteramente; mi honor lo ecsije, é igualmente el deseo que tengo de salvar á vuestra hija y á vos de la desgracia que os amenaza.
Entónces las contó todo cuanto sabia de Bel-

grave, pero tuvo la mortificacion de ver que
su narrasion tan sencilla como era, se recibia
con todas las señales de la mas entera incre-
dulidad.—Desconfiad señora dijo á Mistriss Rusbrook de tan ciega prevencion; temed sus
consecuencias, os suplico no obligueis á vuestra inocente hija á dar un paso, al que ella
se resiste, y que la conduciria á su perdicion
no os prepareis los terribles remordimientos que serán la consecuencia si la obligais á
tal sacrificio. Por que no se presenta vuestro
Mr. Sipthorpe á sostener sus alegatos en mi
presencia?

Yo le he suplicado que asistiese á vuestra
esplicacion, contestó Mistris Rusbrook; pero es
sensible, y no ha querido ser testigo de vues-
confusion y apuro, por mas que lo merez-
cais.

No señora, dijo Amanda; se ha denegado
á hallarse pesente, porque sabia bien que no
podria sostener la vista de la inocencia que ha
ultrajado, porque sabe que su cara y compos-
tura harian traicion á su alma culpable. Os
lo repito, no es quien os ha dicho que era.
En testimonio de la verdad he invocado el de
Sir Cárlos Bingley. Tengo un tierno interés en
vos, aunque vos no me la tengais. Se que
creyendo á la calumnia, me mirareis como
una pobre criatura estraviada en los caminos
del vicio; pero aun cuando fuese culpable, el
estado angustiado en que me veis deberia escitar vuestra compasion. Perdonad, señora si
os digo, que vuestra conducta conmigo ha sido cruel. Las virtudes dulces son seguramen-

te las que sienten mejor en el corazon de
una muger. La que muestra alguna indulgencia por su semejante abatida, cumple con el
precepto divino. Las lágrimas que derrama sobre las faltas de los otros, son preciosas á los
ojos de Dios, y su compasion atrae su ben-
díciones sobre ella misma. Ah! señora, en algun tiempo esperaba una acogida bien diferente de la que me habeis hecho. Me habia
lisongeado de hallar algun apoyo y consuelo en
la amistad de Mr. y Mistriss Rusbrook; pero esta esperanza, como otras muchas, se ha
desvanecido para mi. A estas últimas palabras
la voz faltó á Amanda y sus lágrimas inun-
daron de nuevo sus megillas. Mistriss Rusbrook
se puso colorada cuando Amanda la reconvi-
no de su crueldad; bajó los ojos, sintiendo
en su interior que lo habia merecido, y permaneció mucho tiempo sin poder ponerlos sobre la pobre criatura que acababa de maltratar.—Al fin dijo: puede que haya manifestado
demasiada dureza, pero es menester convenir
que he sido provocada: La amistad y el reconocimiento que debo á Mr. Sipthorpe me
han hecho resintir vivamente las imputaciones
de que le habeis cargado.

Admirame mucho, esclamó Mistriss Connel,
de la dulzura con que la hablais. En lo sucesivo me tendré mas cuenta en la gente que
recibiré en mi casa. Confieso que me ha parecido estar tan alarmada con la idea de ir á
hospedarse entre personas que no conocia, que
para contentarla le habria ofrecido mi cama,
si Emilia no me hubiese prevenido; pero veo

que el temor que tenia no era sino un pretesto para introducirse en la casa donde se
hospedaba Mr. Sipthorpe, y atraerle de nuevo á si. No, he determinado que no pase
otro noche en casa. Si Miss, podeis buscar
una posada donde gusteis, pero principiad por
salir de aqui al momento. No sois tan estraña en Lóndres como pretendeis hacer creer.

Acabando de decir estas palabras se levantó Mistriss Connel y se acercó á Amanda con
animo al parecer de realizar la ejecucion de
su amenaza: Amanda ya tenia intencion de
dejar la casa al dia siguiente por la mañana,
pero ponerle á la calle á semejante hora y
tener que ir errante por las calles, era idea
que la llenaba de terror. Levantóse pues, y
retirandose algunos pasos atras miró á Mistriss
Connel con ojos despavoridos y tristes.—Repito que salgais al momento de mi casa, volvió á decir esta muger. La desgraciada Amanda sintió que su cabeza se debilitaba, que sus
ojos se obscurecian, y que sus piernas le faltaban, y habria caido, si Mistriss Rusbrook
que conoció su situacion no la hubiese sostenido à tiempo. Hizola sentar y la tiró agua
á la cara.—Reponeos, la dijo Mistriss Rusbrook con una voz mas dulce que anunciaba
la vuelta de la compasion; no se os obligará
á dejar la casa por esta noche; os lo prometo
en nombre de Mistris Connel que es buena,
y que no querrá acrecentar vuestras angustias.

Ah! esclamó Mistriss Connel, sabe Dios que
la bondad es mi flaco, asi Miss, podeis
pasar aqui la noche como os lo ha dicho

Mistriss Rusbrook. Amanda abrió sus ojos
languidos, y levantando la cabeza que tenia
apoyada sobre Mistriss Rusbrook dijo con baja y trémula voz: Señora, mañana saldré de
vuestra casa. Ay! ojalá añadió anegada en lágrimas, que me hallase en estado de salir antes.

Vamos, dijo Mistriss Connel, basta de llo-
ros, podeis Miss tomar una luz de la mesa y
retiraros á vuestro cuarto.

Amanda no se lo hizo repetir, y subió
á su cuarto medio arrastrandose. En el no
encontró fuego que pudiese reanimarla, ni á
Emilia cuya sencilla benevolencia le habria tributado consuelos cuidadosos. Debil, abandonada, hija verdadera de la miseria, sentóse al
pié de la cama, y se entregó toda á su dolor.

Si, se decia, es verdad que tuve amigos que me amaban como á si mismos, y á
quienes mi ecsistencia y felicidad eran necesarías.
En el estado de abandono en que me hallo
esta memoria de lo pasado no hace mas que
agravar mi miseria, y tal vez es un bien para mí ignorar el por venir que me espera:
Oh! padre mio, si lo hubieseis podido leer en
el libro de los destinos, las tristes paginas
en que se hallaba escrito el de vuestra Amanda, habria hecho vuestra ecsistencia miserable,
y habria acelerado el termino de vuestros dias!

Ay! Oscar, de otra mano y no de la mia
recibireis el acto que debe volveros la independencia. Mis infortunios me llevan al sepulcro, en el cual hubiera desea lo bajar mucho
tiempo ha, á no tener la esperanza de volveros á ver.

Mientras estaba sumergida en estas tristes reflecsiones abrieron la puerta del cuarto, y en lugar de Emilia que esperaba volver á ver vió entrar la criada de Mistriss Connel.—Oh! mi querida señora, la dijo esta muchacha, cuanto me aflige vuestra situacion; la de la pobre Emilia no es mejor; pero tarde ó temprano serán castigadas estas dos viejas que os han tratado con tanta crueldad. Madama Rusbrook lo pagará caro, cuando despues de haber dado su hija á Mr. Sipthorpe conocerá que hombre es. Amanda se estremeció al pensar en la suerte que amenazaba á Emilia. Os decía, pues continuó la criada, que la pobre Miss es bien desgraciada, pues la han encerrado en el cuarto de mi ama, del cual no se atreve á salir; pero ha hallado medio de verme y entregarme este billete.

«Espero que mi querida Miss Donald no «dudará de mi sinceridad cuando le diga que «todas mis penas se han agravado al saber «que los suyas son efecto del interés que se «ha dignado mostrarme. He sabido el indig- «no tratamiento que ha sufrido en la casa, y su «intencion de salir de ella mañana por la ma- «ñana. Conozco su aversion en ir á hospe- «darse en casa de gentes desconocidas, he ha- «blado á la criada sobre este asunto, y ten- «go el gusto de saber que por su medio po- «drá encontrar mi querida Miss Donald una «casa segura en donde será dueña de perma- «necer algunos dias, ó los que basten hasta «esperar que se encuentre otra que le conven- «ga. La muchacha que le entregará este bille-

«te, y sobre cuya fidelidad puede contar, le
«dirá lo demas. Siento en este momento el
«placer, que soy capaz de sentir, de poder
«ser de alguna utilidad á mi querida Miss Do-
«nald. Espero que me mirará siempre como
«una afecta y sincera amiga."

E. R.

¿Y donde está ese parage donde puedo ir
á hospedarme? preguntó vivamente Amanda.
Señora, la dijo la criada, tengo una hermana que es conserge de una casa grande sobre el camino de Richemont; toda la familia
ha ido á Brighton y mi hermana ha quedado sola. Ella os recibirá con mucho gusto, y
podeis estar allí hasta encontrar una casa que
os guste. Mi hermana es prudente y discreta
y hará cuanto esté de su parte para obligaros: estareis allá tan tranquila y segura como
podreis estarlo en vuestra propia casa. La pobre Miss Emilia no estará tranquila hasta que
sepa que estais en casa de mi hermana, y podais encontrar una de gentes conocidas, y estareis de seguro muy bien. Si tomais este partido, os acompañaré yo misma mañana por
la mañana, y me tendré por muy feliz de
haberos podido servir de este modo.

Amanda sentia mucha repugnancia á hospedarse en una casa sin saberlo sus dueños;
pero la necesidad triunfó de sus escrupulos,
y preguntó á la criada la hora en que iria
á buscarla.—Señora, vendré luego que. podemos encontrar carruage, é iremos á buscar-

lo juntas. Pero haceis muy mal semblante, permitidme que os ayude á desnudaros, pues necesitais bastante el descanso; y diga lo que quiera mi ama, os traeré un poco de vino. Amanda no quiso tomar nada, pero aceptó la ayuda de la criada para meterla en cama fatigada como estaba de todo el dia.

Amanda le encargo que fuese ecsacta y al mismo tiempo que manifestase todo su reconocimiento á Miss Rusbrook por la compasion que le habia manifestado. Su dormir igual al de la noche precedente, fué interrumpido y agitado con sueños siniestros.

Levantose pálida y temblando sin haber recibido de la noche alivio alguno. La criada vino luego. Amanda bajó la escalera temblando, temiendo que no se le presentase Belgrave, antes que hubiese dejado la casa, y no la siguiese al lugar de su nueva residencia. No habiendo encontrado á nadie, y hallado prontamente un carruage montó y partió.

Durante el camino, Amanda suplicó á la criada que le parecia conocer muy bien á Belgrave, que dijese á Miss Rusbrook que no dudase de las intenciones criminales de Belgrave, sí queria salvarse de la perdida segura. La muchacha la aseguró que no dejaría de hacerlo, y añadió, que habia sospechado siempre que Mr. Sirthorpe no era lo que queria parecer. Amanda llegó pronto al fin de su viaje. La casa era grande y hermosa: entrabase á ella por una corta calle de castaños. La hermana de la criada era una muger de

alguna edad y al parecer tenia las maneras
sencillas. Recibió á Amanda con muchas señales de respeto, y la llevó á una hermosa
sala, donde encontró un desayuno servido con
mucha propiedad.—He tenido cuidado, dijo
la criada de prevenir desde ayer á mi hermana, el honor que tendria de recibiros esta
mañana, y que estoy segura que hará cuanto pueda para obligaros

Os doy las gracias á las dos dijo Amanda con su gracia y dulzura acostumbrada;
pero hablandolas corrian lágrimas sobre sus
mejillas, pensando en la situacion en que se
encontraba, abandonada á la humanidad de
personas estrañas, y que estaban en la dependencia que trae consigo la pobreza.—Yo espero, continuó, no seros molesta por mucho
tiempo, pues tengo intencion de tomar un pequeño cuarto en alguna casa de paisanos de
la vecindad, hasta que pueda terminar algunos negocios, y volverme á mi casa, pero
quiero reconocer vuestros cuidados, y pagar
el gasto que haga. Al mismo tiempo obligó
á estas dos mugeres á recibir una gratificacion
que reusaron mucho tiempo. Mistriss Deborah
la dijo tambien que era inutil que dejase la casa tan pronto como queria, pues sus amos no
debian volver hasta pasados seis semanas: pero
Amanda no vaciló en su resolucion, porque
no podia vencer la repugnancia que le causaba habitar una casa sin saberlo sus dueños.
La criada partió, y del desayuno compuesto
Amanda solo tomó un poco de té. Tenia un
violento dolor de cabeza, y toda su maqui-

na estaba vacilante y desordenada. Mistriss
Deborah para divertirla la propuso enseñarle
la casa y el jardin que eran muy agradables;
pero Amanda se escusó diciendo que el descanso le haria mas bien.

Mistriss Deborah la acompañó á un hermoso aposento, donde la dejó, diciendola
que iba á ocuparse en hacerla preparar alguna cosa buena que pudiese tentarla á comer.

Luego que Amanda se quedó sola, se esforzó á calmar sus inquietudes, y su agitacion,
pensando que se hallaba en un lugar seguro y
al abrigo de las inquietudes de Belgrave, y
sin embargo el sueño que concilió rendida de
fatiga no la tranquilizó. Al menor ruido se
sobresaltaba y la causaba terrores inesplicables.
Mistriss Deborah subió dos ó tres veces para
saber como se hallaba, y al fin la trajo la comida. Pusole una mesita al lado de la cama y la
instó para que comiese. Habia en su modo un
aire de cordialidad y de amistad que la recordaba á los buenos Edwins; y suspiraba pensando que este asilo que le habria sido tan
dulce, le seria en adelante cerrado por razon
de la vecindad de Tudor-Hall, de donde la
desterraban la decencia y la ternura. Estas
memorias la afectaron de tal modo que no pudo comer. Dió gracias á Mistriss Deborah por
sus atenciones y la suplicó que la dejase sola, pero la soledad le fué pronto insoportable y su inquietud tan grande, que imaginó
que un paseo por el jardin podria calmarla.
Asi como bajaba la escalera, oyó en la sala de
bajo, cuya puerta estaba cerrada, una voz

de hombre; bajó ligeramente, y acercandose
mas, conoció la voz de un criado de Belgrave á quien habia visto en Devonshire: escuchó pues con aquella especie de horror que
penetra á un criminal que espera la sentencia
de un juez que vá á condenarle.

Si, os lo aseguro, decia el hombre, hemos sido despedidos de la casa de Mistriss
Connel; pero la caza que buscamos vale mucho mas que la que hemos perdido, de modo que esta noche, podeis contar que el coronel estará aquí con un coche tirado por cuatro caballos para llevarnos á vuestra hermosa prisionera.

Me alegro mucho, dijo Mistriss Deborah
pues creo que ella no vivirá mucho tiempo.—
Bueno! dijo el, de que quereis qué muera, á
menos que.... Aqui habló bajo, y lo que dijo
provocó grandes carcajadas. Amanda les oyó
disponerse para salir de la sala, y volvió á
subir apresuradamente la escalera, y se paró
á la puerta de su aposento hasta que oyó
despedir el hombre: entró pues y cerró la
puerta, y sabiendo que una conciencia culpable es desconfiada y se alarma facilmente, se
arrojó sobre la cama, por temor de que Mistriss Deborah la encontrase levantada y con-
cebiese sospechas mas facilmente. Su situacion
desesperada le dió entónces alguna fuerza y
valor, y esperó poder salir del peligro con
alguna presencia de espíritu, y resolvió si podia salir de la casa de irse derecho á Lóu-
dres. Aunque la idea de volver alli sin saber
donde ir atemorizaba su imaginacion, sin em-

bargo creia encontrar un asilo mas seguro que
en el pueblo en que estaba, en el cual podian descubrirla mas facilmente. Mistriss Deborah vino en efecto como Amanda esperaba.
Al verla se estremeció, pero pensando que su
seguridad dependia absolutamente de ocultar
sus temores, se determinó á entrar en conversacion con la perfida criatura. Al fin se levantó diciendo, que bastante perezosa habia estado y despues de haber paseado un poco por el aposento, pusose á la ventana y
alabó la belleza del jardin.—Hay mucha fru-
ta, no es asi? dijo á Mistriss Deborah. Sino
temiese abusar de vuestra complacencia os pediria dos ó tres alberchigos.—Muy bien señora, la dijo Mistriss Deborah, ya os los habria ofrecido, sino hubiese creido que preferi-
riais dar una vuelta por el jardin y cogerlos
vos misma.

En este momento no tengo ganas dijo
Amanda. Mistriss Deborah salió, y Amanda
se mantuvo á la ventana hasta que la vió al
estremo del jardin. Entónces tomó su gorro
se lo ató á la cabeza con un pañuelo para
ocultarse mejor, bajó la escalera precipitadamente, y cerró la puerta del jardin de la parte de la casa, á fin de que Mistriss Deborah
no la persiguiese demasiado prontamente. Corrió toda la avenida y no tomó el paso ordinario sino cuando estuvo á la carretera real,
tanto por no ser mirada como por que su de-
debilidad no le permitia ir mas aprisa: al
ruido de cada carruage se estremecia, y volvia la cara para no ser vista de los que iban

dentro. En fin llegó á Lóndres sin encuentro
alguno. Haciase tarde, y conocia la necesidad de proporcionarse en seguida un alojamiento. Al ver algunas pobres mugeres que
se retiraban á su casa con el resto de los
frutos no vendidos, derramaba lagrimas. Algun
tiempo ha, decia que estas mugeres eran el
objeto de mi compasion, en el dia soy mas
de compadecer que ellas. Veia que á la
hora que era no podia hacerse recibir sino
en alguna miserable y pobre casa, y buscaba
una donde presentarse. Al fin vió una tienda
donde se vendia manteca y queso, en la que una
muger anciana sentada sobre el tablero hacia
calceta. Amanda se presentó: la muger se levantó con semblante admirado y respetuoso
Apoyada Amanda en la puerta estuvo un momento incapaz de esplicarse. Por fin con una
voz interrumpida y el color del embarazo, sa-
liendole en sus mejillas la palidez, la dijo:
señora teneis algun cuarto para alquilar? A
esta pregunta la vieja volvió á sentarse y mirando á Amanda la dijo: pocas personas de bien
se ven reducidas á buscar casa á estas horas.

Teneis razon, señora, respondió Amanda, pero circunstancias particulares me han
puesto en esta necesidad, y si podeis recibir-
me, puedo aseguraros que no tendreis motivo
de arrepentiros.—Oh! esclamó la muger, no se
que ventaja puedo sacar de ello. Es natural
que cada uno hable por si. Sin embargo, si
os doy un cuarto que es el unico que tengo, quiero que se me pague anticipado.—Se
os pagará, contestó Amanda.

Pues bien, respondió la muger, voy á enseñaros el cuarto. Llamó entónces á una muchachilla para tener cuenta de la tienda, y tomando una luz condujo á Amanda por una escalera estrecha á un cuarto cuya suciedad y miseria la hizo horror. Sin embargo se esforzó á superar á la repugnancia que tenia, considerando la necesidad que tenia de un asilo para escapar del peligro que le amenazaba aun, pensando ademas que podria dejarle al dia siguiente.

Bien señora, dijo la muger, el precio de este cuarto es una guinea cada semana ni mas ni ménos, si no os acomoda, podeis iros.—No disputaré por el precio, dijo Amanda. Supongo que en vuestra casa solo hay gente de bien. Me alabo de ello, respondió la muger, no hay en toda la parroquia casa alguna que tenga mejor fama.—Me alegro, contestó Amanda y creo que no os habrá ofendido mi pregunta. Entónces se puso la mano en la faltriquera para pagar, pero no encontró el bolsillo, pasó á la otra y las vació todas sin mejor ecsito. Ay de mi! esclamó juntando las manos y opoderada de un indecible dolor, ahora soy perdida. He perdido mi bolsillo y no puedo pagaros la guinea que me pedis.

Ah! ah! dijo la muger, ya me lo creia yo; mis sospechas no me han engañado, vaya que la señora se alegraba que mi casa tuviese buena reputacion. Ya! ya! yo me guardaré muy bien de hacerla perder admitiendo en ella una ramera de portal como vos.

Os suplico encarecidamente, la dijo Amanda tomandola la mano que me dejeis pasar aqui la noche, nada perdereis en ello; tengo cosas de algun precio y una maleta que he dejado en la ciudad en un parage del que voy à daros las señas y podreis enviar por ella.—Asi teneis maleta como bolsillo, respondió la muger en tono burlesco. Bonita historia me contais! pero yo sé hija mia, demasiado para dejarme engañar y asi salid al momento de mi casa.

Amanda renovó sus instancias; pero la muger la interrumpió declarandola que sinó salia al instante se arrepentiria. Amanda calló y bajó la escalera. La debilidad la hizo detener un momento en la tienda á pesar suyo, pero viendolo la muger la tomó bruscamente por el brazo y empujandola con violencia, cerró la puerta trás ella. Amanda se halló entónces incapaz de considerar lo que debia hacer, y faltada de toda refleccion. Todas las facultades de su espíritu estaban oprimidas por las agonias de su alma. Caminó algun tiempo á lo largo de las casas, sin saber lo que hacia ni ha donde iba, hasta que la deblidad la hizo caer contra una puerta sobre el poyo de la cual apoyó su cabeza. Una especie de letargo se habia apoderado de ella, y habria permanecido algun tiempo en este estado, sino la hubiesen sacado de él dos hombres parados delante de ella. El temor de ser alcanzada por Belgrave llenaba su alma toda entera, ella no dudó que fuese el mismo y su criado: con esto se levantó, arrojó un grito llamando al cielo á su socorro y procuraba escaparse. ¡Gran

Dios! dijo el sugeto que la detenia, esta voz no me es desconocida!

Sir Cárlos Bingley, esclamó Amanda, y la sorpresa, la alegria y la confusion del estado en que se encontraba la asaltaron á la vez. Era demasiado para su decaida maquina: y dejó caer la cabeza sobre el seno de Sir Cárlos. El sentimiento de alegría que esperimentaba de una proteccion tan inesperada, era combatido por la verguenza de haber sido encontrada en una situacion que debia dar ideas muy pocos favorables, que no podria disipar; tan fuertes eran contra ella las apariencias.

Que! esclamó Sir Cárlos con el tono de la admiracion y del abatimiento ¿*es esta Miss Fitzalan?* ¡Oh espectáculo horrible! un profundo y convulsívo gemido fué la sola respuesta de Amanda, y quedó sin sentido en los brazos de Bingley que la estrechaba contra su corazon palpitante, snfriéndo él mismo un intenso dolor á vista del estado de Amanda.

Su amigo permaneció algun tiempo espectador mudo de esta escena. Al principio quiso chancearse, viendo á una hermosa jóven arrojarse á los brazos de Bingley, al parecer voluntariamente, pero la esclamacion dolorosa de su compañero le detuvo. Al mismo tiempo distinguió á la luz del farol que habia en la puerta, los rasgos de la hermosa cara de Amanda y sobre la de Sir Cárlos la espresion del dolor y del espanto.

Miss Fitzalan, dijo Sir Cárlos, parece que os hallais mala, permitidme que os acompañe

á vuestra casaa.—A mi casa! esclamó Amanda
con un acento ahogado de desesperacion, y
levantando sus ojos languidos: ha! no tengo
casa alguna.

Desde entónces se le confirmaron todas las
conjeturas que se le habian presentado á su
imaginacion á vista de la situacion de Amanda. Gimió, se estremeció y apénas en estado
de sostenerse á si mismo, al mismo tiempo que
la preciosa carga que tenia en sus brazos, se
vió obligado á apoyarse contra la pared: suplicó á su amigo fuese á buscar un coche para llevar á Amanda en alguna casa que pudiesen recibirla. Conmovido su amigo del estado en que la veia, se apresuró á darle gusto.

El silencio de Amanda parecia á Sir Cárlos que era efecto de la debilidad del cuerpo,
y al mismo tiempo, de su confusion y verguenza: Su amigo volvió bien pronto con un
coche, y Sir Cárlos conoció entónces que se habia engañado en esta esplicacion, pues Amanda estaba del todo desmayada, llevaronla al
coche y sostúvola de nuevo en sus brazos. Detenido el coche la entregó á los cuidados de
su amigo, y entró en la casa en la que habia querido llevarla. Llegó con la criada que
le ayudó á subirla á la abitacion. Su admiracion fue estremada cuando al entrar en el
cuarto oyó una voz esclamando: Oh Dios!
es *Miss Donald*, Mistriss Rusbrook era la que
se esclamaba asi, y era en la misma casa de
Mistriss Connel y para confiarla á los cuidados de Rusbrook que Bingley acababa de hacer sacar de la carcel, habia llevado alli á

Amanda. Bingley habia dicho solamente que
acababa de encontrar una jóven en una triste situacion y que la encomendaba á su cuidado, no sospechando de ningun modo que
fuese la persona llamada Miss Donald á quien
Rusbrook habia contado que debia tan grandes obligaciones.

Yo soy, esclamaba Mistriss Rusbrook he-
chando sobre Amanda una mirada de arrepentimiento y de dolor, yo soy quien la ha
reducido á este estado, y jamás me lo perdo-
naré.—Oh amiga mia! mi benefactora, mi li-
bertadora! decia Emilia derramando un torrente de lágrimas; asi os encuentra vuestra
Emilia.

Habian tendido á Amanda sobre un camapé; veíase en su cara la pálidez de la muerte, y en sus facciones alteradas, las señales
de la desesperacion; alteracion, que manifestaba mejor que ningun lenguage los sufrimientos de su alma. Algunos suspiros indicaron
que volvia en si, pero sus ojos permanecieron cerrados, y no podia á un sostener su
cabeza: Mistriss Rusbrook y su hija estaban
penetradas de un inesplicable dolor. El de Cárlos Bingley, que la amaba con tanta ternura
era aun mas vivo si es posible: mientras in-
clinado sobre ella y que sus lágrimas caian en
abundancia sobre la cara palida que la contemplaba, esta, se preguntaba, es esta Amanda? Es
esta aquella muger, cuyos movimientos tenian
tanta gracia que no tenia igual en belleza, que
mi corazon adorába como la mas perfecta de las
criaturas, y con quien deseaba unir mi desti-

no seguro de encontrar en esta union la suprema felicidad? ¡Oh que mudanza! Oh Amanda! si el miserable que os ha corrompido os viese en este estado, el horror de si mismo y los remordimientos se apoderarian de el á vista de las consecuencias de su atentado.

Y qué no tiene, preguntó Rusbrook que se habia acercado, y arrojaba sobre Amanda una mirada de compasion, no tiene esta jóven y desgraciada criatura, padres ni amigos que pudiesen salvarla?—No, respondió Sir Cárlos ha perdido padre y madre.

Felices los padres, dijo Rusbrook, sepultados en la noche del sepulcro para no ser testigos de los infortunios de sus hijos y sobre todo de las faltas de una hija como esta!

Os suplico, señor, me digais, preguntó Mistriss Connel à Sir Cárlos mientras aquella frotaba las sienes de Amanda con aguardiente, cuando volverá en si que haremos?—Es asunto mio, dijo Sir Cárlos, la procuraré un asilo. Y arrojando sobre ella una mirada triste y tierna á la vez, y no cesaré de llorar sobre su destino, y haré cuanto pueda para endulzarlo. Pero no será menester llamar á un medico?

No lo creo, dijo Mistriss Connel, pues la falta de alimento y de dormir la ha puesto en el estado en que está.—Falta de alimento y de dormir! repitió Sir Cárlos, aumentandosele el dolor. Es posible que Amanda se vea reducida á errar por las calles sin pan y sin saber donde acostarse. Oh cosa horrible! Amigos mios, dijo mirando en derredor con ojos de tierna compasion, sed buenos, cuidad á esta pobre criatura! Pero no tengo necesidad de suplicaroslo pues, sé que encontrareis gusto en curar las llagas de un corazon despedazado y en sacar las lágrimas del desgraciado. Ah! poco tiempo ha parecia reunir todo cuanto el corazon de un hombre podia desear y todo cuanto una muger podia ambicionar. Ahora ha caído, y con su caida se ha perdida asi misma y se ha perdido para el mundo.

No dijo Emilia, con una generosidad animosa y levantandose del lado del camapé donde estaba de rodillas, estoy segura que Miss Fitzalan jamás ha sido culpable.—Yo, dijo Mistriss Rusbrook, estoy muy dispuesta á ser del parecer de Emilia; creo que el malvado que habia tendido los lazos á mi hija, ha calumniado tambien á Miss Donald, para hacerle perder la proteccion de los que podian trastornar sus infames proyectos.

Pluguiese el cielo, esclamó Sir Cárlos, que vuestra congetura se vea algun dia verificada! Acercóse despues á Amanda que permanecia en la misma actitud; tenia los ojos abiertos, tomó su helada mano y con voz dulce la dijo: sosegaos, nada teneis que temer pero ella parecia no oir nada y tener solo un soplo de vida.—Ella se muere, esclamó Sir Cárlos, ella se muere. Oh amable Amanda! los lazos que tienen tu alma afligida en cuerpo mortal van á romperse bien pronto.

Yo espero todavia, dijo el capitan Rusbrook; creo que estaria mejor en la cama. Su muger é hija incapaces de proferir una pa-

labra, se emplearon en acostarla, y la lleva‑
ron al cuarto inmediato. Sir Cárlos esperó
en la sala hasta la vuelta de Mistriss Rusbrook
la cual le dijo que Miss Donald permanecia
en el mismo estado. Dijo que fuesen en busca
de un médico, y partió con un estremo abati‑
miento.

CAPITULO LIV.

Ahora debemos dar á conocer á nuestros
lectores los sucesos anteriores á los contados
en el capitulo precedente. La carta de Aman‑
da á los Rusbrook les habia llenado de sor‑
presa y de consternacion. Mistriss Rusbrook
corrió á casa Mistriss Connel, la cual no ti‑
tubeó un momento en decir que era una estra‑
tagema inventada por la malevolencia para ar‑
ruinar á Sirthorpe en su concepto, ó por la
envidia, para hacer perder á su hija el estable‑
cimiento ventajoso que se le presentaba. Mis‑
triss Rusbrook se hallaba dispuesta á adoptar
la misma opinion, pues los socorros que ha‑
bia dado ya á su familia la habian conmovi‑
do, y cediendo al reconocimiento, se dejó guiar
por Mistriss Connel, quien le aconsejó que
comunicase la carta á Mr. Sirthorpe, pues era
la mejor medida que podia tomar. Si era ino‑
cente, la cofianza que le habrian mostrado
le conmoveria, y si era culpado su confu‑
cion le venderia. Pero Belgrave estaba bien
sobre si. Su criado habia visto á Amanda cuan‑
do habia desmontado á su llegada en casa
Mistriss Connel. Habia sabido por la criada

que venia á alojarse en la casa, y estaba con
el nombre de Miss Donald. Contó todas estas circunstancias á su amo, el cual se alegró
infinito sabiendo que tomaba un nombre supuesto; de donde dedujo, no solo que se hallaba en una situacion infeliz, sino que estaba
lejos de sus protectores y amigos; y con esto resolvió no perder esta ocasion tan favorable de tenerla en su poder. Al momento se
determinó á abandonar sus miras sobre Emilia, cuya amable sencillez y pobreza la habian
persuadido que conseguiria facilmente hacerla
presa suya, y resolvió volver todos sus pensamientos acia Amanda, que habia sido siempre el objeto mas seductor de su corazon. Su
orgullo tanto como su pasion se hallaba interesado en hacerla caer en sus lazos, puesle habia mortificado mucho el resultado de sus primeros artificios. No sabia como habia escapado
de su casa. Rabioso al saber su fuga, la habia
perseguido hasta Irlanda, y habia estado oculto en las cercanias de Sta. Catalina, hasta
que la aparicion de Lord Mortimer le persuadió que su perseguimiento seria en adelante
inutil. Mientras estaba ocupado en formar su
plan, fué llamado de parte de Mistriss Connel,
y se le dió á leer la carta. Pronto conoció
su autor. Armado de todo el descaro del vicio, dijo á estas mugeres, que la pretendida
Miss Donald, era una de sus amigas que habia abandonado, y que por los zelos queria
impedir su union con su querida Emilia. Las
hizo saber que su nombre era supuesto, y las
aconsejó que primero la hechasen en cara es-

ta falsedad, y juzgar por su confusion si era culpable; y por este engaño sacar la consecuencia del que habia empleado contra él. El tono asegurado persuadió á sus credulas oyentes, prevenidas ya en su favor, y salió de esta conferencia perfectamente justificado.

No le inquietaba mucho que Amanda hubiese visto ó no, bien convencido de que cuanto diria, no seria creida. Al acercarse la noche del dia anterior, no viendo que Amanda volvia temió haber perdido otra vez sus tramas. Su vuelta le tranquilizó. La conversacion de las dos mugeres con Amanda la supo por su criado. El proyecto de dejar la casa, que Amanda manifestó, le hizo imaginar el plan, cuya egecucion hemos dicho ya el cual fué ayudado por la preténdida carta de Emilia forjada por Belgrave. Es imposible pintar la rabia que tuvo cuando yendo por Amanda con un coche con cuatro caballos, no la encontró. Furioso, blasfemando y dando de patadas en el suelo acusó á Mistriss Deborah y á su criado de haber favorecido la evacion de Amanda. En vano le esplicó Mistriss-Deborah el artificio con el que habia sido engañada, y como se habia visto obligada á subir por la ventana para entrar en casa, el insistió en sus reconvenciones las cuales irritaron al fin á su criado (que no las merecia de tal manera) que respondió á su amo con insolencia. Belgrave, ya fuera de si, se dejó llevar de tal modo de su colera, que le pegó en la cabeza con tal violencia que del golpe cayó. Apénas habia cedido á su ira, que se arrepentió viendo que el caso podia traer funestas consecuencias, pues el criado no daba señales de vida; el interés de su seguridad fué mas poderoso que los sentimientos de humanidad, y asi se alargó de la casa antes que Mistriss Deborah tuviese tiempo de llamar á los demas criados y hacerle arrestar. Corrió acia Lóndres y se fué á desmontar en una posada de Pall-Mall, determinado á marchar al momento á Douvres y pasar al continente. Asi como subia la escalera encontró á uno de los hombres que en un momento tal temia mas encontrar, Cárlos Bingley. Aquel quiso evitarle, pero no tuvo tiempo. Esperaba que Sir Cárlos no habria sabido todavia sus últimas infamias, pero se desengañó bien pronto, oyendo que Sir Cárlos le decia con frialdad y desprecio, que tenia que hablarle. Pero antes de dar cuenta de su conversacion, es necesario hacer saber lo que habia pasado en casa de los Rusbrook.

El capitan Rusbrook que tenia mas conocimiento de los hombres que su muger, era menos crédulo. La carta anonima le dió algunas sospechas de Sipthorpe, y resolvió romper toda comunicacion entre su hija y el, hasta haber aclarado su dudas. Envió pues á su hijo á casa del procurador de Sir Cárlos, y supo que estaba en la ciudad y alojado en una posada á Pall Mall. Al momento le escribió suplicandole fuese á verle, persuadido, le dijo, que su humanidad perdonaria la libertad que se tomaba, cuando sabria el motivo que se la hacia llamar. Por fortuna Sir Cárlos se hallaba en casa, y fué à la carcel acompañado del jóven Rusbrook. La carta le habia sorprendido, pero la sorpresa dió lugar á otros sentimientos en el momento que entró en el miserable aposento que ocupaba Rusbrook. La lastima se apoderó de él. Jamas habia visto un espectáculo que le conmoviese mas, ni podia hacerse idea de él. Vió á un militar, pues su vestido le daba á conocer por tal, sentado delante de un fuego casi apagado, cercado de hijos, cuyo aspecto triste anunciaba la miseria, al mismo tiempo que la compañera de sus desgracias arrojaba á sus hijos miradas de ternura y de dolor.

Rusbrook estuvo algunos momentos sin poder hablar; en fin dió gracias á su benefactor por su complacencia en venir á visitarle, le informó en pocas palabras del motivo por el cual habia deseado verle, y acabó por entregarle la carta de Amanda.

Sir Cárlos la leyó con admiracion y horror. Gran Dios! esclamó, que monstruo es este hombre! No conozco la persona que os ha dirigido á mi, pero puedo certificar de la verdad de cuanto dice de Belgrave.

A esta declaracion, viniendo á Mistriss Rusbrook la idea á la imaginacion con toda su fuerza, que habia estado á punto de perder á su hija, dandola á Belgrave, desesperando ya de poder sacar á su marido de la carcel, y despedazada de los remordimientos, por el modo con que habia tratado á la persona que habia dado un aviso tan saludable, cayó en el suelo, no pudiendo resistir tantas emociones.

Sir Cárlos la levantó, pues la trémula mano de Rusbrook, se reusaba á este sacrificio. Desgraciada muger! esclamaba Rusbrook, el trastorno de todas sus esperanzas, es un golpe demasiado acervo para ella. Tiraronle agua en la cara unico socorro que pudo encontrarse en el aposento. Al recobrar su conocimiento el primer objeto que se presentó á su vista fué Emilia pálida y desecha en lágrimas, á la cual su padre habia mandado llamar. ¡Oh hija mia! esclamaba, estrechandole contra su seno, perdonarás á tu madre, que ha estado tan cerca de sacrificarte á una perdida cierta? ¡Oh hijos queridos! decia á los otros, por amor vuestro iba á sacrificar á mi querida y amable hija! me averguenzo, me estremezco cuando pienso en la conducta que he tenido con aquella desgraciada jóven, que como un ángel tutelar, ha salvado á mi Emilia del abismo, al que estaba procsima á caer. Pero estas tristes paredes, continuó anegada en lágrimas, de donde mi esposo no tiene esperanza de salir ocultarán en adelante mi verguenza y mi dolor.

No os abandoneis á la desesperacion mi querida señora, la dijo Sir Cárlos, con el acento de bondad; y vos, continuó, dirigiendose á Mr. Rusbrook, perdonad si os pregunto algunos detalles sobre vuestra desgraciada situacion y los sucesos que os han reducido á ella. Tenian tanta dulzura y afabilidad su tono y sus modales, que Rusbrook, á quien la voz de la venevolencia le era desconocida desde mucho tiempo, le hizo en pocas palabras

la relacion historica de sus desgracias. Bingley
le escuchó con profunda atencion, y al separarse de él le tomó la mano y le saludó con
una sonrisa semejante á la que se puede supo-
ner sobre la cara del angel consolador, enviado del cielo para derramar el balsamo de la
compasion sobre las llagas de un corazon despedazado de angustias.

Al dia siguiente volvió. Su cara estaba animada, y su fisonomía espresaba el sentimiento de la felicidad. ¡Oh vosotros todos, hijos
de la locura, del lujo y de la disipacion, jamás esperimentareis un placer comparable al
que sintió Sir Cárlos al entrar en el aposento de Rusbrook para noticiarle que ya estaba
libre; cuando con una voz alterada por la
sensibilidad trajo esta feliz noticia, y oyó á los
pequeños hijos repetir estas palabras con asom-
bro, y vió al padre y á la madre mirarse
uno á otro mudos de sorpresa y de contento!

En fin Rusbrook quiso manifestar su reconocimiento. Sir Cárlos le detuvo. Tengo dijo,
bienes considerables que me llegan mas allá
de mis necesidades. En que uso puedo emplear
mejor mi superfluo, que en dar la libertad á un hombre que ha servido utilmente á
su pais, que tiene familia, á la cual puede
enseñar á imitarle? Ojalá que la libertad que
recobrais puede llevar consigo alguna felicidad
para voz; sois libre, y espero que nuestra
amistad, que ha principiado en esta triste mansion, durará tanto como nosotros.

Toda la familia fue llevada á casa Mistriss
Connel, donde Sir Cárlos habia ido la noche

antes para participar su libertad y hacer los preparativos necesarios para acogerla. Entónces se informó de Sipthorpe, ó mas bien de Belgrave, á quien se proponia hechar en cara sus infames proyectos contra Miss Rusbrook; pero Belgrave habia dejado la casa, luego que hubo formado su plan contra Amanda. La alegría de los Rusbrook se turbó mucho, cuando supieron que Amanda no estaba en casa Mistriss Connel. De todo cuanto Belgrave habia dicho contra ella, en nada habia sido creido sino en la apariencia de misterio de que ella se encubria. El importante servicio que les habia hecho, merecia todo su reconocimiento, y querian manifestarlo aunque las apariencias estuviesen contra Amanda, en el momento que Mistriss Rusbrook hubo declarado que creia que Belgrave habia calumniado á Amanda para ejecutar contra ella á sus horrorosos designios. Sir Cárlos, que esta idea le habia hecho sensacion, resolvió buscar á Belgrave y saber de el, si habia alguna verdad en cuanto habia dicho de Amanda. Una feliz casualidad le habia hecho encontrar en la posada donde vivian uno y otro. No pudo el dismular ni aun por un momento el desprecio que habia concebido por Belgrave, y apenas llegó á la sala le hechó en cara sus indignos proyectos sobre Miss Rusbrook; proyectos los mas infames, pues que sabia bien que llevaba al corazon de un padre, un golpe del cual no podia defenderse ni vengarse á causa de su desgraciada situacion.—No solamente sois el perseguidor, le dijo Sir Cárlos, sino el disfamador de un jóven inocente y virtuosa, y estoy bien convencido, segun lo que ha pasado y lo que acabo de ver, que vuestras imputaciones contra Miss Fitzalan son otras tantas infames calumnias.

Ah! vos podeis dudarlo, respondió Belgrave, si asi lo quereis, pero os aconsejo no hagais saber á todo viviente que sois su campeon—Oh! Belgrave, esclamó Sir Cárlos, podeis pensar sin remordimiento que habeis arrancado no solamente el honor, sino ahora mismo la vida á esta amable criatura?—La vida? repitió Belgrave horrorizado, que quereis decir?—Quiero decir que Amanda Fitzalan, á quien habeis precipitado en un abismo de desgracias, no pudiendo suportarlas está ahora sobre la cama moribunda. Belgrave mudó de color, se quedó temblando y suplicó á Sir Cárlos que se esplicase mas claro.

Sir Cárlos observó que estaba fuertemente conmovido, y esperando que esta conmocion podria conducirle á hacer alguna confesion, le dió todos los detalles que Belgrave le pedia, y le pintó la situacion de Amanda del modo mas patetico. Amanda era la sola muger que habia herido el corazon de Belgrave. Apoderada su alma de un sentimiento de horror, y debilitada por el temor perseguido del crimen de la muerte que acababa de cometer, no pudo resistir al aumento de dolor que le causó el cuadro del estado de Amanda del que se conocia el autor.—Ella se muere, decis? Amanda Fitzalan se muere repetia, dichosa! ella va hacer feliz! La dicha la espera en el cielo; les án-

gules no son mas puros que ella. Luego vos
sois un monstruo ecsacrable, esclamó Sir Cárlos poniendo al mismo tiempo la mano en la
guarnicion de la espada.

Tirad, dijo Belgrave con semblante despavorido, la muerte me librará del horror que
me tengo á mi mismo; la muerte de vuestra
mano es preferible al fin ignominoso que se
me espera; pues habeis de saber que hayer
noche hice una muerte.

Sir Cárlos le miró asombrado. Si, dijo el;
soy reo de una muerte. Pasadme; no levan-
taré la mano contra vos. Miraria como una
impiedad atentar á una vida como la vuestra
consagrada toda entera á la practica de acciones virtuosas, y de privar á los infelices
del apoyo que hallan en vos.

Estremecido Sir Cárlos á este estraño discurso, y conmovido al mismo tiempo pidió
la esplicacion de todo; y puesto Belgrave por
decirlo asi, á la cuestion por su propia conciencia, sintiendo algun alivio en descansarla,
confiandose á un hombre tal, le contó sus artificios empleados contra Emilia, y contra
Amanda, y le descubrió un tejido de horrores.—No, dijo Sir Cárlos, despues de haberle
escuchado, seria una crueldad y una cobardia
tirar á aquel sobre quien el brazo de la justicia se halla levantado. Ojalà que el arrepentimiento aparte de vos el castigo.

La alegría de Sir Cárlos, al ver á Amanda justificada no puede describirse. Un padre
tierno que ha hallado un hijo querido que
creia perdido, no puede sentir un placer mas

estraordinario. Al dia siguiente por la mañana;
luego que fué posible entrar en casa Mistriss
Connel se fué allá, y tuvo la satisfaccion de
saber, que Amanda dormia todavia con un
sueño muy tranquilo, del cual se esperaba
los mejores resultados. Contó á Rusbrook y á las
mugeres, todo cuanto habia pasado la noche
anterior entre el y Belgrave, y les comunicó
su alegría, de la cual participaron, y de lo
que estuvieron contentisimas no tanto por el
como por Amanda. Mistriss Rusbrook y Emilia habian pasado al lado de su cama toda
la noche anterior que habia sido muy mala;
pero acia la mañana Amanda habia cogido
un sueño profundo. Era mas de medio dia
cuando dispertó; al principio solo sintió una
languidez agradable, sin tener una idea dis-
tinta de su situacion. Presentósele á la memoria esta, y la inquietud de saber donde estaba. Solo se acordaba del momento en que
habia encontrado á Sir Cárlos, y nada mas.
Abrio poco á poco la cortina, y con un indecible placer vió á Emilia sentada á los pies
de la cama, la cual se levantó al instante
y besandola con transporte le preguntó como se hallaba. ¡Oh que dulce y deliciosa fué
esta voz para Amanda! la música mas armo-
niosa no le habria dado tanto gusto. Su corazon estaba lleno y sus ojos se saciaban de
la venevolencia que difundian las atenciones
de Emilia. Al fin, con una voz todavia debil, dijo. No puedo dudar que estoy á salvo pues que Emilia está conmigo.

Mistriss Rusbrook que habia ido

marido entró al mismo tiempo. Su satisfaccion al ver restablecida á Amanda era tan grande como la de su hija; pero la memoria de su conducta pasada la hacia estar un poco apartada. Por fin acecandose la dijo: Me averguenzo y sentiré toda mi vida haber podido dudar de vos, pero el haberse reconocido vuestra inocencia, á nadie, puede dar tanto gusto como á mi.

Mi inocencia conocida! repuso Amanda levantando la cabeza. Justos cielos! y cómo? por que medios? decidmelo os suplico. Mistriss Rusbrook se apresuró á complacerla, y le contó todo lo que habia oido decir á Sir Cárlos. Esta relacion reanimó del todo á Amanda, pero sus lágrimas al escucharla corrian, y esperimentaba una grande emocion. Mistriss Rusbrook se alarmó, y la ecshortó á que se calmase.

No os den pena estas lágrimas, dijola Amanda, que no me hacen mal alguno. Hace mucho tiempo, muchisimo, que no he llorado de alegría, y levantando los ojos al cielo pidió á Dios las mas selectes bendiciones y la mas cumplida recompensa, por la generosidad de Sir Cárlos, y su beneficencia por los Rusbrook. Tranquila sobre su propia suerte volvióse á ocupar con mas inquietud sobre la de Oscar, y no obstante las representaciones de Mistriss Rusbrook que temia no hiciera mas de lo que sus propias fuerzas le permitian, se levantó despues de comer, para ir á la sala, determinada á hacer saber á Rusbrook y á Sir Cárlos, cuya conducta generosa con ella merecia

toda su confianza, los verdaderos motivos de
su viage á Lóndres, igualmente que todos los
hechos que era necesario supiesen, y suplicar-
les hiciesen todas las pesquisas posibles para
averiguar el paradero de su hermano.

Emilia la ayudó á vestir y la dió el brazo para ir á la sala. Sir Cárlos habia permane-
cio en la casa todo el dia, y cuando ella entró, salió á recibirla y recogió una mirada
tierna y compasiva. Su debilidad y su palidez daban testimonio de los estragos que en
ella hicieron los dolores del alma y la enfermedad. Las miradas de Sir Cárlos espresaban sus sentimientos mas que sus discursos,
aunque se esprimiese con el acento de la ternura, y que su mano temblase al estrechar
contra su pecho la de Amanda.

Sir Cárlos, le dijo: mi reconocimiento á
vos es sobre toda espresion, y solo cesará
con mi vida. Sir Cárlos la suplicó que no ha-
hlase de reconocimiento. He trabajado para
mi mismo, decia, en todo cuanto he hecho
por vos; pues yo no puedo ser feliz no sien-
dolo vos.

Rusbrook se acercó á darle gracias; pero
desvió, lo mismo que Sir Carlos el asunto
de la conversacion. La idea de que en lo sucesivo estaria en seguridad, y las atenciones
de que era el objeto, la daban una tranquilidad, de la que no habia gustado desde mucho tiempo. Gozaba mejor de su seguridad
presente al acordarse de los pasados peligros,
viendo la felicidad de Rusbrook le costaba
mucha dificultad en detenerse á dar los jus-

tos elogios á aquel que era el autor de ella;
pero juzgaba del corazon de Sir Cárlos por
el suyo, y se privaba de alabarle, persuadida de que preferiria la silenciosa estimacion
del corazon á todos los aplausos que se pudiesen oir.

Despues del té, habiendose quedado solos
en la sala Sir Cárlos, Mistriss Rusbrook
y Emilia, Amanda les hizo la confidencia que
habia resuelto. Todos la oyeron con grande
atencion y mucha admiracion y compasion;
cuando hubo acabado Sir Cárlos y Rusbrook
le declararon la resolucion que tenian de servirla. El último que habia manifestado una
grande emocion durante su narracion, aseguró que no tardaria en dar bien pronto noticias de su hermano.

Oh cielos! esclamó Amanda, habeis sabi-
bido en efecto alguna cosa de él?—Calmaos,
mi querida señora, la dijo el tomandola las
manos con aire el mas obsequioso y afectuoso. Si, he sabido alguna cosa, pero....—Pero que! dijo Amanda aumentandose su conmocion.—Ah! contestó, tambien ha tenido
sus penas en la carrera de la vida, pero pen-
sad que estas penas han pasado, y el contar-
las no os cause nuevos sufrimientos.—Oh! decidme, os lo ruego, replicó Amanda, donde
está? le veré?—Si, contestó Rusbrook, le vereis, y para no teneros por mas tiempo suspensa, está de algunos meses á esta parte en
una horrible prision de la misma que acaba
de sacarme la generosidad de Sir Cárlos.

¡Ay hermano mio! esclamó Amanda lloran-

do. Solo ayer por la noche supe que era vuestro hermano, porque ignoraba vuestro verdadero nombre. Se lo he dicho á Sir Cárlos,
el cual ha ído esta mañana á verle, y creo
que os lo traerá aquì; pero os debeis esperar
encontrarlo muy mudado, con su libertad y
su fortuna recobrará prontamente su salud.
Escuchemos. Oigo alguno en la escalera.

Amanda probó á levantarse, y volvió á
caer en la silla. Ábrase la puerta y entra Sir
Cárlos seguido de Oscar. Aunque preparada
á verle mudado, la hizo sensacion la alteracion que vió en él, pálido, flaco, sus hermosos cabellos en desorden, venia emvuelto
mas bien que vestído en un capote viejo de
soldado. Al acercarse Amanda se levantó.

Amanda, mi querido hermana! esclamó.
Esta se adelantó acia él con paso seguro, y
dejandose caer en sus brazos dió libre curso
á las lágrimas de alegría. Oscar la estrechaba contra su corazon; la miraba estatico; pero su alegría se disminuyó, cuando observó la
alteracion de su cara tan sensible en él, por
ella, como ella por el: pues las facciones de
Amanda pálida y abatida por las desgracias, sus
vestidos de luto anunciaban sus ofrecimientos
y la irreparable perdida que ambos habian tenido desde su última entrevista.

Ay padre mio, decia Oscar gimiendo, la
última vez que ví á mi hermana estabais con
nosotros! diciendo estas palabras estrechaba á
Amanda mas fuertemente contra su corazon,
como que le era mas querida por la perdida
cuya memoria recordaba.

No podemos ménos de llorarle, contestole Amanda. Sin embargo si hubiese vivido, ¡que tormentos no hubiera sufrido, testigo de las desgracias de sus hijos sin poderlas aliviar!

Vamos, dijo el capitan Rusbrook, cuyos ojos humedos como los de todos los presentes, manifestaban cuanto les afectaba esta escena, no emponzoñemos nuestra dicha actual con memorias dolorosas de las desgracias pasadas.

Luego que Oscar y Amanda comenzaron á estar mas calmados, los dejaron solos, y Oscar satisfizo los vivos deseos de su hermana, contandole cuanto le habia sucedido despues que se hubieron separado á Dublin. Principió por la aficion que tomó á Adela, y los acaecimientos que se la hicieron perder; pero nuestros lectores sabiendo ya esta parte de su historia, solo pondremos aqui su querella con Belgrave del modo que la contó á su hermana.

CAPITULO LV.

Partí de Enniskilling, dijo Oscar, con el mayor desconsuelo, porque me iba con la idea de que no volveria á ver mas á Adela. Sin embargo de este sentimiento, me alegré de que ella no siguiese á su marido, pues habria sido aun mas horrible para mi, verla como muger de Belgrave. Si el desastre sucedido á mi amor hubiese sido efecto de su indiferencia, mi orgullo me habria ayudado á sostener este golpe; pero saber que Adela habia tenido por mi los sentimientos que yo tenia por ella, esta idea alimentaba y agrava-

ba mi dolor. El pensamiento de la felicidad
que hubiera podido alcanzar, me hacia in-
sencible á toda la que podia todavia encontrar. Llenaba los deberes de mi obligacion ma-
quinalmente y sin gusto: evitaba la sociedad
tanto como podia, por hallarme incapaz de
sostener las chanzas de mis camaradas sobre
mi melancolía.

En el verano en que fuisteis á Irlanda
enviaron á mi regimiento á Bray. Una situacion pintoresca me proporcionaba muchos paseos agradables y solitarios: teniamos allí un
recluta, cuyos modales y carácter eran para
nosotros un objeto de admiracion y de conversacion. Parecia ser de una esfera superior
á la comun: jamás he visto mas bella figura.
Los oficiales hicieron inutiles esfuerzos para saber quien era, ó lo que habia sido. Lo que
le hacia aun mas interesante, era una jóven y
hermosa muger que, como él, parecia ser de
un estado superior; pero que, lo mismo que
su marido se acomodaba á su situacion, sino
con alegría, á lo menos con resignacion.

María trabajaba para casi todos los oficiales: Enrique era ecsacto en sus deberes y
ambos amados y aun respetados. En mis paseos solitarios sorprendia muchas veces á esta
desgraciada pareja, que como yo buscaba la
soledad para abandonarse á su dolor, y llorar juntos, á lo que parecia, á la memoria
de un tiempo mas feliz. Muchas veces los veia
fijos los ojos con ternura mezclada de dolor sobre el niño que María criaba, como afligien-
dose del destino que la esperaba.

Era Maria demasiado hermosa para no
atraerse las míradas de Belgrave. Segun la situacion en que aquella se hallaba, creia este
que seria una conquista facil: pero se engañó
pues desechó sus proposiciones con indignacion
y aun con horror. Queria ella que su marido
no lo supiese, pero bien pronto se lo dijeron sus compañeros y camaradas que habian,
visto muchas veces que el coronel perseguia
á María. Entónces fué cuando sintió amargamente lo desgraciado de su situacion. Estaba
bien seguro de su muger : habiale dado pruebas nada equívocas de su tierna aficion pero
temia los insultos del coronel; mas la vigilan-
cia de uno y de otro la puso á cubierto. Irritado de ver frustados sus proyectos , con-
certó al fin uno de los planes mas abomina-
bles que la depravacion del corazon humano
pudiese inventar.

Habian mandado un destacamento de soldados que debian pasar á la costa para impedir el contrabando : Enrique fué nombrado
para este destacamento ; pero cuando fué preciso marchar no hallaron á Enrique. El criado de Belgrave agente vil de su amo, y digno de el, habia prevenido á Enrique que Belgrave contaba aprovecharse de su ausencia,
para ir á visitar á María. El marido temblando por su muger, resolvió esponerse á todo
antes que abandonarla á semejante peligro.
Ocultose pues hasta que el destacamento hubo
partido. Las consecuencias de esta contravencion
á la diciplina militar, fué su arresto, y una
sentencia que le condenaba á sufrír baquetas

dos dias despues. Los oficiales que le sentenciaron estaban con el mayor desconsuelo, pero la severidad de la diciplina no les permitia dar la sentencia de otro modo.

No intentaré describiros la situacion de estos dos jóvenes y desgraciados esposos; cada uno sufria mas por el otro que por si mismo, pero la fiereza de Enrique aumentaba aun mas sus agonías.

Al entrar en mi casa María, pálida, inundada en lágrimas, y el aire despavorido, arrojose á mis pies, y levantando la manos acia mi, conjuróme que intercediese por su marido. Yo levanté á esta pobre criatura y la aseguré que iba á hacer cuanto fuese de mi parte para salvarle, aun que tuviese poca esperanza del ecsito. Me apresure pues á ir á casa del coronel, para pedirle una gracia, que habria desdeñado solicitar para mi mismo, pero para servir á estos degraciados esposos me habria postrado á sus pies.

El coronel estaba en la parada, y como si hubiese penetrado mi intencion procuraba evitarme. No me deselanté, y le seguí con obstinacion, pidiendole una audiencia de algunos minutos, decid vuestro asunto en dos palabras, me dijo con mas altenaria de lo que acostumbraba. Lo haré, le dije, conteniendo con dificultad mi indignacion, y espero que será con buen resultado. De que se trata; me preguntó. Vengo á implorar vuestra humanidad y no para mi. Entónces le hablé en favor del soldado y de María; la rabia y la malicia se presentaron en su cara satisfecha.

Jamás, me dijo, jamás haré gracia á ese bribon, y me admiro que os atrevais á pedirmela. Vuestra admiracion, le contesté, no puede ser tan grande como la que me dá vuestra barbaria, aunque segun lo que se de vos no debia admirarme de nada. Su rabia llegó á su colmo. Preguntome si sabia con quien hablaba. Demasiado lo sé, le dije que hablo á uno de los mas viles y detestables hombres del mundo.

A esas palabas me levantó el baston que llevaba en la mano. Yo no fuí dueño de mi mismo; arrojéme á él, toméle su baston, se lo rompí y le tiré los trozos á la cabeza.

Ahora le dije, estoy pronto á daros satisfaccion de cuanto os he dicho, y cuya verdad estoy dispuesto á sostener con peligro de mi vida. No, me dijo, con una fria y reflecsiba ruindad, la satisfaccion que necesito es de otra naturaleza. Algunos oficiales, que se habian acercado á nosotros quisieron intervenir, pero los impuso silencio con altenaria, y me hizo arrestar al momento.

Desde entónces ví mi suerte decidida, y me determiné á sufrirla con valor, y á no dar á Belgrave ventaja alguna sobre mi caracter. Quedé pues arrestado en mi casa, y Enrique sufrió al dia siguiente el castigo militar á que habia sido condenado. No despedezaré, mi querida hermana, vuestra alma sensible describiendoos, segun me lo contó uno de mis camaradas, la separacion de marido y muger, la desesperacion de la madre los gritos del hijo. El orgullo, la indignacion, la ternura, la lastima asaltaron á la vez el alma de Enrique, y se manifestaron sobre toda su persona. Esforzóse superarse á si mismo, pero llegado al lugar del suplicio no pudo dominar sus sentimientos. Su noble corazon no pudo sostener la idea del borron de su deshonor. Una palidez mortal se apoderó de él, cayó en los brazos de un soldado y espiró con el nombre de María en sus lábios.

Al cuarto dia despues de este triste suceso, fuí juzgado, como me lo esperaba, en consejo de guerra, y destituido de mi empleo á la cabeza del regimiento por desprecio á un oficial superior. Retiréme á una posada, pobre y solitaria en las inmediaciones de Bray con el alma en una situacion que no puede describiros, sin fortuna y sin amigos. Me miré desde entónces como un hombre que nada tenia que hacer en este mundo.

Un teniente jóven con quien habia tenido una intima amistad vino á verme en mi retiro. El dolor que me manifestó del estado en que me veia sacóme del desaliento de que me habia dejado llevar. La voz de la amistad penetró hasta mi corazon y alivió provisionalmente mis disgustos. Preguntóme si habia hecho algun plan relativo á mí; dijele que no por que no habia ninguno que hacer, cuando no se tenian amigos ni socorros para ponerlo en egecucion. Tomóme por la mano, y me dijo que tendria uno y otro, que iba á escribir á Lóndres á un amigo suyo, que tenia grandes posesiones en América, y que me enviaria allá, si este partido me convenia. Di-

jele , que era precisamente lo que yo pedía,
y le manifesté mi reconocimiento.

El mismo dia á la tarde recibí un recado
de parte de la desgraciada María: esta me rogaba fuese á verla, y el soldado que vino
de su parte me dijo, que estaba moribunda
en cama y que la cuidaba la muger de un
soldado. El sol al ponerse daba á su aposento, y sobre su cama, y la cercaba como una
especie de aureola. La enfermedad habia marchitado su belleza causa de sus desgracias,
pero con todo era aun muy interesante. Sus
sollozos y sus lágrimas le impidieron por mucho tiempo articular palabra alguna, al fin
con una vos debil me dijo: Os he enviado
á llamar, señor, por que conozco vuestra humanidad, las que me escusarán con vos y sé
que no me reusareis una buena accion que
me dará algun consuelo en estos últimos momentos.

Entónces me dijo el motivo que tenia para enviarme á buscar. Suplicóme que entre-
gase á su padre, hombre muy rico que vivia
en Dublin, el hijo que habia tenido del desgraciado Enrique, y que la hiciese enterrar al
lado de su marido. Enrique era hijo de un rico
comerciante: su familia y la de María estaban
muy unidas, y su mutua aficion habia principiado desde la infancia. El padre de Enrique habia esperimentado un revés de fortuna.
Los padres de María le habian declarado que
no debia ya pensar en unirse con su jóven
amigo. Sin embargo casaronse secretamente y
ambos se desgraciaron con sus respectivos pa-

dres. Los de Enrique echandole en cara por
haber cometido la vileza de entrar en una familia que les desdeñaba , y los de María acu-
sandola de haber despreciado la autoridad paterna. Por esta razon se habian visto obliga-
dose por la necesidad á un genero de vida
para el cual no habian nacido. Pero me lison-
geo , añadio, que el resentimiento de mi padre no me seguirá hasta el sepulcro , y que
protegerá á este huerfanito.

Prometile ejecutar religiosamente cuanto me
pedia , y espiró algunas horas despues que
me despedi de ella. Asistí á su entierro y
llevè el niño á Dublin. Sorprendido el padre
y desconsolado, sintiendo demasiado tarde haber mostrado tanto rigor, recibió al niño en
sus brazos , y derramó sobre él lágrimas de
arrepentimiento.

Me proveí de cartas de recomendacion, y
partí para Inglaterra , despues de haber escrito un despido á mi padre , y otro á Mistriss
Marlowe en la cual les decia que iba á dejar
el reino.

Luego que me hube procurado un pequeño
cuarto en la ciudad , fuí á casa del hombre
á quien iba recomendado, pero juzgad cual
seria mi consternacion cuando supe que habia
salido ya para las indias occidentales. Entré
en un cafe con designio de hacer saber á mi
amigo el jóven oficial este incidente. Mientras
esperaba papel y tintero, tomé un diario que
me puse á leer, pero oh! mi querida Amanda! que rayo cayó sobre mí al leer en él la
muerte de mi padre! Mi sentimiento por él,

y mis inquietudes por vos, asaltaron á un
mismo tiempo mi corazon, mi cabeza, no pudo sostener este choque, y caí sin conocimiento. Llevaronme á mi casa, pusieronme en la
cama, en la cual me tuvo quince dias la calentura. Durante mi enfermedad me vi obligado á gastar el poco dinero que me quedaba,
y me hallé alcanzado de deudas con la gente
de la casa. Cuando me hallé un poco resta-
blecido, y que me hubieron presentado sus
cuentas les declaré francamente que me hallaba imposibilitado de pagarlas En consecuencia fuí arrestado, no dejandome llevar de cuanto tenia mas que un vestido y dos camisas. Ima-
ginad mi desesperacion cuando me ví amenazado de un eterno cautiverio, y reflecsionando
sobre vuestra situacion. Mil veces he estado á
punto de escribiros, pero me he detenido por
temor de aumentar vuestras penas, haciendoos
saber las mias, y de seros una carga en lugar de llevaros socorros. La compañia del capitan Rusbrook habia mitigado mi cautiverio.
Veia que tenia con él una perdida irreparable,
pero con todo no me alegré menos de verle
recobrar la libertad. Yo me figuro que la suya ha contribuido á la mia. Esta mañana ha
venido acompañado de Sir Cárlos, y ambos
me han preparado poco á poco para darme
las buenas noticias que me traian. Puedo decir con toda verdad que el anuncio que me
han hecho de una grande fortuna, no me ha
dado tanto gusto como la seguridad de que
iba á volveros á ver: Y mi pobre Adela! nada he sabido de ella desde que fuí preso y

me estemezco al pensar lo que habrá sufrido en poder de Belgrave, pues el bueno del viejo general murió poco despues de mi salida de Enniskilling. Tengo motivos para juzgarlo asi, segun lo que me ha escrito Mistriss Marlowe. Mi querido Oscar, me dice, no tengais demasiado sentimiento por vuestro buen amigo el viejo general, mas bien alegraos de saber, que ha muerto antes que sus últimos dias fuesen atormentados con el espectáculo de las desgracias de su querida hija.

Ay mi querida hermana! continuó Oscar arrojando un profundo suspiro, mientras que sus lágrimas se mezclaban con las de Amanda; es preciso pues que en este mundo jamás tengamos un gozo entero y una dicha perfecta, y que siempre tengamos alguna cosa que desear ó que sentir!

Al acabar Oscar su narracion, dejó ver á Amanda en todo su semblante la espresion de una melancolía tan profunda, que se persuadió ella que su pasion por Adela era incurable; y que ni la ausencia ni el tiempo no habian traido minoracion alguna, y que la libertad y la fortuna que acababa de recobrar, no podian tener para con el la mitad de su precio mientras permanecia en su corazon el sentimiento de la perdida de Adela.

Cuando volvieron á entrar sus amigos en la sala y le felicitaron de nuevo sobre el cambio feliz de su situacion, su abatimiento á penas le dejo responder. Cuando Mr. y madama Rusbrook le hablaron de la felicidad de que iba á gozar, les escuchó con pena, dis-

mintiendo su corazon lo que le decian. Sin embargo sus ideas religiosas le llevaron á sentimientos mas razonables de reconocimiento acia
la providencia que derramaba sobre el tan
inesperados favores. Parecióle que sus murmu-
raciones y sus quejas, despues de tan feliz
cambio de situacion, serian una ingratitud.
La esperiencia debia haberle enseñado, que
no hay dicha perfecta en este mundo, y seria
una estraña presuncion quererse libertar de
la suerte comun de la humanidad. Adquirir
de repente la independencia que dá la fortuna; tener medios de reconocer lo que debia
á Sir Cárlos; hallarse en estado de dar consuelo y comodidades á una hermana adorada
que habia sufrido tanto; en fin, socorrer y aliviar á los desgraciados, eran los goces que se
le esperaban en lo sucecivo; y estos nuevos
bienes no ecsigian que de su parte tributase
un vivo reconocimiento acia aquel que les dis-
pensa. Estas consideraciones le conmovieron y
calmaron el alma, y una dulce y tierna melancolia sucedió á una profunda tristeza. Pensaba siempre en Adela, pero no con las agonías que por tanto tiempo habia sufrido: era
una especie de sentimiento tierno de una alma sensible despues de la muerte de un amigo, y para el, Adela era perdida como si
hubiese descendido al sepulcro. Si, mi querida amiga, le decia como si habitase ya en
las mansiones celestes, nos reuniremos en esa
habitacion de felicidad, que solo puede daros la recompensa de vuestra bondad, é in-
demnizaros de todo cuanto habeis sufrido.

Entónces se halló en estado de entrar en
conversacion con sus amigos sobre las medi-
das que habia qne tomar para hacer valer sus
derechos. La opinion del capitan Rusbrook y
de Sir Cárlos fué, que bastaba dar eonocimien-
to del testamento al marques de Rosline por
que la validacion de esta escritura no podria
disputarla, apoyada como se hallaba por el
testimonío de Lady Dunreath que vivia auns
que si se disputaba, estaria siempre á tiempo
para recurrir por vias juridicas.

Sir Cárlos conocia personalmente al Marques; tenia igualmente muchos amígos y conocidos en las immediaciones de Rosline. Ofreció á Oscar hallarse en Escocia al mismo tiempo que él. Oscar le dió infinitas gracias por
ello, persuadido que él apoyo de un hombre
tan conocido, y tan generalmente estimado le
seria de mucha utilidad en sus asuntos.

Sir Cárlos le dijo que tenia que hacer en su
regimiento, que se hallaba en Irlanda, pero
que no estaria allí sino muy pocos dias, y
que como se hallaba de guarnicion á Donagh-
dee, solo tendria un corto trecho que hacer
de allí á Port-Patrick desde donde en pocas
horas pasaria al Castillo de Rosline.

Despues de haber señalado el dia de su
partida para Irlanda, propuso á Oscar que
fuese con él, y este lo aceptó gustoso.

El corazon de Amanda palpitó de alegría
á la idea de hacer un viage á irlanda. Era
probable que pasarian por el pais de Gales,
y deseaba ardientemente acompañar á su hermano hasta allá, á fin de que la dejasen en

casa de su nodriza Edwin, desde donde podria todavia ir á ver á Tudor-Hall, y visitar los sitios que habia recorrido con Mortimer, darles el último *A Dios*, resuelta como se hallaba á alejarse de él para siempre, luego que hubiese sabido la vuelta de Mortimer á Inglaterra. En este despido creia encontrar algun consuelo. Hallaba por inútil acompañar á su hermano á Escocia, y estaba resuelta á evitar este viage, á menos que la dijesen que era absolutamente necesario. Era demasiada prueba para ella encontrarse en un lugar donde tendria casi á los ojos las fiestas del casamiento de Lord Mortimer, ó estaria espuesta á oir todos sus detalles. Sobre todo, no quiso dejar penetrar á su hermano el secreto de su amor, persuadida de que seria muy desgraciado al verla entregada á los sufrimientos que trae consigo un amor sin esperanza, y puede ser sin poderse prestar á todos los proyectos que hacia por la felicidad de su hermana.

En fin á estos motivos se juntaban la repugnancia que tenia en acercarse á un lugar en que podia ser testigo de la pena que Lord Mortimer sentiria al ver á la familia con quien iba á unirse amenazada con un golpe cruel. Se estremecia su corazon pensando que antes que Oscar llegase á Escocia el interés del Marques de Rosline y el de Lord Mortimer estarian unidos, y los pasos de Oscar se dirigian igualmente contra uno y otro. Oscar no contrarió la repugnancia que tenia su hermana de hacer el viage de Escocia, y convinieron

en dispensarla de èl supuesto que su presencia era inútil.

Sir Cárlos Bingley fué del mismo parecer,
aunque fuese, la dijo á voz baja contra sus
propios intereses.

Desde entónces habria dado á conocer sus
deseos de ir al pais de Gales, sino hubiese
temido dejar penetrar su verdadero motivo.
Mientras vacilaba sobre este proyecto, Sir
Cárlos dijo al capitan Rusbrook que habia ob-
tenido de un amigo suyo que tenia un empleo, otro para él con un sueldo regular; que
era preciso que fuese cuanto antes á su destino que estaba á treinta millas de Lóndres.
Manifestó su deseo de que él y madama Rusbrook hiciesen sus preparativos para partir
al dia siguiente.

La alegría y el reconocimiento á este ras-
go de bondad de Sir Cárlos, era superior á
toda espresion, pues les ponia en adelante
en estado de ecsístir por si mismos, y el pan
de la independencia aunque ganado con dificultad, en cuyo caso se hallaban, es siempre mas sabroso.

Al oir que los Rusbrook iban á dejar á
Lóndres, Oscar miró á su hermana con inquietud, y su mirada parecia decirla á los
cuidados de quien la dejaré, alejandome yo
tambien de ella! Mistriss Rusbrook entendió
esta mirada, y suplicó á Miss Fitzalan que
viniese con ella á su nuevo establecimiento, para que nada faltase á su dicha. Era este el
momento de esplicarse Amanda: tomó animo
y declaró el deseo que tenia de visitar á su

fiel nodriza, y que no queria perder la ocasion favorable que se le presentaba de hacer este viage, acompañando á su hermano hasta allá. Emilia habló en favor del plan de su madre; pero Amanda manifestando toda su ternura y reconocimiento para endulzar la denegacion, permaneció en su idea. Oscar estuvo muy contento de la resolucion de su hermana, sobre todo con la esperanza que el aire nativo y los cuidados de su nodriza acabarian de restablecer su salud. Sir Cárlos sé alegró infinito de poder gozar de la compañia de Amanda durante la mayor parte del viage.

Arreglado todo de este modo, pusieronse á la mesa, en la cual Sir Cárlos por la dulzura de sus modales, y la vivacidad de su talento divirtió á todos. Retiróse temprano: Al dia siguiente habiendo bajado Amanda para el desayuno, halló ya á su hermano al capitan Rusbrook y á Sir Cárlos Bingley. Despues del desayuno, Bingley llamó á Oscar á parte, y en los terminos de la mayor delicadeza le ofreció ser su banquero. Oscar lo aceptó con el mayor reconocimiento, y despues de haber tomado la suma necesaria, entregó á su hermana algunos billetes de banco para comprar alguna cosa antes de partir, y para esto salió con la madre é hija Rusbrook, que se ocuparon tambien en los preparativos de su viage. A la vuelta, habiendo Sir Cárlos encontrado á Amanda, tomó esta ocasion para volverla á ofrecer su mano.

La sincera amistad que le tenia, la determinó á hablarle en estos terminos. Si yo aceptaba, Sir Cárlos, vuestros generosos ofrecimientos, cesaria de merecer vuestra estimacion, de la que hago alarde, y penderia el derecho y el gusto de reconocerla, por que con mi estimacion no podria entregarme á vos. Debo vuestra amistad, añadió con un modesto agrado, declararos que antes de conoceros, mi corazon estaba ya dado.

Sir Cárlos se puso pálido, tomó la mano de Amanda, y estrechandola en silencio contra su pecho esclamó, Miss Fitzalan! despues de haberme dado estas señales de vuestra generosa confianza, ya no sufrireis ninguna importunidad mia.

CAPITULO LIV.

Al dia siguiente Oscar, Amanda y Sir Cárlos se pusieron en camino. Los Rusbrook que miraban á Amanda como el origen de su actual felicidad, se despidieron tierna y afectuosamente de ella, lo que les afectó profundamente. Su viage al pais de Gales fué agradable y pronto, pues el tiempo estuvo muy bueno. En la tarde del tercer dia al ponerse el sol llegaron al pueblo de los Edwin. Despues de haber tomado algun refresco, Amanda salió de allí acompañada de su hermano y no quiso que le siguiese su equipage hasta mas tarde. Tampoco permitió que Sir Cárlos la acompañase, y ya se habia arrepentido de haber viajado con él, pues la pasion de Bingley parecia haberse aumentado. ¡Que caro pagaré, la dijo él dandola la mano en la escalera, las cortas horas de gusto que he pasado y gustado á vuestro lado, con la memoria y los disgustos que me dejarán!

Amanda se despidió de él y se alejó. Oscar no pasó de la entrada de la avenida que conducia á la casa. No hubiera tenido tiempo para responder á las preguntas que los Edwin hubieran creido poderles hacer, y no queria que su nneva situacion fuese sabida de nadie sinó de aquellos que estaban ya instruidos de ella. Amanda se proponia decir á sus huespedes al llegar, que se habia aprovechado de la compañia de dos amigos que iban á Irlanda para venirles á ver y pasar algun tiempo con ellos. Oscar la prometió escribir desde Irlanda, y despues desde Escocia, luego que habria visto al Marques. La ecshortó á que cuidase de su salud, y se despidió de ella tiernamente. Al ver su abatimiento se alegró Amanda de no haberle dado á conocer sus propios disgustos. Lisongeóse de endulzar los de su hermano con sus atenciones delicadas, pues juzgando del corazon de Oscar por el suyo, no creia poder arrancar de el la herida profunda que tenia, pero esperaba hacerla menos sensible.

Despues de separada de su hermano, Amanda retardó su marcha, pues se hallaba en una tierra que le recordaba mil tiernas memorias. Desde allí habia hechado por la última vez sus miradas á Tudor-Hall; allá habia su padre fijado los ojos sobre el campanario de la Iglesia en cuya inmediacion se hallaba enterrada su tierna esposa; acullá tenia costumbre

Lord Mortimer de venir á su encuentro. A
tan tristes momorias su corazon sucumbia, y
sus suspiros salian multiplicados de su oprimido pecho. Apenas podia detener sus lágrimas.
A su alrededor todo era agradable y sereno,
pero ella de nada disfrutaba. El balido de los
ganados errantes sobre las vecinas costas no
hacia sinó aumentar su melancolía, y el aspecto que el otoño ya adelantado daba á la
campiña, le recordaba los felices tiempos en
que la habia visto con toda su belleza. El
sol procsimo á su ocaso alumbraba todavia las
ventanas de Tudor-Hall. Detuvose iuvolunta.
riamente á contemplar este obgeto, y habria
permanecido por largo tiempo en esta situacion, sino hubiese temido ser observado, y
y con este temor apresuró su paso acia la
casa.

La puerta estaba abierta. Entró y halló
á su nodriza sola y ocupada en hacer calceta. Su admiracion fué estrema cuando Amanda se la presentó; estremecióse, levantóse,
gritó y la miró un momento con el aire de
no creer á sus propios ojos. En fin corriendo
acia ella la estrechó entre sus brazos y la
apretó contra su pecho. Buen Dios! dijo ella,
quien podia esperar una dicha tal! Que seais
bien venida como las flores de mayo. Hemos
estado con mucho cuidado de vos, y cien veces me ha dicho mi marido, que si supiese
donde estabais, habria ido á veros. Amanda
volvió á su nodriza todas sus caricias y se
sentaron.

Temo mucho, la dijo la nodriza mirando-

la tiernamente, que habeis sufrido estremadamente desde que no os he visto. El pobre capitan! cuando se despidió de nosotros no creí
que lo viese por la última vez. Amanda no
pudo detener sus lágrimas, y sus profundos
suspiros manifestaron bastante la amargura de
su sentimiento.

Ah! dijo la nodriza enjugandose sus ojos con
el estremo del delantal, grandes y pequeños,
tarde y temprano debemos todos pasar por ello
y asi mi querida hija no os dejeis abatir demasiado. Yo habia oido decir antes de este
suceso que ibais á casaros ricamente; pero
es demasiada verdad que los hombres, como
las veletas, mudan segun el viento. Sin embargo al ver á Mortimer despues de vuestra
partida, nadie habria podido creer que hubiese podido cesar de amaros, pues tenia tal dolor que nos causaba lastima. Ciertamente que
si hubiese sabido donde estabais se lo habria
dicho. Esperaba con todo que os descubriria
cuando supe que en lugar de buscaros iba á
casarse con una gran señora que tiene un nombre muy largo y muy dificil de pronunciar,
una rica heredera Escocesa: pero en el dia
el dinero lo hace todo. Todo el mal que le
deseo es que le haga enrabiar toda su vida.
Esta conversacion era demasiado penosa para
Amanda y por consiguiente trató de desviar-
la preguntando noticias de la familia. La buena muger contestó en dos palabras que todos
estaban buenos, y continuó diciendo: tenemos
aqui al ministro Howell, á quien todo el mundo hubiera creido tan firme como las peñas de

Penneenmown; pero nada de eso: ha mudado tambien, pues no viene ni de la mitad tan á menudo como venia á saber noticias vuestras.

Amanda no pudo menos de sonreirse de la colera de la buena muger contra el ministro, y la preguntó de nuevo noticias de su familia. La nodriza dijo que todos estaban buenos, que habian ido á un pequeño bayle al molino del valle; que Elena se habia casado con su fiel Chip, que tenia buena casa y una niña á la cual criaba su madre; que hubiera querido por amor de su señorita ponerla el nombre de Amanda, pero que ella habia temido pasar por una impertinente dando á su hija tan hermoso nombre; que sentia siempre no hallarse ya con su buena señorita de lo cual no podia consolarla el mismo Chip. Amanda tributó algunas lágrimas á la tierna aficion que la pobre Elena la conservaba y felicitó á su nodriza por la felicidad que gozaba. La nodriza á su vez consiguió que Amanda la diese algunos detalles de cuanto le habia sucedido desde su separacion, y lloró por los disgustos de su querida hija. Preguntó por Oscar; y Amanda se contentó con decirla que estaba bueno. Los hijos volvieron temprano del baile, y su sorpresa fué igual á su alegria á la vista de Amanda. Uno de los muchachos fué á buscar á Elena, el cual volvió pocos minutos despues con ella, su marido y su pequeña hija. Elena estaba colmada de la alegría, estrechaba en sus brazos á Amanda como si no hubiese queri

do separarse de ella y lloraba á moco tendido. Ahora, esclamaba ella, ahora es cuando soy feliz; pero por qué, mi amada señorita no os habeis venido á vivir con nosotros?
Sabeis que habriamos hecho cuanto hubiera-
mos podido para divertiros. Temiendo despues Elena que se habia tomado demasiada
libertad, se retiró modestamente á alguna distancia, tomó á su hija y la presentó á Amanda, que la acarició, y habló á Chip con una
bondad de la que Elena estuvo infinitamente
satisfecha.

Si los disgustos de Amanda hubiesen sido
menos dolorosos, las atenciónes de estas buenas gentes los habrian disminuido, pero en
este momento nada podia levantarla de su abatimiento. Su equipage llegó. En el habia traido algunos pequeños regalos para toda la familia y los distribuyó. Quiso entretenerse con
ellos sobre sus asuntos, pero no se halló en
estado de sostener este esfuerzo, y pidió la
dejasen ir á su cuarto. La nodriza no quiso
dejarla sin haber probado su queso reciente y
su cerveza.

Cuando estuvo cerrada y sola, halló en su
cuarto objetos que le trajeron á la memoria
á Lord Mortimer y aumentaron su tristeza.
Tenia á la vista la cajita de libros que le habia enviado. Abrióla, y en el primer tomo que
le vino á la mano observó pasages escogidos
rayados por debajo por mano de Mortimer,
como espresando mas particularmente sus disposiciones y sentimientos. ¡Como le recorda-
ron estos libros los felices momentos que ha-

bia pasado en este sitio! La noche se ade-
lantaba, y aun no podia resolverse á cerrar
la cajita; y cuando se hubo acostado, su sueño fué corto y agitado. Al dia siguiente, mientras se desayunaba rodeada de la nodriza y
de sus dos hijas (pues Elena habia venido
temprano á saber de ella) entró Howell. Lo
que la nodriza la habia dicho de la mudanza
sucedida en lo sentimientos del ministro hacia
su visita mas agradable á Amanda. El placer
de Howell al volverla á ver fue grande., pero
en lugar de los transportes de un enamorado
era la alegría dulce de un amigo. Despues
que se hubo despedido, Amanda acompañó
á Elena á su casa, y se alegró mucho de la
limpieza y situacion de ella! Estaba en medio
de un pendiente desde donde tenia muy buena vista acia Tudor-Hall. Todo recordaba á
Amanda á Lord Mortimer, hasta el aire que
respiraba, y que tantas veces habia traido á
sus oidos los dulces acentos de una voz que
le llegaba siempre hasta el corazon.

Desde el segundo dia de su llegada no pudo menos de permitirse el triste placer de seguir el parque y los solitarios paseos de Tudor-Hall: allí pues dirigió sus pasos. Los sitios mas espesos y mas sombrios, su soledad y su silencio convenian mejor á sus sentimientos y á sus tristes pensamientos. Allí sin
distraccion y sin testigos podia abandonarse á su melancolía que se aumentaba con
la memoria de las dulces horas que habia pasado bajo estas mismas sombras. Arrojaba en derredor de si languidas miradas,

redoblandosele su dolor al aspecto de los objetos y lugares que le traian á la memoria su felicidad pasada. Articulaba con voz trémula el nombre de Mortimer, pero se avergonzaba al mismo tiempo, pensando que nombraba al esposo de Lady Eufrasia. Levantábase y suspiraba profundamente diciendose á si misma: me esforzaré á ser razonable; procuraré no alimentar memorias que la decencia no me permite conservar: con todo se detenia aun en el bosque, en el cual la oscuridad que se aumentaba parecia añadir mas atractivos, mientras el viento producia un susurro sordo y triste en las cimas de los árboles y traia á sus oidos la música grosera de un harpa del pueblo, que se hallaba en una casita inmediata.

Acercóse á él Amanda. Pensaba en la inquietud que su ausencia podia dar á los Edwin, y marchó de prisa.... En la avenida encontró á Edwin á quien habia enviado su muger en busca suya. La buena muger le manifestó sus temores de que no dañasen á su salud sus largos paseos estando ya la noche adelantada, y sentia infinito de ver á una jóven abandonarse de este modo á tan tristes fantasias.

No solo no limitó Amanda sus pasos á Tudor-Hall, sino que recorrió todos los sitios en que habia ido con Mortimer. Pasó igualmente á ver el sepulcro de su madre, á cuya vista se le aumentó su dolor mucho mas que la primera vez que lo habia visto. Acordóse de todas las desgracias que habia sufrido desde aquella época, los disgustos de su padre y su triste fin. Privada en adelante, se decia, de los objetos que podian darme apego á la vida, engañada en todas mis esperanzas ¡cuan feliz habria sido si la misma tierra hubiese recibido en su seno á la madre y la hija! Sin embargo ¡oh mi Dios! añadió despues de algunas reflecsiones ¿quien soy yo para atreverme á murmurar y levantarme contra vuestros decretos? Perdonad este movimiento involuntario de un corazon despedazado por tantos dolores, pero penetrado del mas vivo reconocimiento por la proteccion con que me ha sacado de tantos peligros. Debo resignarme, si es menester, á la suerte de la humanidad, á la de aquella que descansa aquí, que en la flor de la juventud y de la belleza ha caido victima de sus disgustos bajo la guadaña de la muerte. Cuan desgraciados han sido vuestros destinos amados autores de mis dias! Ni aun han permitido que vuestras cenizas se uniesen; pero sin duda se hallarán reunidas vuestras almas en un mundo mas feliz. Vuestra hija hará todos sus esfuerzos para imitar vuestro ejemplo. Resignada como vosotros á la voluntad del cielo, soportará la vida, no con la esperanza de ser feliz, sino con la humilde confianza que podrá esparcir á su alrededor alguna felicidad.

Tales eran los sentimientos que espresó Amanda sobre la tumba de su madre, de donde volvió pálida y abatida, semejante á una flor de lis que una lluvia abundante ha hecho encorbar.

Al fin de la semana recibió carta de Oscar en la cual la decia que dentro de pocos dias pasaria à Escocia. Habiase traido con sigo todo lo necesario para dibujar, pues deseaba apasionadamente pintar diferentes vistas de Tudor-Hall, que tendria mucho gusto en conservar cuando se hallaria para siempre separada de este sitio tan grato á su memoria.

No podia satisfacer sus deseos sin el ausilio de su nodriza, pues queria tomar estas visitas desde el salon de música, lo que no podia ejecutar sin el permiso de Mistriss Abergwilly.

Comunicó pues su designio á la nodriza, la cual sacudió la cabeza sospechando que Amanda tenio otro motivo para hacer esta demanda que el que le insinuaba, pero como era tan diligente en dar gusto à su hija, no podia reusarle nada. Al momento fué à verse con Mistriss Abergwilly para pedirle el permiso que Amanda deseaba, la cual contestó que Miss Fitzalan podia venir á Tudor-Hall tanto como quisiese sin miedo de ser incomodada.

Amanda no difirió usar del permiso, pero despues de haber entrado le fué preciso mucho tiempo antes de poderse ocupar en el dibujo. En vano desplegaba la naturaleza todas sus bellezas; al pensar que aquel que se las habia hecho observar, y en cuya compañía las disfrutaba era perdido para siempre para ella, sus ojos se llenaban de lágrimas y no veia cosa alguna. Poco á poco se calmaron estos sentimientos, é iba asiduamente to-

das las mañanas al salon para dibujar, cuya
ocupacion le aliviaba sus disgustos.

Tres semanas se pasaron asi al fin de las
cuales recibió una carta de Oscar rota la nema, y viendo que la carta venia de Escocia
se halló en una grande agitacion, á la cual
sucedió la mas viva alegría y sorpresa. En
ella le decia Oscar que sus asuntos estaban
terminados, sin haberse presentado dificultad
alguna, que la validacion del testamento habia
sido reconocida, y que podia mirarse como
posesor de los bienes de Malvina por su abuelo el conde de Dunreath, y que toda la vecindad le habia ya cumplimentado por ello.
Deciala, que no tenia tiempo de detallarla
las circunstancias que habian facilitado el suceso, y se lisongeaba que las felices noticias
que le comunicaba en su carta, la harian
perdonar su laconismo. Añadia que se preparaba para partir á Lóndres con Cárlos Bingley que le habia dado pruebas de la mas
tierna amistad; que iba à tomar algunas medi-
das relativas à sus nuevas posesiones y particularmente para hacer revalidar á su favor, el titulo de conde Dunreath, no para satisfacer un
vano orgullo, sino por respeto y reconocimiento á su abuelo que habia espresado en su testamento el deseo de ver sostener el titulo por
su heredero: que cuando habria terminado
todos sus negocios, volaria à su lado, para
encontrar en su sociedad algun alivio á las penas de su corazon, penas que todos los favores de la fortuna no le podian mitigar. Deciala tambien, que esperaba encontrarla alegre

como la primavera, y dispuesta á acompañar-
le para establecerse en la casa respetable de
sus antepasados.

Aunque alegre por estas agradables noticias que recibia, Amanda no tenia valor aun
para comunicarlas á la familia Edwin. El placer que sentia la turbaba la idea de lo que
Lord Mortimer pensaria, sabiendo un acaecimiento que naturalmente debia deshonrar á
la familia con la cual iba á unirse. Apresu-
rabase á acabar sus paisages, preveyendo que
le quedaba poco tiempo para permanecer en
el pais de Gales. A cada vísita que hacia á
Tudor-Hall pensaba tristemente que seria la
última.

Una mañana despues del desayuno, mientras se preparaba para ir á la biblioteca, la
nodriza que habia salido antes de haberse levantado Amanda de la cama, entró con aire apresurado que mostraba que tenia alguna cosa de importante y estraordinaria que
anunciarla, y respirando apenas : Dios nos
ayude, dijo luego que pudo recobrar la palabra; suceden cosas tan estrañas en el mundo! La vieja Abergwilly me ha enviado á buscar esta mañana. Me he admirado mucho, pero ¿que es esta admiracion en comparacion
de la que he tenido al saber el motivo porque me habia enviado á llamar? La curiosidad y la impaciencia atormentaron entónces
á Amanda y bien! que os ha dicho? la preguntó.

Ah! bien sabia yo, dijo la nodriza, la
turbacion que os causarian semejantes noticias;

peró por mas que penseis de aqui á mañana
no adivinariais lo que es.—No, no, dijo Amanda, no lo adivinaria; decidme prontamente
en dos palabras lo que es.—Sabreis pues, contestó la Edwin, pero mi querida hija temo
que no os hayais desayunado muy bien, estais pálida, y yo tambien me he desayunado
muy mal, pues las noticias de Mistriss Abergw-
willh me han trastornado de tal modo, que,
aunque me ha dado un buen té verde, y una
escelente torta, casi no he probado nada.—En
fin ¿ que os ha dicho? dijo Amanda cuya impaciencia iba en aumento.

Bien, mi querida hija, me ha dicho que
ayer por la noche habia llegado un espreso
de Lóndres que le habia traido la noticia de
la muerte de Lord Cherbury, y que Lord Mortimer habia vendido Tudor-Hall; que el procurador tenia órden de pagar y despedir á
todos los criados, y hacer preparar la casa
para recibir al nuevo propietario. Ay buen
Dios! he visto llorar á estas gentes, pobres
criaturas que han envejecido en la casa y contaban acabar en ella sus dias. No es por que
teman que les falte cosa alguna, pues el jóven Lord ha tenido cuidado de asegurarles
con que vivir; pero estan desconsolados por
tener que dejar á tan buen amo. La pobre
Mistriss Arberwilly no se consolará jamás, no
tiene hijo ni hija, pero me ha dicho que amaba hasta las sillas y mesas de la casa que
ha fregado tanto tiempo por su mano. Ella
hubiera venido á hospedarse á mi casa si pu-
diera darle un aposento desde el cual nopu-

diese verse Tudor Hall, por que no podria
suportar la vista de la casa cuando tendria
nuevo dueño. He aqui, mi querida hija en
suma todo lo que sé.

Admirada quedó Amanda é igualmente
afectada de lo que acababa de oir. Deseaba saber si la nodriza habia sabido alguna cosa del
procsimo casamiento de Lord Mortimer; pero no pudo resolverse á hacer esta pregunta;
á mas de que pensó, que si la cosa hubiese sido hecha, habria llegado la noticia al
mismo tiempo que la de la muerte de Lord
Cherbury. Ella perdia toda la esperanza de
justificarse con su hijo. Pero porque lo he de
desear, añadió, si nos hallamos separados para siempre! Tal vez es mejor que haya cesado de estimarme, pues sus sentimientos serán
menores. No comprendia por que Lord Mortimer habia vendido á Tudor-Hall; á menos que fuese para ceder à los deseos de Eufrasia que no ignoraba que allí habia principiado la aficion de Lord Mortimer por su
ribal. Ah! decia, Eufrasia hubiera conocido sus bellezas, y en cuanto á Lord Mortimer, Tudor-Hall no habria hecho mas que
alimentar unos disgustos que su nueva situacion no le permitia entretener. Apresuróse é
ir á Tudor-Hall donde estuvo mucho tiempo
antes de poder tomar el lapiz, tan agitada
se hallaba.

El paisage que acababa, presentaba el pequeño valle que se veia desde las ventanas
del salon de música, y en la estremidad de
la colina las romancescas ruinas de un an-

tiguo castillo. El dibujo estabá perfectamente
hecho, y solo faltaba la figura de Lord Mortimer con el cual habia recorrido muchas ve-
ees estos agradables sitios. El corazon le guia-
ba la mano, y por consiguiente habria trazado prontamente las facciones y personal de
Mortimer, del hombre que amaba. Miraba
su obra con un tierno interès y grande placer, cuando viniendola al pensamiento que Lord
Mortimer ya era de otra muger, se hechó en
cara como un crimen lo que acababa de hacer : apresuróse pues con mano tremula á borrar la figura que acababa de trazar, y la ardiente lágrima que dejó caer sobre el dibujo la ayudó á la egecucion de esta triste
resolucion Despues de haber hecho este sacrificio á su delicadeza, cuán inutil es, decia,
conservar sobre el papel rasgos que estan profundamente grabados en mi corazon! Apenas
acababa de hablar oyò un largo y profundo
suspiro. Alarmada con la idea de haber sido
oida, y de haber dado á conocer los sentimientos de su corazon, se levantó con precipitacion de su asiento y llevó en derredor sus
ojos con inquietud, pero ¡Como describir las
emociones de su alma cuando se le presentó
á su vista el original de la figura que habia
trazado la ternura, y la decencia habia borrado! Atonita, incapaz de hablar y de moverse, y casi sin poder respirar, permaneció
inmovil, como no dando crédito á lo que veia
En efecto podia bien dudar si era Lord Mortimer el que tenia delante de sí, pues que su
semblante estaba tan alterado que apénas con-

servaba cosa alguna que indicase fuese el mismo, escepto el aire de bondad que se mostraba aun en todos sus rasgos como caracter
dominante de su fisonomía. El color marchi-
to, el desorden de sus cabellos, sus vestidos
lúgubres todo contribuia á espresar la tristeza,
todo parecia decir que estaba para siempre
separado de la dicha. Los violentos sentimientos de Amanda la habian abatido al principio,
pero habiendo recobrado sus facultades, tomó
apresurada el dibujo, y con paso mal asegurado se dirigia á la puerta. Ya estaba cerca de ella, cuando Mortimer detuvo su marcha diciendola con voz dulce y timida: os
vais Miss Fitzalan, sin despediros! os vais
para no volverme á ver!... El acento penetrante y patetico con el que pronunció estas palabras conmovió el corazon de Amanda: detúvose pues, y se volvió involuntariamente,
como para recibir y dar este triste *A Dios*
que le echaban en cara y que evitaba. Lord
Mortimer se acercó, quiso hablarla, pero sus
palabras espiraron en sus labios. Lágrimas
amargas brotaron de sus ojos; cubrióse la cara con el pañuelo, y se fué á la ventana.

Afectada Amanda mas de la que se puede
espresar, y no pudiendose sostener se dejó caer
sobre una silla. Participando su corazon de
las conmociones de Mortimer, solo con un grande esfuerzo pudo en este momento critico observar las leyes de una fria y rigida decencia,
solo conteniendose dificilmente pudo no volar
á los brazos de Mortimer, mezclar sus lágrimas con las de su amigo, y no quejarse del

cruel destino, que les habia separado para siempre. Despues de algunos mínutos calmado un
poco Mortimer se la acercó.—He deseado mucho
tiempo, la dijo, tener la ocasion de volveros á ver, pero no he tenido valor para pe-
diros una audiencia. Al venír aqui esta mañana para dar el último triste *Al Dios* á esta
habitacion que tantos encantos tenia para mi,
estaba muy léjos de imaginar que os encontraria en ella. Doy gracias al destino que en
esta ocasion se me ha mostrado favorable. Es-
presaros mi dolor, mis remordimientos, no solo
por el error en que me ha hecho caer una
convinacion de sucesos que han podido engañarme, sino tambien por la conducta que
este error me ha hecho adoptar y seguir, seria aliviar un poco mi corazon, recibir de
vos el perdon, seria un triste pero dulce
consuelo. Con todo, continuó despues de un
momento de silencio, como podria ser un
consuelo? Ah! la dulzura que me manifestariais
no haria mas que aumentar mi desgracia, con
la idea de nuestra eterna separacion. Amanda
nada contestaba: las palabras de Mortimer parecian darle á entender que sabia la desgracia en que la habia precipitado Lord Cherbury,
y esperaba con inquietud mas esplicacion. La
pureza y nobleza de vuestro caracter me han
sido al fin conocidas perfectamente. Gran Dios!
en que circunstancias y por que resorte? Por
la confesion de un padre á quien habeis hecho tan generosamente el sacrificio de que podia entonces mirar como vuestra felicidad.
Que! dijo Amanda con una viveza que

no pudo contener, Lord Cherbury me ha justificado?

. Si, esclamó Lord Mortimer, el nos ha convencido que sois la mas escelente de las mugeres,
y al mismo tiempo la mas cruel, é injustamente tratada; vos sois todo cuanto mi tierno corazon ha creido que erais. Pero que desesperacion para mi corazon que esta confesion haya venido demasiado tarde para mi
dicha! Tiempo hubo en que, despues de haber desterrado de mi imaginacion un error
semejante, habria esperado que, consagran-
doos mi vida entera, repararia una injusticia
involuntaria, pero Ah! en el dia nada puedo reparar, ni nada esperar.

Amanda lloraba, levantaba los ojos al cielo, y los volvia á fijar sobre la tierra.—Llorais, esclamó Mortimer sorprendido, apode-
randose de su mano, que miraba estático, y
con ojos en que brillaba un fuego estraordinario, llorais mi querida Amanda! qué sig-
nifican estas lágrimas? que no habeis mudado con respeto á mi?

Amanda temió que su enternecimiento no
hubiese convencido á Mortimer de que le amaba todavia. Reprobóse su imprudencia que
era la sola que podia haber impelido á Lord
Mortimer á hablarla como acababa de hacer.
—Milord, le dijo, no entiendo el sentido
de vuestra pregunta, pero debo deciros que
en efecto habria mudado mucho, si podia
permanecer un momento mas con una perso-
no que parece olvidar á la vez su situacion
y la mia.

Ah! Señora, eselamó Mortimer con el acento del descontento, perdonad si os he detenido, si he turbado vuestra soledad y si os he importunado con mis dolores. Amanda estaba entónces cerca de la puerta: sufria, por la idea de separarse de este modo de Lord Mortimer, pero la prudencia la hacia sentir la necesidad de alejarse: caminaba no obstante lentamente ácia la puerta, y Lord Mortimer en quien la ternura era superior á su arrogancia y que estaba desesperado por verla partir descontenta de él, la alcanzó prontamente y tomandola la mano la dijo: ¡Oh mi querida Amanda! no añadais á la tristeza de estos crueles momentos, vuestra colera contra mí; y puesto que nos debemos separar, sea como unos amigos que se conservan benevolencia uno á otro. Aun no me habeis concedido el perdon (si es posible obtenerlo) de las persecuciones que os he atraido; aun no me habeis perdonado la dureza, y la crueldad con que me he conducido por un error fatal.

Oh milord! respondió Amanda, cediendo de nuevo á la bondad de su alma, y dejando escapar algunas lágrimas, porqué me hablais de este modo? Que perdon os he de conceder, cuando no me habeis ofendido? Cuando he estado abandonada y sin apoyo no ha venido á mi socorro vuestra amistad? no habeis derramado el balsamo del consuelo en las llagas de mi corazon? Cuando he perdido vuestra estimacion por el artificio de mis perseguidores, no me ha seguido en mis correrias vuestra atencion, y vuestros cuidados, no os habeis esforzado en allanarme el camino de la vida? Estos son beneficios que no pueden olvidarse; y que ecsigen de mi el tributo de un tierno reconocimiento, que no he cesado jamás de pagaros y que.... presentósele á los lábios la espresion de un sentimiento muy vivo, pero detúvose y suspiró: despues de un momento de silencio prosiguió. Sí Milord, mis votos los mas ardientes que todos los dias dirigiré al cielo, serán por vuestra felicidad, y ojalá sea esta igual á vuestras virtudes; es la mayor dicha que puedo desearos.

Lord Mortimer arrojó un gemido que daba indicios de los tormentos de su alma. Oh Amanda! esclamó, ó mi mas querida Amanda! como podré gustar de felicidad alguna despues de haberos perdido? No, jamás. Ah! vos haceis votos y suplicas por mi felicidad pero estos votos y suplicas son inutiles. Estos sitios, continuó, no os recuerdan tiempos mas felíces! Oh! y que horas tan dulces hemos pasado bajo estas sombras que no volveré ver renacer en la primavera!

Estas últimas palabras haciendo referencia á la perdida que hacia Lord Mortimer de esta habitacion, á la cual estaba aficionado afectaron tan dolorosamente á Amanda que no podia ya sostenerse é iba á sentarse sobre el cesped, cuando Mortimer la recibió en sus brazos. Ella no tuvo fuerza para desasirse de ellos; pero quien puede pintar la impresion que esperimentó cuando, teniendo apoyada la cabeza sobre el seno de Mortimer, sintió palpitar su corazon que parecia quererse salir de

su pecho para irse á unir con el suyo; despues de haber recobrado sus fuerzas, conoció que la decencia no le permitia permanecer por mas tiempo en esta situacion, desa-
sióse de sus brazos, diciendole: es preciso separarnos Milord, y separarnos para siempre.

Decidme pues, esclamó, poniendose otra
vez delante de ella, decidme si puedo esperar conservar algun lugar en vuestra memoria, y si la dicha que os espera será causa
de que me olvideis del todo. Prometedme que
pensareis algunas veces en mi, y los votos que
hareis por mi felicidad, aunque ineficaces me
consolarán en el destierro solitario á que voy
á condenarme.

Oh! Milord, contestó Amanda, que decis?
Luego quereis renunciar á llenar los deberes
que vuestra situacion, vuestro nacimiento y
la sociedad os imponen? Quereis que los que
os conocen, pierdan la idea que tienen de
vuestras virtudes y de vuestro valor? En fin quereis abandonar una muger con quien acabais
de uniros con votos solemnes y á quien debeis vuestro efecto y vuestra proteccion? Oh
Milord que dirán vuestros amigos! Que dirá la
misma Lady Eufrasia de una conducta tan
cruel y tan imposible de justificar?

Lady Eufrasia! repitió Mortimer retroce-
diendo algunos pasos, con el acento del horror y de la admiracion. Dios mio! es posible que ignoreis lo que ha sucedido ultima-
mente. Si, vuestras palabras, vuestras miradas, me hacen ver que estos acaecimientos
no han llegado á vuestro conocimiento. Aman-

da le preguntó á su vez de que acaecimiento
queria hablar. Decidmelo primero, replicó Lord
Mortimer, si la mudanza que os veo, viene
de que habeis supuesto que era marido de
Lady Eufrasia?—*De lo que he supuesto*? repitió Amanda, admirada de la pregunta de Mortimer, pues que, no lo sois?—No, respondió
Mortimer, no he tenido la desgracia de contraer
una obligacion que mi corazon no habria ra-
tificado. Lady Eufrasia ha hecho otra eleccion.
Era vuestra enemiga, pero sé que vuestro corazon generoso llorará su triste destino.

Mortimer cesó de hablar por que Amanda no podia oirle ya: dejóse caer de sorpresa y de alegría en los brazos de su querido
Mortimer. Solo á los que como ella del borde del abismo de la desesperacion han¹ sido
guiados inopinadamente al camino de la esperanza y de la felicidad: á ellos solos per-
tenece hacerse una idea de lo que sufrió en
el momento, que volviendo en si, resonó
en sus oidos la dulce voz de Mortimer y que
ella creyó poder sin faltar á la decencia dejar
que su amigo la estrechase contra su seno, mirarla con ojos bañados en lágrimas tiernas,
y preguntarla de nuevo si habia creido en su
casamiento, y si por esta persuacion le habia tratado tan severamente. Pero, repitiendo
la pregunta, se creia feliz al pensar que la
respuesta seria tal como la deseaba.

Ay Mortimer! que quereis que signifiquen
mis lágrimas y mi conmocion? esclamó Amanda. No os dicen que mi corazon jamás os ha
olvidado, y que su ternura por vos será siem-

pre la misma! Si, dijo ella levantando al cielo sus ojos bañados en lágrimas de gusto, ahora me hallo indemnizada de todos mis sufrimientos. Lord Mortimer se la llevó otra vez á la biblioteca para contarla los sucesos que habian traido tan grande mudanza en su situacion; pero fué preciso mucho tiempo antes que pudiese calmarse para principiar su narracion. Sucesivamente se dejaba caer sobre las rodillas de Amanda, la estrechaba contra su pecho, se preguntaba á si mismo si su felicidad era un sueño; cien veces la preguntaba si en efecto era ella la misma para él. Imploraba su perdon como si hubiese dudado todavia de su amor. La misma Amanda necesitaba calmarse para poderle tranquilizar. Al fin lo consiguió y Mortimer contó lo que sigue.

CAPITULO LV.

Abismado Lord Mortimer en su dolor y desesperado por la supuesta perfidia de Amanda, no encontrandola en santa Catalina, habia vuelto á Inglaterra: habia de antemano instruido á Lord Cherbury y á su tia Lady Martha de la causa de venir sin Amanda, suplicandoles que no le hablasen jamás de este desgraciado suceso. No podia levantarse de su abatimiento. Todos los planes de felicidad se le habian trastornado, y la destruccion de todas sus esperanzas no dejaba acercar la paz á su corazon. En los primeros momentos no quiso hablarle su padre de Lady Eufrasia, esperando que estuviese algo calmado, aunque esta calma fuese acompañada de una profunda melancolía. Al fin insinuó sus miras, manifestóle el sentimiento que le causaba el ver á un hijo que debia hacer la gloria de su casa y el consuelo de sus dias, consumiendose del dolor por la ingratitud de una muger indigna de su afecto; perdido para su familia y para el mundo, engañando todas las esperanzas que habia dado en su juventud para el discurso de su vida.

Lord Mortimer se penetró de las representaciones de su padre. El conde observó su conmocion y sacó un feliz presagio. Su vanidad y su sensibilidad, decia estaban igualmente ajadas por ver á su hijo esclávo de una pasion tan mal reconocida. No permitais, añadió, que el mundo malo triunfe de vuestra debilidad; libertaos de un yugo deshonroso, antes que el dedo del ridiculo os señale como el ludibrio de los artificios de una muger.

La natural grandeza de animo de Lord Mortimer le habia representado muchas veces como una debilidad el afecto que conservaba á Amanda; y cuando el conde irritaba su orgullo estaba en disposicion de hacer todos los sacrificios que pudiesen probar que habia triunfado de su desgraciado amor. Pero cuando su padre le proponia como un sacrificio de esta especie su union con Lady Eufrasia, desechó con horror este plan y no se sentia capaz de hacer un esfuerzo tal. Declaró pues á su padre toda su repugnancia por este casamiento, diciendole que los esfuerzos de su razon le podrian curar algun dia, pero esta cura no podia ser sino obra del tiempo.

No se desanimó por eso Lord Cherbury, antes bien empleó toda su elocuencia; rogó, suplico á su hijo que no engañase sus esperanzas: Hizo merito para con su hijo de la complacencia que habia tenido en dar su consentimiento para su casamiento con Miss Fitzalan.

Estrechado tan fuertemente Lord Mortimer declaró al fin que, si se le propusiese por esposa cualquiera otra que no fuese Lady Eufrasia, no se opondria tal vez, y se prestaria á las miras de su padre, pero que no pudiendo estimar nunca á esta muger jamás se uniria con ella; que habia sido tan cruel y falsa con Miss Fitzalan, que sentia por ella una aversion insuperable.

El conde habia previsto esta respuesta de su hijo, y tuvo la barbaridad de decirle que bastaba reflecsionar sobre la conducta de Amanda, para conocer que no podia darse credito alguno á la declaracion que habia hecho de que Belgrave habia entrado en su casa, sin que ella lo hubiese sabido.

Lord Mortimer vaciló un momento, y convino en que la conducta de Amanda le habria dado alguna sospecha sin el testimonio de los criados que habian entrado en el complot para perderla: Pero el conde tuvo tambien con que contestar y debilitar esta circunstancia. Dijo á su hijo que los criados habian sido ecsaminados en su presencia y que habian confesado, que viendo el deseo grande que tenia Lord Mortimer de restablecer la reputacion de Miss Eitzalan, y las recompensas que les prometia si queria decir alguna cosa para justificarla, habian cedido al fin á sus instancias y declarado todo cuanto habia querido.

Lord Mortimer suspiró profundamete. Luego yo he sido el juguete por todos lados, dijo: pero una sola persona ha podido herir mi alma al engañarme. Mortimer estuvo siempre inaccecible á todo cuanto pudo decirle en favor de Lady Eufrasia.

El conde llamó á Lady Martha en su ayuda, y esta estrechó tambien muy vivamente á su sobrino. Representóle que continuando en entregarse de este modo á su dolor, iba á perder su salud, abreviar sus dias, y á ser una carga pesada para sí mismo; que mientras permaneceria aislado no podria hacer esfuerzo alguno vigoroso para superar su melancolia, y que una vez ligado con los vinculos del matrimonio, la razon y los sentimientos de sus deberes le llevarian á combatirla para poder llenar sus nuevas obligaciones. Dijole tambien que hasta entónces habia sido la gloria y las delicias de su familia, y el consuelo y alma de su vida, y que todos estos bienes estaban en adelante perdidos por ellos si no cedia á sus vivos deseos. En fin á todas las razones del conde y las suyas, juntó las lágrimas y las espresiones de la mayor ternura.

La alma sensible de Mortimer no habia podido resistir á tan ejecutivas solicitaciones,

y habia dado su promesa que aun casando-
se con Lady Eufrasia, no podia ser mas
desgraciado de lo que era. Pero apenas habia dado la palabra que su dolor se acrecentó sobre manera. Formar una nueva reunion,
renunciar á alimentar su melancolía, someter su
corazon y su persona á una cruel esclavitud
eran ideas que llenaban su alma de agonias
mortales. Mil veces estuvo á pique de retrac-
tarse de sus promesas sino le hubiese detenido el honor.

En tan penosa situacion, reuniendo todas
sus fuerzas, procuró recobrar su calma entre-
gandose á toda la disipacion de la sociedad,
y á ocultarse de si mismo, para borrar, si
era posible los recuerdos que envenaban su alma. Siguiendo este plan se halló en casa de
la Macqueen. Pero quien podrá pintar lo que
sufrió al encontrar en ella á Amanda? Los esfuerzos que hasta entónces habia hecho, habian llevado algun alivio á sus penas, pero
estas redoblaron su violencia con este inesperado encuentro, y perdió toda esperanza de
su tranquilidad. Sintió con la agonía mas dolorosa que Amanda era para él tan querida
como siempre, y su union procsima con Lady
Eufrasia se le hizo estremamente odiosa. Esforzose en vano á dispertar sus resentimien-
tos acordandose de la conducta de Amanda,
pero creia ver en su palidez y abatimiento,
el disgusto y el arrepentimiento. ¡Cuan dulce
le habria sido mitigar su disgusto y fortificar
su arrepentimiento, si hubiese osado empren-
derlo en la situacion en que se hallaba!

Lady Martha tuvo mucha dificultad en conseguir que estuviese presente cuando pediria á Amanda el retrato de él. Mas arriba se ha descrito esta escena, é igualmente su separacion, pero no puede darse idea justa de los tormentos de que fué victima desde entónces. No veia á Lady Eufrasia sino con horror, y su debil voz no se reusaba á emplear con ella las formulas ordinarias de la política. Huia de la sociedad del castillo, y sin inquietarse de lo que dirian de él, despreciando el frio y el mal tiempo, esponiendo hasta su salud iba errante muchas horas seguidas en las partes menos frecuentadas de los alrededores del Castillo de Rosline, entregado á su desgracia y su desesperacion.

El dia, aquel dia terrible que debia poner el sello á su infortunio llegó en fin. Todos estaban ya reunidos en la grande sala del castillo, desde donde debian pasar á la capilla y solo esperaban á la novia. Admirado el marques de que se hiciese aguardar tanto tiempo, envió á uno para decirle que despachase. El mensagero volvió algunos minutos despues trayendo una carta que el marques abrió con precipitacion, y era de Eufrasia.

En ella decia que habia dado un paso, que la indulgencia de sus padres le perdonarian, paso al cual se habia determinado convencida como se hallaba de que no seria feliz uniendose con Mortimer. La indiferencia constante que este le habia mostrado, le persuadia que en sus miras ó en las de Lord Cherbury habian sido guiados por el interés;

el marques y la marquesa se convencerian fácilmente de ello, y escusarián á su hija por no haber querido ser sacrificada. Haciendo eleccion de Mr. Free-Love, habia preferido un hombre que solo tenia motivos honestos, y hubiera declarado mas pronto y abiertamente sus miras, si en la situacion en que estaban las cosas, no hubiesen temido encontrar oposicion. Consintiendo ella á un casamiento clandestino, habia querido evitar un acto de desobediencia formal y positiva á sus padres. En cuanto á Lord Mortimer y á Lord Cherbury, no creia tener necesidad de justificarse con ellos, pues que no podian disimular á lo menos Lord Cherbury que su conducta con ella no habia sido ni honorable ni desinteresada.

Los transportes violentos del marques no pueden pintarse, y los de la marquesa no fueron menores. Conocieron al momento los motivos, y la admiracion se mostró en todos los semblantes. Pero ¿quién podrá decir la alegría secreta de Mortimer? La de un criminal condenado á muerte que recibe la gracia al pie del cadalso no es mas viva. En cuanto á Lord Cherbury, era el trastorno de todas sus esperanzas. Lo que Lady Eufrasia decia en su carta, indicaba claramente que tenia algun conocimiento del mal estado en que se hallaban los asuntos del conde. Free-Love iba á pedirle al momento sus bienes; veia estrellar su deshonor luego que la impotencia de satisfacer esta demanda seria conocida. El mas agudo dolor que penetraba hasta los pliegues de su corazon, era un suplicio el mas cruel del

que pudiese ser castigado. Pálido, mudo, y
con semblante trastornado, fué asaltado de los
mas horribles pensamientos, y no los recha-
zó : cualquier destino le parecia preferible á
la verguenza que le esperaba.

La lectura de esta carta indignó á Lord Mortimer por lo que decia de su pabre, lo que im-
putó unicamente á malicia de Lady Eufrasia. Pareciale inutil rechazar una acusacion de aquella
naturaleza, la cual la desmentia el carácter conocido de Lord Cherbury. Pero que golpe
fue para su alma sensible cuando pocos momentos despues le trajeron una carta de Free-
Love, que probaba bastante la verdad de
las reconvenciones hechas á Lord Cherbury.
Free-Love á su modo le manifestaba su esperanza de que el acaecimiento que habia mo-
tivado el que le escribiese, no alteraria su
amistad..... Que la hermosa señora que habia honrado con su eleccion habia cedido á
una inclinacion del todo invensible.... En amor
como en guerra cada uno se aprovecha de
las ventajas.... Le suplicaba diese espresiones
á Lord Cherbury y le dijese tuviese á bien
tener dispuestas para cuando volviese las cuentas de su tutela. No dudaba de que la cosa
le fuese facil, y era necesario que las hiciese
prontamente, por que, queria que su esposa
hiciese su estrada en el mundo con brillan-
tez. Que en cuanto á los rumores que corrian
de que Lord Cherbury habia perdido en el
juego todos los bienes de su pupilo, no habia dado credito alguno etc.

Esta última parte de la carta de Free-Love

mortificó hasta el último punto á Lord Mortimer. Veia en ella las razones por las cuales su padre habia deseado tan vivamente la alianza del marques de Rosline, de cuyo deseo se habia admirado muchas veces. Echó una mirada á su padre, y se sorprendió viendo en su fisonomía una profunda desesperacion. Avergonzose por él, condenóle, y le tuvo lastima. Resolvió pues declararle á la primera ocasion, que se hallaba instruido del fatal secreto que le oprimia, y determinado á hacer todos los sacrificios que pudiesen volverle la tranquilidad, ó á lo menos disminuirle sus inquietudes,

Lord Cherbury iba á toda prisa á dejar la casa de Rosline antes que se divulgase la aventura. Declaró que queria partir al momento y ayudado de su hijo resistió á las instancias del marques que queria detenerle. Todo estaba ya dispuesto para la partida, cuando Lord Cherbury á consecuencia de la terrible agitacion que acababa de esperimentar, cayó en un desmayo que tenia los carácteres mas alarmantes. Pusieronle en la cama, y fueron á buscar á un medico, quien le encontró tan debil, que declaró que podia temerse un nuevo y mas violento acceso, sino se le tenia en una perfecta quietud.

Lord Mortimer, á quien su ternura volvia impaciente por aligerar el peso que gravitaba sobre el corazon de su padre, alejó á todo el mundo luego que su padre se halló en estado de oirle, y con las atenciones mas delicadas le dijo que estaba instruido de la situacion de sus negocios, y resuelto á remediarles por todos los medios que estarian á su alcance.

A esta palabras Lord Cherbury se estremeció, sufrió una agonia mortal y declaró que no sobreviviria á este horroroso descubrimiento y á la perdida de su honor. Lord Mortimer se propuso calmarle, pero estuvo mucho tiempo sin poderse hacer escuchar con alguna tranquilidad.

No es una cosa estraordinaria dejarse llevar en el discurso de la vida de alguna accion que la razon y la virtud condenan. Todos somos fragiles, y conocida la fragilidad debemos reprimir nuestra severidad en condenarla. No es menester que la memoria de una falta, de la que nos arrepentimos, nos sumerja en la desesperacion, sobre todo cuando nos quedan medios de repararla.

Con semejantes discursos se esforzaba Lord Mortimer á calmar la agitacion de su padre mientras que este continuaba á airarse contra si mismo, condenandose. La venta de Tudor-Hall, dijo Mortimer á su padre, y un prestamo hipotecado sobre vuestras posesiones pueden pagar la deuda á Free-Love. Sin duda que vuestra ternura por mi os ha hecho no consentir en este sacrificio, pero no es preciso que una consideracion de esta naturaleza os impida satisfacer lo que ecsijen de vos el honor y la justicia. Nada me interesa tanto como vuestra felicidad, y prefiero vuestra tranquilidad á la mas brillante fortuna, que no creo, dijo arrojando un profundo suspiro,

que por si sola pueda acarrear la dicha. Hace
algun tiempo que miro con indiferencia el
lujo y las vanas pompas de la vida. Engañado
en mis mas queridas esperanzas, la riqueza hace
algun tiempo que no tiene el mismo valor á mis ojos. Tal vez perdiendola, seré mas
feliz; esta pérdida me obligará á entregarme
á una ocupacion, y esta echará de mi corazon la tristeza que me consume hace algun
tiempo, y enerva todas mis facultades. Tengo abierta delante de mi la carrera militar
por la cual he tenido siempre mucha inclinacion, puesto en el peligro, tal vez tendré pro-
porcion de hacer algun servicio á mi pais.
Asi padre mio, lo que hemos creido el mayor de males, será tal vez para mi un manantial de felicidad. Haremos pues lo mas pronto posible todos los arreglos necesarios para
satisfacer la deuda de Free-Love, y espero
que podremos desconsertar sus malignas intenciones.

Mi tia y hermana ignoran todavia vuestra
situacion, y por mi nada sabrán. Nos queda-
rá á mi hermana y á mi bastantes bienes para nuestras necesidades, aun que no podamos
tener de superfluo ni esquisito. En cuanto á
mi, las privaciones á que estaré reducido, nada me costarán. En fin creo que la ejecucion
de mi plan me hará feliz, pues que solo el
proyecto me dá mas satisfaccion de la que he
gustado desde mucho tiempo.

Conmovido viva y profundamente Lord
Cherbury de la ternura de su hijo y de un
sacrificio tan generosamente ofrecido, estuvo

largo tiempo incapaz de espresar lo que sentia. Al fin corriendo de sus ojos lagrimas de amor, reconocimiento y del arrepentimiento hasta regar la mano de su hijo que estrechaba entre las suyas, esclamó: Oh virtud! no puedo decir como Bruto que solo eres una sombra, un nombre vano. Si, verse personificada en mi hijo, en este hijo que tan cruelmente he engañado y con tanta dureza despojado. Gran Dios! este carácter heroico y celeste que hoy le conduce á resignar su propia fortuna por amor de mi, le habria llevado á hacerme tambien el sacrificio mas dificil de su Amanda, si se le hubiese confiado mi triste situacion, cuántas bajezas me habria ahorrado y cuantos tormentos á mi hijo, pero para ocultar mi verguenza he derramado la desgracia sobre su cabeza y el dolor en su corazon, haciendole creer que el objeto de toda su ternura, que le merecia bien, era indigno de ella.

¡Oh Mortimer! esclamaba con tono desesperado, ¿cómo me atreveré á levantar los ojos acia vos, despues de haberos confesado la injusticia que he cometido contra una de las mas virtuosas y amables criaturas que el cielo haya formado jamás?—Decid padre mio, esclamó Mortimer temblando y respirando con dificultad, decídme si en efecto ella es tal como me la habia figurado. Por Dios no me dilateis este conocimiento.

Entónces Lord Cherbury con la lentitud que le causaba su debilidad, pero con toda la buena voluntad que le daba su arrepen-

timiento, y el deseo de reparar una injusticia, contó á su hijo todo cuanto habia pasado en santa Catalina entre él y Amanda.
Pobre Fitzalan! esclamó, acabada su relacion,
desgraciado amigo; si despues de haber dejado este mundo has podido saber lo que pasa en él, cuánto me habrá hechado en cara
tu buena y sensible alma, la barbarie que he
usado con tu huerfana hija, á quien he arrancado el solo bien que has podido dejarle,
á saber una reputacion pura y sin tacha!

Lord Mortimer arrojaba profundos gemidos. Venianle á la memoria todos los reproches que habia hecho á Amanda y eran para
él otras tantas puñaladas. Su padre habia sido el opresor de esta amable criatura. Esta
idea al mismo tiempo que agravaba su pena
impedia que ecsalase reconvenciones, pues
era el autor un padre arrepentido, tendido
en cama moribundo. Era preciso pues perdonarle.

Miraba á su alrededor como si en este momento hubiese creido verla y poder arrojarse á
sus pies, abrirle su corazon despedazado, implorar su perdon, y oir pronunciarle por su
dulce voz. ¡Oh amable afligida, se decia con
los ojos humedos, cuando mis reproches os
perseguian, y os insultaban injustamente, vuestro corazon era victima de las mas crueles agonias, agrabando yo aun vuestros males! Con que dulzura y paciencia sin ejemplo habeis sufrido mis durezas! Ni aun se ha
dejado ver la indignacion del insulto hecho
á vuestra virtud en vuestras miradas; vues-

tros ojos llenos de lagrimas solo han manifestado la dulzura y resignacion.

Y ahora ¿que esperanza me queda para
espiar mi error? que posibilidad de reparar mi
injusticia? que lenitivo para mitigar mis acer-
vos remordimientos? Despues que la suerte
me seperaba de vos en un tiempo en que la
fortuna me era próspera, en el dia alcanzan-
do por la advercidad, soldado de fortuna,
como buscaré la union de mi destino con el
vuestro, y os haré participe de las necesidades y peligros de mi situacion? No puedo pensar ni resolverme á ello. ¡Oh Amanda! ojalá
que la calma y seguridad seanvuestro aseguro patrimonio! Vuestro Mortimer, siempre fiel
siempre vuestro adorador apasionado, no tur-
bará mas vuestra tranquilidad. Grande desgracia
es perderos, pera mayor seria asociaros á mis
infortunios y á mis peligros. Voy á arrojarme
á una nueva carrera, no teniendo por sos-
ten, sino vuestra querida imagen, cuya memoria no se apartará de mi sino con la vida;
y para mi será un consuelo pensar que puedo quererla, y adorarla sin poderseme atri-
buir á debilidad!

Tales eran sus sentimientos, que sin embargo no podia espresar por hallarse ocupado
en aliviar á su padre: pero sus atenciones
no eran hastantes para mitigar los tormentos
del alma de Lord Cherbury. Los remordimientos del conde, la perdida que hacia de
la estimacion de su hijo, el sentimiento por
el descalabro que habia causado á su fortuna
todas estas consideraciones despedezaban su

alma, le daban una violenta agitacion, y le renovaban los sintomas que al principio habian alarmado por su vida.

Las cosas permanecieron en este estado algunos dias durante los cuales no se habia recibido noticia alguna de Eufrasia, cuando una mañana hallandose Mortimer con el marques y la marquesa entró un criado quien dijo á su amo, que una persona acababa de llegar al castillo y preguntaba si podia verle. El marques y la marquesa se creyeron que era alguno que venia de parte de Lady Eufrasia pará interponer en su favor. Hicieronle entrar con el designio de mandar á decir á su hija, que si podian perdonarle jamás su falta de desobediencia y falta de respeto por ellos solo seria con el tiempo.

Lord Mortimer queria retirarse, pero detuviéronle y se quedó por curiosidad de saber que especie de apología podia presentar Lady Eufrasia. Entró un hombre muy decente y fué recibido con una política muy fria. Parecia embarazado y dolorosamente afectado: quiso hablar pero las palabras se le quedaron en los labios. La marquesa en fin cediendo á su impaciencia le suplicó la dijese que motivo le daba el gusto de recibir su visita.

Es por una circunstancia bien cruel, dijo con voz trémula. He venido con el objeto de prepararos poco á poco á una noticia triste, pero el encargo es superior á mis fuerzas.—Creo, dijo la marquesa, que el suceso de que teneis que hablarnos es sabido del marques y de mi.—Ah! señora, replicó el estrangero, mirando tristemente á la marquesa, yo creo que no lo sabeis; pues si asi fuese los sentimientos maternales no os permitirian entrar en la calma en que os veo. Detuvóse á estas palabras, púsose pálido, tembló, y sus emociones se hicieron contagiosas.—Decidnos os suplico, sin tardar lo que teneis que anunciarnos dijo el marques.

El estrangero tampoco pudo esplicarse. Por lo demas no era necesario que hablase para conocer que tenia alguna cosa siniestra que contar. Podria decirse de el como del viejo Nothumberland: la palidez de sus mejillas es mas propia para decir la naturaleza del mensage que llevaba que no la lengua.

Alguna desgracia ha sucedido á mi hija, dijo la marquesa turbada, y olvidando en este momento su descontento.—Ah señora dijo el estrangero mostrando su sensibilidad por algunas lágrimas, vuestros temores son muy bien fundados: Seria una barbarie atormentaros por mas tiempo teniendoos suspensa. En efecto ha sucedido una desgracia: Lady Enfrasia no puede en este momento sentir vuestras bondades.

Mi hija es muerta, dijo la marquesa dando un agudo grito, y perdió el conocimiento: el marques dejaba caer de su silla si Lord Mortimer temblando y horrorizado no le hubiese socorrido á tiempo. Tiraron la campana, corrieron los criados, y llevaron á la marquesa á su aposento. Vuelto en sí el marques quiso que le contasen las circunsoias de este triste suceso, y apenas el estrangero habia principiado la relacion que con la inconsecuencia que dá el dolor, dijo que no podia oir mas estos horribles detalles. Seria imposible describir la aflicsion de estos desgraciados padres viendo devanecerse en un momento sus deseos, sus proyectos y sus esperanzas. Triste ejemplo de la instabilidad de la humana felicidad, y de la insuficiencia de las riquezas para asegurarse de su posesion, y muy propio para abajar los humos del orgullo y de la vanidad, y encaminar á la reflecsion nuestros estraviados pensamientos por una loca disipacion. Al ver abismados de este modo el orgullo, las riquezas y la grandeza y sucumbiendo á las calamidades nos arrastra naturalmente á reconocer la fragilidad de los bienes de esta vida, y á ocuparnos en conseguir una dicha que no pueda escaparnos. El corazon humano necesita, para su guia ejemplos grandes que conmueban, y los que puede proporcionar una situacion óscura, no hacen tanta impresion como los que presentan las elevadas condiciones de la vida. Vemos con indiferencia como huella con los pies la humilde flor, pero la orgullosa encina que la tempestad ha echado por el suelo se contempla con pasmo. La desgracia del marques y de la marquesa se habia acrecentado tambien por las aldabadas que les daba su concieneia que parecian decirles, que este acaecimiento era un castigo del Ser supremo y justo, cuyas sagradas leyes babian violado, despojando á la viuda y al huerfano, ¿y que aumen-

to de miseria no es á la miseria misma pensar que se ha merecido? Todo el afecto del
marques y de la marquesa se habia concen-
trado en su hija; ella sola les habia echo
conocer los sentimientos de ternura que per-
tenecen á la humanidad: ella era aun mismo
tiempo el objeto de su amor, y el idolo de su
órgullo. Veian en ella la heredera de sus titu-
los. Su mas cercano pariente habíase vuelto
su irreconsiliable enemigo, y Eufrasia les era
preciosa por la razon de que les daba el medio
de satisfacer su venganza, separando á este
heredero. Su último proceder les habia disgustado, pero iban á apaciguarse pronto; y
estaban ya determinados á perdonarselo y á
enoblecer á Free-Love.

En cuanto á Lady Eufrasia no tenia ternura alguna por sus padres, y parecia que
no amaba á nadie. Sus restantes pasiones eran
mas vivas. En el paso que acababa de dar,
entraba en su calculo el deseo de vengarse. Free-
Love como pupilo de Lord Cherbury, y por
respetos á este, habia sido convidado á la
boda, y el habia aceptado. Debia hallarse al
Castillo de Rosline, pero algunos dias antes de
su partida se habia encontrado en tertulia con
la misma persona con la cual Lord Cherbury
habia perdido en el juego, y que instruida
del proyecto de casamiento de Lord Mortimer con Eufrasia, habia prometido el secreto
á Lord Cherbury: pero de las promesas de los
bones jamás debemos fiarnos. Este habia sido vivamente mortificado de algunas palabras bri-
que se habian escapado á Lord Cherbury en el

momento de sus grandes inquietudes por las cuales parecia sospechar la mala fé del jugador su antagonista. Estos reproches, precisamente por que eran justos, habian irritado á á este hombre y le habian inspirado un gran deseo de vengarse. Al. encontrar á Free-Love halló una ocasion de hacerlo, y la aprovechó. Contóle todo lo sucedido, el cual al principio se admiró mucho, pero luego estuvo muy contento del descubrimiento.

Fué para él una idea muy deliciosa poder humillar á Lord Cherbury y á su hijo. Aborrecia á ambos, pero sobre todo al último por la superioridad que tenia sobre el en todo. Ageno de toda noble emulacion no procuraba estudiar é imitar todo cuanto veia de estimable; solo se ocupaba en despreciarlo, y cuando no podia conseguirlo redoblabasele su envidia y malignidad. Mortificar de medio á medio el seno de su padre, cubrirle de confusion, deshonrando á Lord Cherbury, era para el un placer esquisito que habria comprado á costa de una parte de sus bienes; tan lisongero es para el envidioso el triunfo imaginario que consigue sobre una alma noble, cuya superioridad detesta por que no puede llegar á ella. Por otra parte Free-Love no tenia que hacer sacrificio alguno para contentar su pasion Los bienes de Lord Cherbury eran suficientes para responder á Free-Love de los suyos. Prometiase tambien la satisfaccion de ver á sus rivales ricos y disfrutando de consideracion caer en la oscuridad, si, impidiendo el casamiento, po-

dia quitar á Lord Mortimer el medio de
hacer frente á los inconvenientes que debian
resultar naturalmente de la mala conducta de
su padre. Despues de esto, si no podia conseguirlo solo le quedaba poco tiempo que esperar para pedir á Lord Cherbury la cuenta
de su tutela. En esta situacion se apresuró
Free-Love á ir á casa del marques, cuya visita habia diferido hasta entónces, para pre-
pararse á parecer á la boda con mayor brillo; aprovechó el primer momento que se le
presentó para dar parte á Lady Eufrasia de
todo cuanto habia sabido relativo á la conducta de Lord Cherbury y el mal estado en
que tenia sus cosas.

Lady Eufrasia estuvo furiosa. Vió claramente el motivo porque Lord Cherbury le
proponia casarla con su hijo, y quedó convencida de que no la buscaba sino para reparar las ruinas de una fortuna ya perdida. En este supuesto resolvió desconsertar este plan: y era tal su caracter que aun cuando hubiese tenido que sacrificar su felicidad
á esta venganza no hubiera titubeado; pero
no estaba en este caso. Renunciando á Lord
Mortimer no contrariaba ninguna inclinacion
de su alma. Admiraba sus cualidades; pero no
le tenia amor alguno. Era incapaz de sentir
esta pasion; y aun su admiracion habia desde mucho tiempo hecho lugar al resentimiento, cuando habia conocido toda la indiferencia de Mortimer por ella: y ya hubiera reu-
sado su mano sino hubiese temido que libre, se hubiese casado con Amanda. En el

momento mismo que vió que su fortuna era
necesaria á Mortimer, se desvaneció este temor, y dió lugar al placer que encontraria
de vengarse de él por las penas que su indiferencia le habian causado.

Al principio quiso comunicar á su padre
lo que habia sabido; pero la reflecsion le hizo abandonar esta idea. El marques habia
mostrado siempre la mayor deferencia á Lord
Cherbury, y temió de que no insistiese en el
casamiento á pesar de las nuevas circunstancias. Pronto hubo imaginado un medio de
apartar de si este peligro, y eligió á Free-Love por instrumento de su venganza. No titubeó en decirle que jamás habia amado á
Lord Mortimer y que solo habia un hombre
con quien ella podia ser feliz. Palabras que se
le escapaban, miradas sin embarazo bien representado, persuadieron á Free-Love que era
el objeto preferido. No pudo este ocultar la
alegría que le causaba tal descubrimiento. A
las obligantes espresiones de Lady Eufrasia
contestó con las mas ecsageradas lisonjas, las
mas ardientes protestas, y las promesas mas
aseguradas de un amor que duraria tanto como su vida. Eufrasia consiguió lo que queria;
resolvieron una evasion. Los criados y equipage de Free-Love estaban en el castillo, y
por consiguiente fue facil combinar la espedi-
cion. A los ojos de Eufrasia no tenia otro
merito Free-Love que ser instrumento de su
venganza, pues por otra parte le miraba con
desprecio; pero sus bienes le darian importancia en el mundo, y encontraria en él un es-

poso complaciente, tal como la necesitaba una
muger á la moda. En una palabra persuadida que seria dueña absoluta de sus acciones,
no dudaba que encontraria un objeto tan digno de su admiracion como Lord Mortimer,
y mas agradecido que este.

Embriagada de estas esperanzas dejó la casa paterna; esta casa que no debia volver á
ver, y en el momento en que ella se entregaba
á su alegría y á todas sus esperanzas, el inevi-
table tiro, el tiro mortal que debia alcanzarla
estaba ya en la cuerda del arco.

Terminada la ceremonia del casamiento
quisieron acercarse al castillo para enviar desde alli una carta apolegitica. La noche era
obscura, el tiempo horroroso, el camino malo y peligroso. Los postillones representaron
que era mejor esperar el dia, pero Lady Eufrasia se opuso á ello. Solo quedaban que hacer algunas millas para llegar al termino del
viaje y los postillones obedecieron. Poco camino habrian hecho cuando de repente se
asustaron los caballos de una luz que atrave-
saba el camino á una cierta distancia, y se
pusieron á retroceder del modo mas alarman-
te. A un lado del camino habia un precipicio
y los caballos á pesar de los esfuerzos del
postillon no detenian ya el coche. En este momento Free-Love solo pensó en si; abrió la
portezuela y se echó fuera. Eufrasia no pude
seguirle, pues á la vista del peligro se habia
desmayado. Los postillones tambien desmon-
taron y á pesar de los esfuerzos de los criados se precipitó el coche. Los criados habian

oido abrir la portezuela y creyeron que su
amo y Lady Eufrasia habian bajado, pues la
noche era tan oscura que no podian distinguirse los objetos. Pero un horroroso grito
que oyeron desde el fondo del precipicio les
desengañó pronto. Corrieron á la casa de donde habia salido esta luz fatal que habia causado la catástrofe, y pidieron en ella socorro
Bajaron al fondo del precipicio por senderos
estrechos y tortuosos. Los caballos estaban
muertos, el coche hecho pedazos, y bajo sus
astillas encontraron el cuerpo de la desgraciada Eufrasia despedazado y sin vida.

El dueño de la casa se estremeció de horror á este espectáculo, é hizo llevar el cuerpo á su casa, en donde, viendo estos restos
desfigurados no pudo menos de pensar que
la pobre criatura habia sido feliz en morir
del golpe, condenada como habria estado á
los mas crueles tormentos y dolores si hubiese sobrevivido.

Buscaron á Free-Love, y le encontraron
en el camino desmayado. Vuelto en si, la
primera palabra fue preguntar si era muerto
ó vivo, y con la seguridad que tuvo prontamente de que se hallaba sano y salvo, se felicitó á si mismo de su dicha con tanto calor, que convenció á cuantos le rodeaban de
que solo se ocupaba de si mismo. No fueron
menester muchos preparativos para hacerle saber el destino de Lady Eufrasia. A esta relacion sacudió la cabeza, diciendo, que habia
previsto ya la desgracia, cuando habia visto
retroceder los caballos en este abominable ca-

mino; repitió muchas veces que era una desgracia, y pareció inquieto de lo que diria el Marques, y que no le echasen en cara que habia sido la causa de ella.

Mr. Murry, el caballero en cuya casa habia sido recibido, se habia ofrecido á ir á noticiarlo á la familia de Lady Eufrasia este triste suceso, y Free-Love habia aceptado este ofrecimiento, declarando que el no estaba en estado de llenar tan desagradable comision.

Despues de haber oido á Mr. Murry, pasóse algun tiempo antes que el marques pudiese decirle que deseaba que el cuerpo de Lady Eufrasia fuese llevado al castillo, donde se le harian los honores funebres debidos á su rango y nacimiento. La casa adornada para la solemnidad de una boda, fué tendida de negro y llena de todos los atavios funebres que distinguen á los simbolos de la muerte.

El marques y la marquesa ocultaron su dolor en lo interior de sus aposentos mas retirados, mientras que los criados llenos de admiracion y de horror recibian el cuerpo de su desgraciada ama.

Todos los momentos que Lord Mortimer podia dejar á su padre los consagraba al Marques. Lady Eufrasia habia sido para él un objeto indiferente y á un repugnante; pero su genero de muerte habia hecho suceder á estos sentimientos el de la lastima, y mezclaba sus lágrimas sinceras con las del marques.

Lady Martha y Lady Araminta tuvieron las mismas atenciones y cuidados por la marquesa. Todo el tiempo que no pasaban al lado de Lord Cherbury lo dedicaban á ella: no combatian con ineficaces argumentos un dolor que la naturaleza reclamaba como un tributo, pero le mitigaban participando de él.

Lord Cherbury no recuperaba la razon sino por interbalos cortisimos, los cuales aprovechaba su hijo para calmarle; y el por su parte empleaba en dar gracias á Mortimer de los cuidados que le tributaba, y á felicitarse por versele acercar su fin.

Mortimer estaba cruelmente afectado de este desaliento de su padre, el que tenia motivos de creerlo fundado. Las campanas que dejaban oir ya sus sonidos lugubres para la ceremonia fúnebre de Eufrasia, parecian anunciarle este triste suceso.

Las cosas estaban en esta situacion en el castillo, cuando llegó á el Oscar acompañado de Sir Cárlos Bingley, y sin darse á conocer hicieron pasar recado al marques si podian hablarle por un asunto de importancia. Recibieronles con la persuasion que venian de la parte de Free-Love á quien el marques y la marquesa por amor á la memoria de su hija resolvieron darle buena acogida.

El marques conocia á sir Cárlos y este conocia tambien el marques. Sorprendióse de verle, pero su sorpresa fué mayor cuando Sir Cárlos tomando á Oscar por la mano se lo presentó como hijo de Lady Malvina Fitzalan y heredero legitimo del conde Dunreath. El marques estuvo tan confundido y turbado que su confusion y turbacion habrian bastado de por si para acusarle y convencerle, si una

prueba semejante hubiese sido necesaria. Al fin
con voz trémula pidió las pruebas de lo que
le decia Sir Cárlos. Este, (pues Oscar estaba
demasiado agitado para tomar la palabra), es-
puso en pocas palabras todas las circunstancias que habian conducido á descubrir el testamento, hasta llegar á las manos de Oscar;
á lo cual añadió, que la nobleza y generosidad de los sentimientos de su amigo le hacian desear salvar el honor de las personas
con las que le unian los vinculos de la sangre, y que solo reusando el marques reconocer los justos derechos que el testamento le
daba, podia detener su resolucion en emplear
todos los miramientos posibles á su egecucion.

La agitacion del marques llegó á ser estrema. La muerte de su hija acababa de hacerle perder su felicidad, y ademas se veia á
punto de perder el honor: una hora antes
creia que su miseria no podia recibir aumento, y entónces se convenció que la perdida
de la reputacion la aumentaba aun, y ella sola podia hacerla completa. La publica estimacion, el pensamiento de que no miremos como
merecidas las desgracias que nos oprimen, es
un balsamo derramado sobre las llagas del alma victima de los acerbos disgustos. El marques tenia de su patrimonio una fortuna mas
que suficiente para todos sus gastos; estos
iban á reducirse de todo cuanto añadian á
ellos el fausto y disipacion de Lady Eufrasia
y de cuanto habria añadido todavia. En esta
situacion era de sentir que era tan inutil,
como injusto retener lo que no era suyo; pero

temia que sometiendose timidamente y al instante mismo á lo que le pedian tan precipi-
tada é inopinadamente, daba á entender que
reconocia su injusta detencion anterior. Los
remordimientos le decian que reparase la injusticia; pero un falso honor se oponia á esta reparacion.

Incierto sobre el partído que tomaria, guardó por algun tiempo silencio, pero al fin
pensando que su misma incertidumbre le
venderia de lo que tenia mas ganas de ocultar, (á saber, que hubiese tenido conocimiento alguno del testamento) dijo con alguna firmeza que hasta que hubiese ecsaminado este
asunto que acababan de indicarle por la
primera vez, no podia tomar ningun partido
decisivo, y que este ecsamen pedia algun tiempo sobre todo en las tristes circunstancias en que
se hallaba. Si este señor, añadio dirigiendose á Sir Cárlos, hubiese tenido la generosidad que le suponeis, no hubiere venido á
entablar un asunto de esta especie en las circunstancias desgraciadas en que me hallo. Los
privilegios del dolor son sagrados por un hombre delicado y sensible, y estos han sido des-
conocidos y violados en mi persona, cuando
vienen á presentar tamaña reclamacion antes
de haber tributado mis últimos deberes á una
hija que lloro.

Sir Cárlos y Oscar se conmovieron vivamente á este reproche: ambos ignoraban el
suceso tan reciente de la muerte de Eufrasia.
Luego que Oscar volvió en sí de la sorpresa
que le habia causado lo que le dijo el mar-

ques, sintió su noble corazon herido por
la reconvencion de haber faltado á la delicadeza, y con tono energico y animado le declaró que si hubiese sabido la desgracia del
marques nada de este mundo le hubiera determinado á presentarsele en tal momento; que
compadecia y respetaba su dolor y le suplicaba que creyese que esta declaracion era sincera, y mientras hablaba, algunas lágrimas
que se le escaparon atestiguaron la sinceridad
de sus protestas.

El marques se conmovió á vista de estas
lágrimas. Echóse en cara su dureza y esta
prueba sencilla de la sensibilidad de Oscar habló mas en su favor en el espíritu del marques, que el mas elocuente discurso. Si este
jóven, decia, hubiese tenido los sentimientos menos elevados, cuando ya le heché en
cara el haber faltado á la sensibilidad, me
podia haber replicado con ventaja, recordando-
me la injusticia y la inhumanidad de que soy
culpable con él, y de las cuales tiene las pruebas en la mano; pero no, me vé victima del
dolor, y no ha querido romper la caña que
el cielo ha marchitado y debilitado.

Pensando en esto se enterneció, y alargando
la mano á Oscar, le dijo: veo que os he hecho
un injusto reproche, pero yo repararé mi error.
Suplicoos os contenteis por este momento
con las eguridad que os doy de que se hará
to docuanto sea justo, y que de cualquiera modo que giren los sucesos, deseo me conteis en
el numero de vuestros amigos. Oscar le manifestó de nuevo el sentimiento que tenia de

haberse presentado en semejante circunstancia, y le suplicó que dejase el asunto para otro dia. El marques por su parte siempre mas contento del modo y procedimientos de Oscar, le aseguró que no le haria esperar mucho tiempo su resolucion.

Habiendose quedado el marques reflecsionando, se calmó poco á poco, y se halló en estado de pensar con mayor madurez en lo que debia hacer. El resultado de estas reflecsiones fué que no podia dejar de hacer una restitucion que su conciencia le prescribía, y las falsas ideas de honor la desviaban de ello. Todo cuanto podia esperar, era ejecutar esta resolucion salvando su honor, y para esto era preciso encontrar un medio. Al fin imaginó un plan que se lisongeò que la generosidad de Oscar adoptaria. Consistia en declarar que el conde Dunreath en su testamento habia hecho á Mr. Fitzalan heredero de sus bienes en caso que muriese Lady Eufrasia, y que en consecuencia iba á tomar posesion de ellos: que Lady Dunreath cuya residencia en la Abadia no podia ocultarse estaria de vuelta de un convento de Francia donde habia pasado muchos años. El marques se proponia tambien decir á Oscar que la cautividad de Lady Dunreath no habia tenido otro motivo que la mala conducta de esta muger y el deseo de impedir el ignominioso casamiento que queria hacer; y que el habia mirado como una quimera el testamento con el cual les habia amenazado á fin de hacerles miedo.

Hecho este plan, su corazon quedó muy aliviado. Fuese á ver á la marquesa, y despues de haberla preparado poco á poco, le dió parte de todo lo que habia pasado. Añadió, que convencidos, como debian estarlo, de la fragilidad de las cosas humanas, era ya tiempo que hiciesen la paz con el cielo. La desgracia habia dispuesto el corazon de la marquesa á escuchar verdades, aprovó el plan y pensó como su marido, que para sacar ventaja de él, era menester ejecutarlo pronto. En esta consecuencia el marques escribió á Oscar para darle parte de su resolucion y al mismo tiempo de sus deseos por el modo de ejecutarla. Oscar no engañó la confianza que el marques habia puesto en su generosidad, lejos su alma elevada de querer triunfar de un enemigo abatido, adoptó con alegria un medio de salvar el honor del marques. Pasó pues al momento al castillo, como el se lo suplicaba, y aseguró que todo se haria segun los deseos del marques.

Puede que en este momento el desprecio público no hubiese humillado tanto al Marques como una generosidad tal de parte de un hombre á quien habia hecho una tan larga y cruel injuria. Este contraste entre Oscar y él, le despedazaba el alma, y le degradaba á sus propios ojos. Dijo á Oscar que luego que se hubiesen hecho los últimos deberes á su hija, lo arreglaria todo con él, y podria presentarse á la marquesa. Suplicóle que tomase cuarto en su castillo y asistiese á los funerales de Eufrasia, como uno de sus

mas cercanos parientes. Reusó Oscar la primera de estas proposiciones, y con voz turbada prometió hallarse á la triste ceremonia.
Retiróse despues, y el marques que se habia
sostenido contra su propio dolor por la ocu-
pasion que le habia dado el querer salvar su
honor, sentió de nuevo todo el peso de su
desgracia. Deseaba que Oscar no hiciese ya
misterio de su calidad de heredero del conde Dunreath, y el mismo dijo que anuncia-
ria esta nueva en la casa. Por este conducto
lo supo Lord Mortimer. Este se alegró infinito de saber que Amanda y su hermano iban
al fin á gozar de la independencia; y verian
en lo sucesivo dias mas felices.

Pocas horas despues Lord Cherbury su-
cumbió á sus disgustos. y á su enfermedad.
Sus últimas palabras fueron bendiciones á
sus hijos, las cuales recibió Mortimer enter-
necido; bien diferente en esto de estos jóvenes endurecidos y desnaturalizados por la disipacion, que parece que esperan con impaciencia los ultimos momentos de un padre,
cuya muerte les dejará mas abundantes medios para satisfacer sus pasiones. El dolor de
Mortimer era mitigado por el testimonio de
que nada habia descuidado de cuanto podia
dar á su padre alguna tranquilidad, y por la
conviccion de que Lord Cherbury jamás hubiera sido feliz divulgada su conducta. Resigno-
se pues á esta perdida, con el sentimiento pia-
doso de que Dios aceptaria el arrepentimiento del culpable, y le admitiria en el seno y
morada de la felicidad.

Pocos dias despues dejó el castillo y sus
desconsolados dueños, y acompañó á Lady
Marta y su hermana Araminta á Tornbury
donde estaba el sepulcro de su familia. Permaneció allí hasta la llegada del cuerpo de
su padre, y despues de los funerales salió
para Londres con el objeto de ejecutar el plan
que habia hecho para el pago de las deudas de
su padre. No podia ocultar este paso á su tia;
pero resolvió no hacerla saber los prestamos
que pedia sobre sus restantes bienes, por temor de que no concibiese sospechas desven-
tajosas á la memoria de su padre.

En medio de estos cuidados la idea de
Amanda jamás le abandonaba; ni los negocios, ni sus disgustos podian desterrarla de
su memoria. Sus esperanzas lisongeras y tiernas principiaban á revivir, cuando un inesperado golpe las trastornó y sumergió en una
situacion mas desgraciada aun, si hubiese sido posible, de cuantas habia sufrido hasta entonces. Dijeronle en confianza que la hermana del conde de Dunreath (pues Oscar habia
conseguido el título de su abuelo), se casaba
con Sir Carlos Bingley. La amistad que sabia
que habia entre el conde y Sir Carlos hacia
la cosa muy probable. Mas si le hubiese quedado alguna duda, un suceso que supo al
mismo tiempo, acabó de persuadirle de la
realidad de una desgracia que temia. Sir Carlos mismo se dirigió á él para comprar Tudor-Hall, y Mortimer no dudó que esto era
para contentar los deseos de Amanda. Incapaz de contener sus sentimientos, dirigió á Sir

Carlos á su procurador. Acusó á Amanda de cruel, de ingrata, y de insensible á todo cuanto había sufrido por ella. Merecia el ser desterrado de su memoria tan prontamente y ser substituido en su corazon por un hombre que jamas habia podido darle tantas y tan fuertes pruebas de constancia y de amor? Ella pues es perdida para mi! perdida para siempre. Y de que me sirve que su amor sea vengado, si mi desgracia es todavia mayor? Oh padre mio! que bien me habeis hecho perder. Mas no quiero turbar vuestras cenizas, perdonad la involuntaria espresion de un corazon despedazado. Amanda, continuó, será dueña de Tudor-Hall, y no dará un suspiro á la memoria de aquel que fué su propietario. Ella se paseará bajo estas sombras; donde tantas veces ha recibido mis votos, los de un amor inalterable; votos, ay de mi! que mi corazon ha guardado con demasiada ecsactitud, y ella escuchará otros semejantes del nuevo poseedor. Ah! este es el último golpe y el mas cruel que la suerte podia reservarme.

Lord Mortimer, ó mas bien Lord Cherbury, que es el nombre que le daremos en lo sucesivo, se habia en efecto persuadido que el efecto que Amanda le tenia era como el suyo, constante é inalterable. Habia alimentado la idea que buscándola de nuevo, podria hacer su dicha y la de Amanda uniéndose con esta. Es verdad que ahora poseia una fortuna mucho mayor que aquella sobre la cual podia el contar; pero despues de las pruebas que la habia dado de un amor desinteresado, ni

ella ní en la opinion del mundo no se le
sospecharia de tener motivo alguno de interés renovando sus proposiciones. Por lo que
habia sabido, sus esperanzas se hallaban tras-
tornadas y sus proyectos desconcertados. De-
terminabase, luego que hubiese concluido sus
mas urgentes negocios, pasar al continente,
porque despues de la muerte de su padre ya
no tenia necesidad de abrazar la profesion de
las armas. Su abatido espiritu, y sus debilita-
das fuerzas le impedian entrar en esta carrera.

Terminada la compra de Tudor-Hall por
Sir Carlos, era necesario que Lord Cherbury viese al procurador que alli tenia. Prefirió
ir el mismo que hacerle venir á Londres, impelido por otra parte por el deseo de volver
á ver la última vez un sitio querido á su corazon por tan dulces recuerdos. A su llegada
se alojó en casa de su procurador, encargan-
dole que ocultase cuidadosamente su llegada.
Despues de un paseo en el cual habia recorrido todos los lugares que en otro tiempo habia visto con Amanda, entró en el salon de
música, en el cual la habia encontrado ignorando absolutamente que estuviese en este pais.
Dificilmente puede pintarse la sorpresa y la
emocion que esperimentó á esta inesperada
vista. Bastará decir que el deseo que mostró Amanda de alejarse de él, lo habia atri-
buido á su nueva pasion por Sir Carlos. Cuando estuvo desengañado sobre este punto, y
viéndose todavia amado, su alegria llegó al
colmo, y declaró, lo mismo que Amanda que

estaba demasiado pagado de cuanto habia sufrido.

CAPITULO LVI.

Pero mi querida amiga, dijo Lord Cherbury, mientras Amanda enjugaba los lágrimas que le habia hecho derramar la narracion de la triste suerte de Eufrasia, pensais que vuestro hermano aprobará nuestra union, y consentirá en mi dicha! El que puede llevar sus miras tan altas para una hermana que en el dia reune la riqueza á la belleza, querrá darla á un hombre que solo tiene que ofrecerle un vano título?—Ah! dijo Amanda, una duda semejante seria injuriosa á la noble y generosa alma de Oscar. Si, con el mayor orgullo, con placer y alegria dará su hermana al hombre que ella estima, que ella ama y á quien hollando vanas preocupaciones é intereses viles, la habia buscado en la obscuridad, abandonada, sin amigos ni protectores, para poner á sus pies toda su fortuna.

Mas si estas ideas diferenciasen de las suyas; si intentaba obligarme á hacer otra eleccion, mi corazon resistiria á sus esfuerzos y le confesaria mi resolucion que nada puede hacerme mudar: pero Oscar es incapaz de semejante conducta, todos los sentimientos generosos estan en su alma; en fin su corazon se parece al vuestro; no puedo decir mas.

Lord Cherbury la estrechó contra su corazon. ¡Oh la mas querida y la mas amable da las mugeres! esclamó, puedo decir que

sois mia! Despues de tantos obstáculos y de
tantos disgustos llegaré á poseer en fin un
bien tan precioso! Oh mi querida Amanda!
no os admireis, si dudo todavia de la realidad de mi dicha. En una mudanza tan re-
pentina de situacion, creo estar en un sueño
delicioso, pero gran Dios! que este letargo ó
sueño no se disipe jamas!

Amanda se acordó entonces que si permanecia mas tiempo ausente de la casa de los
Edwin, estarian inquietos y vendrian á buscarla. Hizo esta observacion á Lord Cherbury y se levantó para partir, pero el quiso acompañarla á lo que ella consintió.

A su vuelta encontraron á la nodriza y Betzy.
La sorpresa de la madre á la vista de Lord
Cherbury fué estrema. Mezclabase en ella algun poco de indignacion al pensar en la in-
fidelidad del Lord á su querida hija Amanda, pero cuando la desengañaron su alegria
llegó hasta los mayores transportes.

Dios sea loado, dijo ella. Ahora volveré
à ver á mi querida levantar la cabeza y mostrarse tan hermosa como siempre. Oh! jamas
he podido creer que Mylord fuese uno de aquellos hombres falsos y engañosos de que mi
vieja abuela me hablaba siempre. Buena nodriza, la dijo Lord Cherbury sonriéndose, quereis darme á vuestra querida hija, y darme-
la de todo corazon? — Si, Mylord, os la daria ahora mismo si podia.

Mi querida, dijo Amanda, Mylord ahora
se contentará con que le deis de comer. Al
mismo tiempo pidió que pusieren la mesa ba-

jo el emparrado que hemos descrito al principio de esta obra, y se fué allá con Lord Cherbury.

Este proyecto de comer puso á la nodriza y á su hija en un grande embarazo. Que desgraciada soy, dijo la madre de no tener nada caliente ni nada bueno que dar á Mylord. Cómo comerá con carnero frio y ensalada? Esto es culpa de Miss Amanda que no quiere dejarme hacer á mi fantasia. Costó mucha dificultad á persuadirla que Mylord se contentaria con cualquiera cosa. Añadióse todo cuanto podia dar de si para guizos la leche, y Betzy fué á coger avellanas tiernas.

Jamas Lord Cherbury habia comido con mas gusto, jamas él y Amanda habian gustado una felicidad tan pura, como era la de un goce asegurado, que se posee con tranquilidad. El placer y la ternura brillaban en sus miradas mutuas y espresivas, y sentian mejor que nunca, que en las condiciones y situaciones comunes de la vida se encuentra mas facilmente la felicidad.

Lord Cherbury se sentia mas resignado por la disminucion de su fortuna, sin embargo que le quedaba suficiente para las comodidades de la vida. El lujo, al que debia renunciar en lo sucesivo, no tenia aprecio en su concepto. En este mismo momento esperimentaba, cuan inutil era para la felicidad, y sobre todo, veia que Amanda no lo sentia mas que él. Qué es el mundo, sus pompas y sus placeres para dos seres que halla el uno en el otro todo lo que la imaginacion puede pin-

tar de bellezas, y todo cuanto el corazon puede desear de delicias.

Toda la naturaleza parecia sonreirse á su
alrededor. Respiraba el olor agradable de las
primeras flores. Al traves de la sombra que
le cubria, entreveia el brillante celeste de los
cielos y sentia la benigna influencia del as-
tro del dia, cuyos poderosos rayos aclara-
ban todo el paisage, y daba á las bellezas
de la naturaleza todo su brillo. Manifestaba
estas sensaciones á Amanda á la cual oia decir que eran igualmente las suyas, y aun esta con el dulce entusiasmo de un espíritu delicado y animado, alababa á su modo la escena encantadora que tenia á la vista. ¡Oh que
memorias tan tiernas se le dispertaban!
que plan tan delicioso de felicidad no trazaba!

Lord Cherbury quiso que Amanda le con-
tase todo cuanto habia sufrido desde su ulti-
ma separacion: y si su amor y estimacion por
ella hubiese podido recibir incremento se habria amentado por su relacion.

No se fueron del jardin hasta la noche.
Con que emocion vió Amanda ponerse el
sol, cuyos rayos al nacer por la mañana habian encontrado sus ojos obscurecidos de lágrimas! vuelta á casa, notó que la nodriza se
habia ataviado con los mejores vestidos, y habia enviado á buscar el tocador del harpa
que se sentó fuera de la casa. El instrumento atrajo luego muchos vecinos, á cuyo son les
vino tentaciones de ponerse á baylar. La nodriza quiso impedirselo, diciéndoles, que sus
huéspedes tenian necesidad de descanso; pero

Lord Cherbury quiso que se les contentase, y les hizo dar refrescos como igualmente una gratificacion al famoso tocador del harpa.

No quiso separarse de Amanda hasta haber conseguido su permiso de volver por la mañana luego que estaria visible. La primera voz que oyó al dispertarse fué la de Lord Mortimer conversando con la nodriza. Puede uno muy bien figurarse que no emplearia mucho tiempo al tocador. Lá grande sencillez de sus vestidos y de su peinado ecsigia muy poco. Bajó luego, y fueron à pasearse hásta que el desayuno estuviese dispuesto, hollando juntos el rocio de la mañana y cogiendo en su primera frescura la flor que se abria.

Esperando Amanda de dia en dia á su hermano, quíso poner en noticia de sus huéspedes la mudanza sobrevenida en la fortuna de Oscar. Tomó una ocasion en la cual ayudada de Lord Cherbury pudo noticiar este acaecimiento á la nodriza, pues sí hubiese estado sola la habria abrumado con preguntas. La alegria y la admiracion transportaron á la buena muger, y su impaciencia por comunicarlo á la restante familia lo que acababa de saber, dispensó á Amanda de repetir lo que le habrian preguntado centenares de veces.

Lord Cherbury comió con Amanda como el dia anterior. La esperanza de la prócsima llegada de Oscar no fué engañada. Mientras estaban sentados en el jardin despues de la comida, corrió á ellos la nodriza sin aliento diciéndoles que veia venir por el camino un hermoso coche tirado por cuatro caballos, que

seguramente seria Lord Dunreath. Lord Cherbury se conmovió. Amanda no quiso que se
viesen con Oscar antes que ella le hubiese dicho todo cuanto era necesario que supiese relativo á Lord Cherbury. Este bajó al jardin
por un sendero oculto, mientras Amanda corrió á su casa para recibir á su hermano. Su
primer recibimiento fué tierno y sentimental.
Los Edwin se acercaron à Oscar espresando
su contento , y manifestando en su estilo sen-
cillo y natural sus enhorabuenas por su feliz fortuna, y sus deseos de que la disfrutase
por mucho tiempo . Dióles gracias Oscar con
la mas tierna sensibilidad ; aseguróles que los
cuidados que habian prodigado á su hermana , á su desgraciado padre y á él mismo en
su infancia, les daba derecho á su eterno reconocimiento. Luego que el y Amanda pudieron desembarazarse de estas buenas gentes sin mortificar su sensibilidad, se retiraron
en el aposento de Amanda , en donde Oscar
principió por contarle todo cuanto habia pasado entre él y el marques de Rosline.
    Inmediatamente despues de los funerales de
Lady Eufrasia, el marques segun su promesa
lo habia arreglado todo con Oscar y le habia puesto en posesion de la Abadia de Dunreath. Segun los deseos que el marques habia manifestado, el mismo Oscar habia
ido á noticiar á Lady Dunreath, su libertad , suplicándola no desmintiese los rumores
que querian sembrar de que ella volvia del continente despues de haber pasado allí muchos
años. Confiesoos , añadió Oscar, que su cruel-

dad con mi madre, y el desorden de su conducta me habian dado fuertes prevenciones contra ella. En cuanto á la justicia tardia que nos hacia, la atribuia á su resentimiento contra el marques. Pero al entrar en su aposento estas prevenciones hicieron lugar á otros sentimientos mas dulces. Dióme verdaderamente lastima viendo un sincero arrepentimiento. Aunque preparado á ver su figura muy alterada por el dolor y el encarcelamiento, de ningun modo esperaba ver una tal destruccion. Era un verdadero espectro, un esqueleto. Como yo entré despues de haberla hecho prevenir por Mistriss Bruce, y entré solo, ella me saludó con la cabeza única señal que daba de que vivia. Por nada de este mundo habria roto tan terrible silencio. En fin con una voz que me llegó hasta el alma imploró mi perdon por el mal que me habia hecho. Asegurela diferentes veces que se lo concedia de todo mi corazon, pero mis seguridades no sirvieron mas que para aumentar su agitacion. Sus lágrimas y sollozos me hicieron conocer las agonias que padecia. He vivido, me dijo, para justificar las miras de la providencia entre los hombres, y para probar que por mas calamidades que sufra el hombre virtuoso, jamas le abandona. Ella recompensa las virtudes de Fitzalan y su esposa en sus descendientes. He vivido para ver cumplidos mis deseos, y para ver como mi arrepentimiento, conduce este momento feliz; en adelante dejaré la vida mortal sin sentimiento. Manifestóme sus ardientes deseos de ver á su hija. Las lágrimas de compasion de una madre, me dijo, podrán ser un bálsamo sobre las llagas de su corazon. Ah! en mi desesperacion le he profetizado muchas veces el castigo que la esperaba, y otras tantas rogaba al cielo que no lo descargase sobre su cabeza.

Di parte al Marques de los deseos de su madre política: la marquesa lo reusó al principio por temor de tener á la vista la de una madre ultrajada, pero al fin consintió, y me rogaron que fuese por Lady Dunreath y la acompañase á casa de la marquesa. No puedo describiros la escena que presencié. La ternura maternal por un lado, el arrepentimiento de una hija por otro, los remordimientos y el horror de la marquesa señalados en el semblante de esta, siempre que miraba á su desgraciada madre no pueden salir de mi imaginacion. Propuse á Lady Dunreath si queria continuar viviendo en la Abadia, pero decidieron al fin que se quedaria al lado de la marquesa. Sus ultimos momentos tal vez los endulzará la presencia de su hija; pero hasta ahora creo que su desgracia se ha aumentado con la del marques y de la marquesa. Estos se hallan en esta terrible situacion á la cual ningun alivio puede darse, en que el dolor del alma no tiene remedio, y en que segun la hermosa espresion de uno de nuestros modernos escritores, las puertas de la muerte cerradas, están entre la desgracia y la esperanza.

Entonces Amanda, despues de haber va-

cilado un poco dió cuenta á Oscar de su verdadera situacion con relacion á Lord Cherbury, y suplicole creyese, que jamas se la
habria ocultado sino hubiese temido darle disgusto. Cuando hubo acabado, Oscar la abrazó tiernamente y le manifestó cuanto se alegraba de que hubiese encontrado un objeto
digno de ella y tan capaz de hacerla feliz.
Mas donde está este querido amigo? la dijo
alegremente. Debo buscarlo como un silfio preferido en vuestro ramillete, ó mas bien no
estará en algun parage del jardin?

Vamos, vuestras miradas me dicen que no
os disgustará esta pesquisa; entremos al jardin. Lord Mortimer les vió acercarse. Amanda le hizo señas, adelantóse él, y Amanda
le presentó á Lord Dunreath. La acogida que
recibió fué una de las mas lisongeras pruebas
que pudo tener de su cariño, pues en este
primer recibimiento Lord Dunreath le dirigió las
espresiones mas animadas de benevolencia y de
amistad. Los escesos de alegria y de dolor son
dificiles de pintarse, y así no intentaré describir esta escena. Lord Dunreath habia enviado su equipage y criados á la posada
de la poblacion donde contaba alojarse; pero Lord Cherbury le apartó de este inten-
to diciendole que podia alojarse mas como-
damente en casa de su procurador. Allí
despues de haberse retirado al anochecer Lord
Cherbury espresó sus deseos de unirse sin mas
tardar con Amanda, y habiendo convenido
en los preliminares, dispusieron que se casa-
rian estando Amanda todavia en casa de Ed-

win, desde donde los recien casados pasarian
á casa de Lady Marta. Para esto era precisa
una licencia eclesiástica, y acordaron ir ambos
á buscarla al dia siguiente. En el desayuno dieron cuenta á Amanda de su plan, y aun que
esta manifestó un modesto encarnado en su cara, no hizo el melindre de presentar objecion
alguna.

Los viageros se despacharon con la mayor prontitud, y á la vuelta que fué de allí
á dos dias, sobre su peticion de que el casamiento se verificase al dia siguiente, Amanda sin afectar una modestia que en realidad
tenia y consintió en ello.

Enviaron á buscar á Howell y le dijeron
la hora en que tenian necesidad de su ministerio. Sus miradas llenas de una dulce alegria
manifestaron á Amanda el gusto que tenia de
verla feliz.

A la mañana siguiente Lord Dunreath y
su nuevo amigo fueron á casa de Edwin, y
algunos momentos despues se unió con ellos
Amanda, modelo perfecto de la inocencia y
de la belleza. Presentóse esta del mismo modo que se pintaria la dulce sencillez adornada con los elegantes atractivos de una aldea-
na, sin otros adornos que los que no pasan
de la modestia y dulzura.

Los sentimientos de Lord Cherbury no pueden describirse. Leíase en sus ojos la alegria
de un triunfador por la posesion de una muger tal; pero en los de Lord Dunreath solo
se veia pintada una dulce melancolía al ver
la felicidad de Lord Cherbury, pensando en

la que habria podido gozar si no hubiese sido víctima de la mas negra perfidia.

Cuando Lord Cherbury se apoderó de la mano trémula de Amanda, al salir de la casa de Edwin para conducirla al altar, suspiró ella al dejar esta habitacion en la cual habia principiado su actual dicha. Los novios caminaron ácia la iglesia seguidos de la nodriza y toda su familia. Una mano amiga habia esparcido flores recientes sobre la sepultura de Malvina, y cuando Amanda pasó por su inmediacion se detuvo un momento invocando la bendicion de sus padres para su union.

Howell estaba ya en la iglesia, y la ceremonia se verificó al momento. Con que satisfaccion tan dulce dió Lord Dunreath su amable hermana á Lord Cherbury, y con que transportes de la mas profunda alegria la recibió este como el presente mas precioso que el cielo podia hacerle!

Cuando despues de la ceremonia religiosa Lord Cherbury estrechó contra su pecho á Amanda, ya esposa suya, esta derramó un torrente de lágrimas de alegria al ver llenada una union tanto tiempo deseada, y de cuya realizacion habia desesperado tanto tiempo. Lord Cherbury enjugó sus lágrimas y cuando hubo recibido los abrazos y felicitaciones de su hermano, este la presentó al corto número de asistentes.

Dios sea loado, dijo la nodriza; mis deseos se han cumplido ya. No he cesado de rogar todos los dias por mañana y tarde para poder ver á la hija del querido capitan Fitza-

lan bien casada. La pobre Elena, llorando de
alegria, decia: ahora soy feliz que lo es mi
querida señorita. Conmovida vivamente Amanda de las sencillas pruebas de afecto que recibia,
no podia agradecer á estas buenas gentes sus
demostraciones sino con una alegre sonrisa.

Observando Lord Cherbury su agitacion y
su imposibilidad de hablar, tomó la mano á
Edwin y á la nodriza diciendoles: Lady Cherbury no olvidará jamas los cuidados y buenos oficios que ha recibido Miss Fitzalan. Habian ya hecho el regalo de boda á Edwin
y á su familia. Lord Cherbury hizo uno muy
hermoso á Howell, como una señal de su sincera amistad, y distribuyeron igualmente dinero á los pobres del pueblo.

Lord Cherbury dió la mano á Amandá
para subir al coche que debia llevarles á Tornbury con Lord Dunreath. Despues de haber
hecho un cuarto de milla se encontraron cerca de Tudor-Hall. Mientras iban á dar la
vuelta al bosque; Oscar dijo: Permitid Mylord que me detenga un momento pues quisiera dar una ojeada á esta casa; bajemos.
Lord Cherbury esperimentó algun embarazo,
y sentia una fuerte repugnancia á volver á
ver una casa que no era ya suya. Sin embargo no quiso contrariar al conde.

Amanda conocia el motivo de su marido,
y hubiera deseado que su hermano no hubiera hecho esta demanda; pero no oponiéndose
nadie bajaron al entrar en la grande avenida. Era una larga y hermosa calle cortada en
el bosque y alineada en la casa; por una y

otra parte habia cespedes espesos esmaltados
de flores; los frondosos árboles formaban con
sus altas cabezas una sombra espesa. La Ma-
dreselva se entrelazaba en sus troncos, y una
gran variedad de olorosos arbustos llenaban
el aire de olorosos perfumes.

La mañana no estaba muy adelantada; las
gotas del rocío brillaban aun sobre el cesped,
y el verdor estaba en toda su frescura: Las
claridades del bosque dejaban ver un hermoso riachuelo de agua cristalina, á las orillas
del cual daba fin en dulce pendiente una verde
praderia poblada de ganado, ostentando toda
su riqueza al sol. Los pajaritos animaban toda esta escena; la calma en fin, y los encantos del sitio arrancaron un suspiro al dueño que acababa de verle salir de sus manos.
Ay! decia entre sí, cuan feliz habria sido
cuidando todavia estos viejos arboles á la sombra de los cuales he pasado tan dulces horas!

Entraron en el vestibulo cuyas puertas estaban abiertas. Era una grande pieza constrni-
da al estilo gotico, á la cual daban luz una
hilera de ventanas en cuyas aberturas se hallaban mirtos, y rosales, que esparcian un
dulce perfume, y daban á la casa un aire
de fiesta y alegria.

El vestibulo comunicaba á una grande sala acia la cual se adelantó Oscar seguido del
resto de la compañia. Pero cual fué la sorpresa y gusto de Lord y Lady Cherbury cuando abiertas las puertas se les presentaron Lady
Martha y Lady Araminta Dormer. Lord Cherbury pareció un momento vuelto en estatua.

Las caricias de su tía y hermana que dividian entre el y su esposa le reanimaron; pero al volverselas puso los ojos en Oscar pidiéndole una esplicacion de lo que veia.—Una esplicacion, Mylord, dijo Oscar! No os la daré hasta que nos hayais dicho que somos bien llegados á vuestra casa.—A mi casa! dijo Lord Cherbury mirando á Oscar con la mayor admiracion. Entonces Lord Dunreath se acercó á él. Jamás habia parecido tan amable; la benevolencia estaba pintada en toda su fisonomía, y su semblante era el de un ángel enviado del cielo para hacer bien á los hombres.

Perdonadme querido amigo, dijo á Lord Cherbury, si os he dado un momento de pesadumbre que podia ahorraros, pero he querido proporcionaros un placer mas vivo. Supe en Escocia vuestra pasion por mi hermana, Lady Greystok, me lo dijo como igualmente de que no podiais olvidar uno á otro Viendo en los papeles públicos que Tudor-Hall se vendia, supliqué á Sir Cárlos Bingley que la comprase para mi en su nombre, por el presentimiento que tenia del suceso que hoy nos reune, y para hacer un regalo de boda á mi hermana que pudiese gustarle. Permitidme pues, añadió, tomando á ambos la mano y uniendolas á la suya, permitidme en presencia de las personas que amais que os entregue esta respetable morada, que va á ser testigo de vuestra felicidad domestica, y el asilo donde los desgraciados continuarán á encontrar consuelos y socorros.

Lord Cherbury estaba demasiado conmo-

vido para poder contestar, y no pudo esprimir esta impotencia sino con palabras corta-
das.—No me hableis, dijo Oscar, de reconoci-
cimiento si no quereis afligirme. Olvidad para siempre el que hayais cesado de ser propietario de Tudor-Hall, ó si os acordais sea
solo para pensar que recobrandolo habeis tomado sobre vos una carga bien pesada, que
debe moderaros el sentimiento demasiado vivo
de la obligacion que creeis tenerme. Lord
Cherbury se sonrió mirando la amable carga
que decian que en adelante pesaria sobre de él.

Y yo, esclamó Amanda, arrojandose á
los brazos de Oscar, que diré á mi hermano para darle gracias de su amable beneficio.
—Nada, contestó Oscar. Calmaos solamente,
y ocupaos en recibirnos bien en vuestra casa.

En seguida se presentó su hermana á Lady
Martha y Lady Araminta, las cuales la abra-
zaron, y la felicitaron de nuevo como dueña
de la casa. Condújola despues á la cabecera
de la mesa, donde habia un desayuno abundante y elegantemente servido. Oscar y Lord
Cherbury la ayudaron á hacer los honores.
Lady Martha veia con arrebato esta jóven
pareja, de la que decia que nada habia visto de comparable; y que fuese tan igual. El
amable encarnado de la salud y de la modestia colorába las mejillas de Amanda y sus
ojos al traves de sus largos párpados brillaban con el mas dulce placer. El semblante
de Lord Cherbury no era menos agradable y
animado, y sus ojos habian vuelto á tomar
todo su brillo.

Preguntaron á Oscar como lo habia hecho para prepararles una sorpresa tan agradable á Mortimer y á su hermana. Habia escrito á las damas de Tornbury comunicandoles su plan, y les habia suplicado se trasladasen á Tudor-Hall donde habia llegado el dia anterior á la noche. Lord Dunreath dijo tambien á Lord Cherbury, que seguro de hacer una cosa agradable para él, habia encargado á su procurador que restableciese todos los criados en sus antiguas funciones, y convidar á todos los arrendatarios á una comida de boda.

Lord Cherbury le aseguró que efectivamente era todo cuanto habria hecho el mismo. Despues del desayuno propusieron un paseo por el jardin y los bosques. Los arrendatarios y criados estaban reunidos ya en el vestibulo y en la avenida del castillo. Lord Cherbury se fué en medio de ellos, y la alegria que le mostraron de tenerle todavia por amo, le afectó sensiblemente. Dioles gracias por su efecto y recibió las enhorabuenas con la bondad y afabilidad que le caracterizaba. El paseo fué delicioso. Acia el medio dia buscaron la sombra y se retiraron bajo los toldos que formaban las madre selvas, lilas, y en donde encontraron refrescos traidos alli como por encanto. Hasta la hora de comer no volvieron á casa, y tuvieron el gusto de ver á las familias de sus arrendatarios puestos en largas mesas, paradas en el bosque con una alegría sencilla y sin reserva por la profusion que alli reinaba.

Lord Cherbury hizo observar de paso á

Amanda el aire de importancia que su nodriza se daba sentada en la cabecera de una
de las mesas. La vanidad de la buena muger
se habia aumentado desde que hubia recibido en su casa á los nobles huespedes. Cuando el conserge la convidó para que se hallase á la fiesta, su alegría no conoció limites
Tuvo cuidado de reunir para ir al castillo á
todas las mugeres de los mas ricos arrendatarios, contólas todo lo que habia pasado en
las ceremonias del casamiento, como el conde
se habia enamorado de su muger, cuando esta vivia en su casa, y las pruebas por donde habia pasado su constancia. Dios les ayude!
decia; á las que la escuchaban con ansia; si
os contaba todos los peligros que han corrido, y las tribulaciones que han sufrido os haria estremecer. Ahora, añadió, ha llegado
la vez de que mi querida hija camine con la
cabeza alta entre las mas grandes damas del
pais, y puedo decir sin lisongearme que mi
querida Milady hará alguna cosa por mi, y
no me dejará donde estoy, pues gracias á
Dios puedo hacer algo mejor. Cuando llegó
cerca de la condesa se apresuró á recoger de
ella la primera mirada afectuosa; pero esto
no fué todo. Siempre habia estado celosa de
la importancia de Mistriss Abergwilly que go-
bernaba tan grande casa, y queria, con el
favor que le dispensaba Lady Cherbury, mezclarse en algo, para aumentar su importancia
entre sus vecinos. Nada queria tanto como el trabajo, y la escena presente era hecha para su genio, pues dentro y fuera rei-

naba una alegría tumultuosa y una agradable satisfaccion. Al principio ya mostró su intencion de meterse en alguna cosa, ayudando á distribuir los refrescos á la comitiva, y cuando pasaron al comedor, dando su parecer y sus consejos para el arreglo de la mesa. Mistriss Abergwilly, como todas las personas consentidas por el habito del poder obsoluto, no podia someterse á las órdenes de la nueva soberana; sin embargo ahogó su resentimiento, y dijo politicamente á Mistriss Edwin que no tenia necesidad de la ayuda de nadie; que gracias á Dios, no habia llegado á su edad sin saber disponer el servicio de una mesa.— Ciertamente, replicó Mistriss Edwin, Mistriss Abergwilly lo entiende perfectamente bien, pero hay personas que pueden entenderlo tanto como ella.

Hacia mucho calor; Mistriss Edwin se arremangó el vestido que era de una hermosa ropa de seda que habia sido de Lady Malvina, y pusóse á mudar los platos de sitio, diciendo que ella conocia mejor que nadie el gusto de su querida Lady, y que revistaria las piezas de la casa y diria á Mistriss Abergwilly el modo de disponerlas y colocar los muebles mejor.

La camarera, en quien hervia la sangre de una *Galesa* no pudo sufrir mas, y principió á maltratar á Mistriss Edwin con algunas palabras medio articuladas, á las cuales contestó la nodriza. Edwin entró en mitad de la querella. Por amor de Dios! dijo, no podeis tomar otro tiempo y otro dia para reñir, injuriaros y pegaros eomo dos brujas de Gales. Que dirán Lord y Lady Cherbury? Dios mio! verguenza me da una tal conducta!

La reconvencion produjo buen efecto y las dos mugeres estuvieron confusas; su colera se apaciguó y volvieron á ser amigas. Mistriss Edwin dejó la direccion de la mesa de los amos á Mistriss Abergwilly, contentandose con presidir en la de los arrendatarios, y criados.

La comitiva al entrar encontró á Howell en el comedor, y su sociedad les aumentó el placer. Despues de la comida, los paisanos principiaron á bailar en la avenida al son de la harpa, y proporcionaron á sus benéficos huespedes el espectáculo agradable de su inocente alegría.

Despues del té, los hombres se mezclaron en el baile. Lord Cherbury volvió prontamente á su Amanda. Con que estasis escuchaba su dulce voz, cuando ella le decia con el acento del corazon que ahora era enteramente suya! La memoria de los obstáculos que habia superado y de las penas que habia sufrido hacia su dicha presente mucha mas viva.

En el discurso de la semana todas las familias de la vecindad vinieron á Tudor-Hall á hacer sus visitas de boda. Recibieronse y embiarónse invitaciones, y la casa volvió á ser la mansion del placer y de la hospitalidad. Mas la felicidad de que gozaba Amanda no la hacia olvidar los deberes del reconocimiento. No era de aquellos seres personales que despues de haber arreglado, como dicen, su

vida , se retiran á sí mismos y en la esfera
circunscrita de sus propios goces. Su corazon
era tan accesible como jamás al calor de la
amistad y los movimientos de la compasion.
Escribió á todos sus amigos de quienes habia
recibido favores en los terminos del mas vivo
roconocimiento , y algunas de sus cartas iban
acompañadas de regalos. Convidó á Emilia
Rusbrook á pasar á su casa; lo que fué aceptado al momento. Entónces hizo un descubrimiento que le causó tanto gusto como sor-
pesa; sabiendo que Howell era el jóven ministro á quien ella queria tan tiernamente y
que le habian hecho abandonar por Belgrave.
Howell habia ido á Lóndres á ver á un sugeto de credito que le protegia ; habiase hallado en casa de la señora que hemos visto mas
arriba que Emilia se habia dirigido para conseguir algun socorro para su madre enferma.
La bondad , la sencillez y la desgracia de esta jóven, habian interesado á Howell, y habia ido á verla y á llevarle algun alivio, pues
la señora habia recibido muy mal á Emilia.
Consolar y socorrer del modo que podia á los
desgraciados, era por aquel jóven un placer
tanto como un deber , y le fué mas dulce dar
algun pequeño socorro y consuelo á los Rusbrook que á estos de recibirle. Mas la compasion no fué por mucho tiempo el solo motivo
del interés que tomó en su situacion. Las maneras amables y la conversacion agradable de Emilia acabaron de domar su desgraciada pasion
por Amanda; y supstituyeron insensiblemente en
su corazon la imagen de Miss Rusbrook á la de

Miss Fitzalán. El hacia á Emilia la descripcion romancesca de la pequeña casa de campo que le convidaba á participar. Haciale esperar un tiempo en que podria ser el asilo
de sus padres, y donde, como un segundo
padre podria ayudarles en la educacion de sus
hijos. Sus proyectos y sus esperanzas se desvanecieron al recibir la carta de Mistriss Connel de que hemos hecho mension mas arriba
No quiso sacrificar el interés de la familia de
Rusbrook á su propia felicidad, y con una
generosidad, que no le impedió conocer todo el
lleno de la perdida, renunció á su Emilia,
para dejarla pasar á manos de un rival mas
rico y mas feliz. Cuando volvió á encontrar
á Emilia libre y siempre tierna por él, su
alegría fué estrema: pintóla de nuevo el asilo campestre que le habia ofrecido y bendijo con ella la mano benefactora que habia
dado á su padre la libertad. Lord y Lady
Cherbury se alegraron infinito al pensar que
podian contribuir á la felicidad de estas dos
amables personas. Lady Cherbury escribió al
momento al capitan Rusbrook y á su muger sobre el asunto. Contestaron ellos que, dando su
hija á Howell llenarian el mas querido de
sus deseos. Convidaronles á pasar á Tudor-
Hall, y en el mismo altar en que un mes antes se habian formado los nudos de Lord Cherbury y de Amanda, recibieron la bendicion
nupcial Howell y Emilia. Esta recibió con este motivo de Lord Cherbury un regalo de
boda considerable y suficiente para asegurar-
le los modestos goces que su sencillez le de-

jaba desear. Sus padres despues de haber pasado algunos dias con los recien casados se volvieron á su residencia satisfechos de la felicidad de su hija y llenos de reconocimiento por sus bienhechores.

El de Oscar y Amanda no olvidó á los Edwin. Lord Dunreath les señaló une renta anual y aumentaron las cortos bienes de Eléna.

El plan de felicidad domestica formado por Amanda, se encontraba ya lleno en todas partes, pero esta felicidad no era completa en tanto que no participase de ella su hermano. Oscar perdia de dia en dia la frescura de la juventud. Sus ojos lánguidos, su palidez, sus distracciones en medio de la sociedad manifestaban que su corazon sufria. Las lágrimas que tanto tiempo habia derramado Amanda por sus propias desgracias, las derramaba ahora por las de su hermano. Este habia escrito á Misriss Marlowe para instruirle de todo lo que le habia sucedído desde su separacion. Ella le habia contestado al momento dandole la enhorabuena en los terminos mas espresivos por el cambio de su situación: habiale dicho igualmente que Adela se hallaba actualmente en Inglaterra en una de las posesiones de Belgrave. Su carta era triste, y acababa con estas palabras: «Mi querido Oscar, la amistad se halla desterrada del rincon de mi fuego. Yo vivo triste y solitaria en mi pequeña casa, hasta que siento que mi corazon sucumbe á la memoria de las escenas que han pasado en ella, y cuando salgo á paseo, los objetos que veo á mi alrededor aumentan la amargura de estas memorias. Las ventanas cerradas, los cenderos cubiertos de yerba, los criados de Wood-Lawn tristes, todo me recuerda el tiempo en que esta casa era el templo de la hospitalidad y la mansion del placer. Voy á menudo errante al rededor de la tumba del general, que riego con mis lágrimas, y apresuro con mis deseos el momento en que estaré á su lado; pero mis últimas horas no serán tan dulces como las suyas: No tendré una tierna hija que se incline á mi lecho de muerte para recoger mi último suspiro, y endulzar mis postreros dolores. En vano esperaré que las piadosas lágrimas de la naturaleza ó de la amistad caígan sobre mis ojos medio cerrados. Moriré sin amigos que me cerquen, echándome en cara que por mi culpa los he perdido; pero todavia me llorará alguno. Vos y mi Adela, tanto tiempo objeto de mis tiernos cuidados, ambos á dos sentireis á aquella cuyo afecto y dulce simpatia durarán tanto como su vida.''

CAPITULO LVII.

DESPUES de la muerte de su padre, Adela habia sido llevada á Inglaterra por Belgrave que se habia hecho un placer de mortificar su sensibilidad, separandola de Mistriss Marlowe con quien sabia que estaba intimamente unida. Los conocimientos de Belgrave la forzaron á frecuentarla sociedad que de por si jamás habria buscado, pues habia perdido toda su alegria y solo era feliz en la so-

ledad en donde podia entretenerse con sus
pasadas memorias. Cuando los terrores de Belgrave, por el asesinato que habia cometido, le
hicieron salir del reyno envió á su muger á
Wood-House, donde puede acordarse el Lector que él mismo habia llevado á Amanda,
de donde habia sido echada por aquella im-
periosa criatura: pero quedaba otra muger
afecta á Belgrave y no menos insolente á cuyos cuidados fué confiada la desgraciada Adela, con órden de no dejarle recibir visita alguna ni comunicar con nadie. Acostumbrada
desde su tierna juventud á ser tratada con
dulzura y terneza, esta severidad la sumergió en una desesperacion, y la vida le pesa-
ba ya. Su melancolía ó mas bien su paciencia
y dulzura, mitigaron en fin el rigor de su cár-
célera, y le permitió esta estender sus pasos
fuera del jardin á cuyo recinto estaba hasta
entónces confinada. Mas ella no usó de este
permiso sino para visitar el cementerio del
pueblo, sombreado por viejos tejos que habia
notado desde sus ventanas. Allí gustaba de ir
á sentarse bajo de su lugubre sombra á la caida del dia: allí oculta á toda observacion
lloraba al padre que habia perdido, y á la
amiga de la cual se hallaba tan cruelmente
separada.

Una tarde permaneció en el cementerio
mas tiempo de lo que acostumbraba. La dulce luz de la luna hacia ser menos oscura la
noche, y los lastimeros sones de una flauta
que venia del pueblo era el solo ruido que
oia. Sumergida en la tristeza, apoyada la ca-

beza en sus manos olvidaba el tiempo, cuando de repente vè levantarse de una tumba inmediata una figura. Sobresaltóse, gritó, pero
no tuvo fuerzas para moverse. Sin embargo
distinguió luego un anciano que aprocsimán-
dose, le dijo: no tengais miedo. Su voz tranquilizó á Adela.—Creia, la dijo, que este sitio
solo era frecuentado por mi, y por la desgracia.—Si, está consagrado á la desgracia, contestó Adela, tengo derecho á entrar. Estas
palabras que le escaparon parecieron efectar
profundamente al estrangero.—Como! tan jóven, y ya la desgracia os conduce á este sitio! Mas los disgustos de la juventud son mas
soportables, que los de una edad avanzada en
que se sobrevive á los objetos que nos aficio-
nan á la vida.—Ah! esclamó Adela, tambien
yo estoy separada de lo que amaba. El estrangero estuvo pensativo durante algunos minutos apoyado contra un árbol; al fin dijo.
Es tarde, permitidme que os acompañe á
vuestra casa y decidme si puedo esperar volveros á ver mañana por la tarde en este mismo sitio: Vuestrd juventud vuestro porte,
vuestro abatimiento, todo me interesa. La
imaginacion aumenta á veces los disgustos de
la juventud. Me direis los que mas os inquie-
tan; pero es una debilidad abandonarse á
ellos, y esta misma puede ser combatida
con ecsito en un ser razonable, haciendole conocer los males reales de la vida. Puedo seros tambien útil contándoos los mios, si quereis hallaros mañana por la tarde en este triste y solitario sitio, que he visitado á la

misma hora sin encontrar en ella ningun ser
viviente.

La figura respetable, el tono patetico y
dulce del estrangero, afectaron fuertemente á
Adela. Mirabale con ojos en algo semejantes
á los que miraba la benefica fisonomía de su
padre. Os volveré á ver mañana, le dijo ella,
pero creed que mis disgustos no son imaginarios
No quiso que la acompañase, y halló en este encuentro alguna cosa penetrante y romancesca y que ocupandola fuertemente le atrajo
alguna mitigacion á su acostumbrada tristeza.

Al dia siguiente fuè ecsacta á la cita. El
estrangero estaba ya ántes que ella. Sentáron-
se á la inmediacion de la tumba de donde le
había visto levantar el dia anterior; la cual
se destinguia de las otras por algunos arbustos floridos que la cercaban, y principió su
historia. No estaba todavía muy adelante en
ella que Adela principió á escucharle con la
mayor conmocion. Tembló, y su agitacion se
aumentaba por grados á medida que él hablaba. En fin tomando la mano del anciano
esclamó : ella vive; la muger que llorais vive todavia; vive solitaria, y vos sois el objeto de sus mas tiernos sentimientos ; no, jamás os ha sido infiel. Oh mi querida é ines-
timable Mistriss Marlowe ! que dicha para la
hija de vuestros cuidados, pensar que os vol-
verà el esposo que tan tiernamente habeis llorado, y que encontrareis su corazon abierto
para recibiros! Los sollozos casi convulsivos
del estrangero hirieron los oidos de Adela.
Estuvo él mucho tiempo sin poder hablar; al

fin levantando los ojos al cielo, esclamó; Oh
providencia! gracias te sean dadas: aun estre-
charé contra mi corazon al objeto de mi ternura. Oh mi querida Fanny! que injustamente te he tratado! Aprended con mi egemplo,
continuó dirigiéndose á Adela, á no dejaros
llevar de la precipitacion. Si me hubiese tomado tiempo para ecsaminar cuidadosamente
la conducca de mi muger, y hubiese resisti-
do á la violencia de mi pasion que me in-
pedia juzgar sanamente de ella, cuantos años
de desgracias nos habriamos ahorrado uno y
otro! Pero decidme, donde encontraré mi antigua y desgraciada compañera? Adela satisfizo á su peregunta, y al mismo tiempo le dió
á conocer su propia situacion.—La muger de
Belgrave! esclamó despues de haberla oido;
Ah! ya no me admiro de veros desgraciada.

Ya es tiempo de decir que este estrangero era el viejo Howell, el desgraciado padre de Juliana y el marido de Mistriss Marlowe. Este dijo á Adela, que el objeto de
sus sentimientos encerrado en la tumba cerca
de la cual le veia sentado, era por baber
sido precipitado en ella antes de tiempo por
el crimen de Belgrave. Adela le dijo que
no le permitian escribir, pero que hallaria
medio para violar la prohibicion y que ella
le traeria una carta que podria llevar á Mistriss Marlowe para prepararla á verle. Adela
no pudo poner en ejecucion esta promesa por
un suceso tan importante como inesperado.

Al dia siguiente la dispertó un gran ruido en la casa como de gentes que iban y ve-

nían con la mayor turbacion. Vistióse de prisa para ir á ver lo que era, cuando una criada entrando en su aposento con precipitacion la dijo bruscamente que el coronel Belgrave habia muerto. Horrorizada y atónita Adela se quedó petrificada. La muchacha repetia lo que acababa de decir, y añadió que habia muerto en pais estrangero, y que traian su cuerpo á Wood-House acompañado de un frances que parecia ser sacerdote. Las diferentes conmociones que esperimentó Adela en este momento eran demasiado fuertes; asi se encontró mala, y pasóse mucho tiempo antes que volviese en sí, y que pudiese dar algunas órdenes á los criados que desde este momento principiaron á mirarla con otros. ojos que no habian hecho hasta entónces. Encargó que se tuviese toda especie de atencion y respeto al sacerdote frances, y que se hicieran á los restos de su marido todos los honores fúnebres. No podia sentir la muerte de Belgrave, pero estaba penetrada de un sentimiento de horror y lastima por la muerte prematura que lo habia alcanzado lejos de su pais, de sus parientes y de sus amigos.

Los últimos momentos de Belgrave habian sido en efecto mas horribles de lo que ella podia imaginar. Habiase ausentado de Lóndres aterrorizado por el asesinato que creia haber cometido, y adolorido por el destino de Amanda que Bingley le habia pintado tan enérgicamente. Esforzóse á ahogar sus remordimientos con el vino; pero sus escesos junto con la turbacion de su alma le dieron

una calentura que se acrecentó de tal modo
á su paso de Douvres á Calais, que cuando
desembarcó en Francia, si le hubiesen escuchado con atencion, hubieran conocido en su
delirio los crímenes de que se sentia culpado. Antes de morir recobró un poco la razon, pero fué solo para esperimentar las mas
crueles agonias y el mas grande horror de si
mismo. Por las miradas de los que le servian
conocia que se le acercaba su fin, y la memoria de sus malas acciones le hacia temer este terrible momento. « Estais vengado, decia,
desgraciado Howell de todo lo que os he hecho sufrir. " Cree ver al lado de su cama, la
figura pálida de Juliana salida de su último
asilo para aparecersele, y reprocharle su barbarie. Sus traiciones se le presentan á la vista; un profundo terror se apodera de él á
vista de los espectros que su conciencia culpable reune á su alrededor. La esperanza de
una muerte cercana habria aliviado sus tormentos, si hubiese podido mirarla como el
fin de toda ecsistencia, pero este otro mundo que habia sido constantemente el objeto de
su mofa, se abrió delante de el bajo un aspecto espantoso y horrible. Veíase ya en presencia del juez supremo acusado por los desgraciados que habia hecho. Hubiera deseado
un ministro de la iglesia anglicana, pero le
presentaron uno romano, y como ministro de
Dios, creyó Belgrave encontrar algun consuelo
con él. El sacerdote era supersticioso, y antes
de consolarle quiso convertirle; pero apenas habia principiado su controversia que el des-

graciado Belgrave fué asaltado de una con-
vulsion que se lo llevó. El criado ingles que
se habia llevado de Inglaterra, instruyó á las
gentes de la posada del rango y fortuna del
difunto, y el sacerdote se ofreció á acompañar el cuerpo á Inglaterra. Adela, que no
quiso ver al ministro, le hizo pagar generosamente su trabajo, y dos dias despues de
su llegada á Wood-House el cuerpo fué enterrado en la iglesia de la parroquia. Desde
un rincon del cementerio el anciano Howell
siguió con la vista el entierro. Acabada la ceremonia y retirado todo el mundo se acercó
á la tumba de su hija. Ya no ecsiste Juliana,
tu raptor no ecsiste; responde ya en el tribunal de Diòs de su crimen para contigo. Ojalá alcance el perdon que yo le concedo en
este momento: pues mi enemistad no le seguirá mas allá del sepulcro.

Llenados estos deberes, Adela envió á buscar á Howell, y apaciguada su primera conmocion, le dijo que iba á volver en seguida
á Irlanda. El se habia abstenido de partir ya
con la esperanza de acompañar á Adela. Pu-
siéronse en camino al dia siguiente; y en menos de una semana llegaron al fin del sus-
pirado viage. Convinieron de antemano el modo de preparar á Mistriss Marlowe. Adela llegó sola á su casilla. Encontróla solitaria y
triste, como se lo decia en su carta á Oscar,
pero esta tristeza se disipó bien pronto, Mistriss Marlowe estrechó contra su pecho á Adela con toda la ternura de una madre, y en
los primeros transportes de su sorpresa y ale-

gria no echó de ver que Adela iba de luto.
Luego que supo la causa se apoderó de ella
una grande conmocion. Adela no estaba ménos agitada, estuvo por mucho tiempo sin poder contar lo que le habia sucedido. Al fin,
acordándose de la situacion en que babia dejado á Howell, hizo esfuerzos para calmarse y entablar su relacion. Mistriss Marlowe la escuchó derramando muchas lágrimas á
las cuales sucedió la sorpresa cuando Adela
llegó al incógnito que habia encontrado en el
cementerio. Cuando ella pintó la conmocion
que habia esperimentado á la relacion del estrangero, Mistriss Marlowe se estremeció y puso pálida. Vos esperimentaréis, la dijo Adela,
los mismos sentimientos que yo. Entonces, continuó, mi emocion se acrecentó; tomé su mano esclamándome. Ella vive aun, esta esposa
querida y sentida todavia vive.—Gran Dios! esclamó Mistriss Marlowe que quereis decir?—Oh!
ahora dejadme repetir la misma espresion, dijo Adela: vive este esposo querido y sentido,
todavia vive. Este incógnito es vuestro Marlowe.— Ah! esclamó Mistriss Marlowe, respirando con dificultad, que le vea, mientras me queda suficiente fuerza para gozar todavia de esta dicha! Adela salió del aposento. Howell ó mas bien Marlowe estaba poco distante de la puerta. Acercóse, entró
sosteniéndose apenas sobre sus piernas, y en
un momento estuvo á los pies y en los brazos de su muger, que inmovil sobre su silla
solo pudo recibirle en ella. En una mezcla de
pena, y de placer, de lágrimas y de trans-

portes bendijeron el poder benéfico que les reunia para consolarse en su vejez. Mas mis hijos ! esclamó de repente Mistriss Marlowe, cuando veré á mis hijos... ? Por que no han venido con vos...? Desdeñarán acaso la bendicion maternal...? Marlowe, que en lo sucesivo llamarémos Howell, pues no habia tomado el nombre de Marlowe sino cuando tuvo esperanzas de heredar á su tio, gimió y se puso pálido. Mistriss Howell interpretando su conmocion, le dijo: os comprendo, soy todavía esposa pero no madre. Howell recobrando ánimo le dijo : sí, todavía sois madre de un amable hijo que nos queda. Mas el cielo, añadió despues de un momento de silencio, se nos ha llevado á nuestra hija. No me pregunteis como, os lo suplico. Bien pronto os llevaré á su tumba, os contaré sus desgracias, y la lloraremos juntos. Entónces las lágrimas preciosas de una madre regarán por primera vez sus cenizas. Mistriss Howell lloró; pero cedió á los deseos de su marido. Preguntó algunos detalles sobre su hijo y lo que de el supo le trajo algun consuelo.

Adela consintió en pasar la noche en casa Mistriss Howell, pero el dia siguiente se fué á Wood-Lawn. Pensar que iba á volver á ver este sitio y los senderos que habia recorrido con el que amaba, era para ella un sentimiento agradable aunque melancólico. Desde la mañana se encaminó con su amiga, y los sitios que le presentaban tantos recuerdos la afectaban vivamente. La casa cerrada parecia triste y abandonada. El placer y la hos-

pitalidad se habian ausentado desde la muerte del pobre general. Standard, su caballo
favorito pacia en la pradería, y á su lado
el perro fiel que la acompañaba en todos sus
paseos. El pobre animal conoció al instante
á Adela, corrió y lamió su mano manifestándole la mayor alegria. Ella le hizo fiestas dejando caer algunas lágrimas á la memoria de su amor. Los transportes de los
criados antiguos y sobre todo el viejo So-
melier al verla, hicieron redoblar su llanto.
Pero cuando entró en la sala en que ordi-
nariamente estaba su padre, no pudo sostener
la impresion que le hizo, y haciendo señas
que no la siguiesen entró en el parque. Al
último de este, habia una salita en una situacion pintoresca en la cual ella y Oscar habian pasado muchas veces horas enteras juntos. Fuese allá, y la memoria de Oscar que
este sitio le recordaba, acrecentó su tristeza
y su abatimiento en lugar de disminuirlo.
Mientras estaba sentada entregándose á sus tristes pensamientos, divisó por la primera vez, unos
versos escritos en los vidrios de las ventanas.
Levantóse apresurada, conoció la letra de Oscar y leyó lo que sigue:

Caro objeto de la mas pura llama,
Una cruel suerte me aparta de vos,
Compadeced las ansias que mi alma
Sufre, al daros el último y triste á Dios.
    Por vos huyo de mi nativa tierra,
Por amaros renuncio á poseeros,
Una ley que me impongo tan severa

Prueba mi constancia y mis deseos.

Si riquezas me hubiese dado el cielo
A vuestros pies hubiéralas rendido
Mas solo presentar puedo mi afecto,
Y un corazon lleno de amor y seducido.

Pierdo la paz, la dicha, y la esperanza:
Lo pierdo sin pensarlo reencontrar,
Queda mi amor que aun sin recompensa
Tanto como mi vida tiene de durar.

Oscar al salir para Inglaterra con el proyecto de pasar á las islas inglesas de América, habia estado secretamente en Wood-Lawn para despedirse de todos los lugares que habia querido; y escribió estos versos inspirados por una tierna melancolía.

Luego su amor era desgraciado como el mio, díjose Adela. Que triste semejanza en nuestros destinos! Volvióse á casa. Mr. y Mistriss Howell habian consentido en pasar en ella algunos dias en su compañía. Los versos de Oscar le venian sin cesar á la memoria, y despues de comer volvió á la casa del bosque para volverlos á leer.

Hacia algun tiempo que estaba ausente cuando Mistriss Howell fué á reunirse con ella y la sorprendió leyendo los versos grabados en la ventana. Ella se avergonzó. Hace mucho tiempo, la dijo Mistriss Howell, que no hemos paseado juntas por este hermoso jardin; demos una vuelta, y hablemos del tiempo pasado.—Del tiempo pasado! dijo Adela con média sonrisa, no ofrece siempre objeto de conversacion agradable.—Hay algunos de vuestros amigos, ó uno á lo menos de quien no me habeis preguntado todavia noticias. El corazon de Adela palpitó, pues sospechaba del amigo que querian hablarle. Oscar Fitzalan, dijo Mistriss Howell, merece que os acordeis de él: y que deseeis saber en que ha parado. Tengo buenas noticias que daros, sin reñiros por vuestra negligencia en preguntármelas. Contóla en seguida el cambio que habia tenido en su situacion; Adela lo escuchó con grande atencion.—Pues que la fortuna, dijo ella, le ha sido al fin favorable, no será por mucho tiempo desgraciado en su amor.—En efecto; contestó Mistriss Howell mirando á Adela con una tierna complacencia, ya es tiempo que un amor tan puro y tan constante halle su recompensa. Oh Adela! continuó tomándola la mano, amable objeto de mis mas tiernos cuidados, que feliz soy en este momento de poder anunciaros la dicha que se os espera!—La dicha que me espera! dijo Adela con voz débil.—Sí, replicó Mistriss Howell, la dicha que vais á encontrar en vuestra union con un hombre digno de poseeros, con un hombre que desde el primer momento que os vió, jamas ha cesado de adoraros; en una palabra con el mismo Oscar Fitzalan.

Que decis? replicó Adela conmovida Ah! memoria humillante y triste! Oscar Fitzalan no me desechó cuando mi bueno, mi bueno y generoso padre quiso que yo fuese suya? Mi querida Adela, contestó Mistriss Howell, me veo forzada en este momento á turbar la ceniza de los muertos para apartar la desgracía que amenaza la inocencia. Oh Adela! habeis sido cruelmente engañada, y en el momento que fuisteis de Belgrave hizo á Oscar el mas desgraciado de los hombres. Mi corazon ha sido el depositario de todos sus dolores; y que de lágrimas he derramado por su suerte! Calmaos, continuó viendo la agitacion de Adela, y os diré las circunstancias de este cruel suceso. Llevósela entonces á la casa del bosque y le esplicó del modo mas circunstanciado la traicion de Belgrave. Adela rebentó en sollozos à esta relacion, inundaba las manos de su amiga con sus lágrimas, dándola gracias de haberla aligerado, con esta esplicacion, de un peso que oprimia su corazon. — Pobre Oscar; cuanto sus penás habrian agravado las mias!—El se ha mostrado generoso ocultándooslas, dijo Mistriss Howell y su generosidad debe tener su recompensa. Entonces dijo á Adela: espero en breve una visita suya, y hablando así tenia en sus miradas y en su modo alguna cosa que escitó de repente las sospechas de Adela, la cual coloriándose, estremeciéndose: y temblando esclamó: Ah! mi querida amiga ¿ no está ya aquí? Mistriss Howell se sonrió—Sí, le dijo, ha llegado, y con que impaciencia no espera el momento de volver á ver su Adela!

Puede creerse que esta impaciencia no tardò á satisfacerse, Entrando Adela an casa encontró á Oscar en el salon en que habia dejado á Mr. Howell. A esta vista incapaz de sostenerse se dejó caer en los brazos de Oscar y estrechar contra este corazon fiel, que

tanto habia sufrido al perderla. Algun tiempo
pasó ántes que ella pudiese oir la dulce voz
de Oscar. Oh! quien podrá pintar los transportes de este jóven, pagado así de todos
sus sufrimientos! Pero en mitad de su dicha
la idea del pobre general que tan generosamente se la habia preparado vino á afectar
dolorosamente su corazon.—Oh! Adela mia,
dijo estrechandola en sus brazos, Oscar puede pues tomar á vuestros ojos su alma toda
entera, para mostraros toda su ternura y
permitirle miraros como á él, y lisongearse
de la esperanza deliciosa de haceros felíz. Si,
el mas generoso de los amigos, esclamó levantando los ojos ácia el retrato del general,
os probaré mi reconocimiento con mi ternura y mi adhesion ilimitada á vuestra querida hija! mientras hablaba así, sus ojos se mo-
jaban de lágrimas de ternura. Oh! y cuanto penetraron el sensible corazon de Adela
estas lágrimas derramadas en memoria de
su padre. Adela unió las suyas y sintio
que este ser querido que las hacia correr
faltaba solo á su felicidad. Despues que hubo recobrado alguna tranquilidad, preguntó
como Oscar se habia hallado tan prontamente
y en tan buena ocasion á Wood-Lawn. Oscar
la contó como una carta muy triste de Mistriss Howell le habia determinado á venirle á
ver con la esperanza de divertirla en su soledad,
y tambien para afligirme con ella y gozar de
los consuelos que su amistad podia darme. En
la casa de Howell lo habian dirigido á Wood-
Lawn, donde habia sabido no solo que Mis-

triss Howell habia encontrado á su marido,
sino tambien el acaecimiento que haciendo á
Adela libre, pareciale abrirle á él la senda
de la felicidad.

Esta mencion que Oscar hacia de sus esperanzas no ofendió á Adela preparada como estaba por la conversacion de Mistriss Howell;
pero jamás se habia separado de las leyes de
la decencia,, y determinó no dar la mano á
Oscar hasta que hubiese espirado el tiempo
del luto, dandole á entender al mismo tiempo que durante este intervalo recibiria sus
obsequios; pero para esto era preciso que ella
se proporcionase una sociedad, que la pusiese en estado de verla con decencia. No podia
lisongearse de detener por mas tiempo á Mr.
y Mistriss Howell, y sobre todo la última
por la impaciencia que tenia de ver á su hijo.
Oscar pidió á Adela el permiso de escribir en
su nombre á Lord y Lady Cherbury para
empeñarles á venir á pasar algun tiempo á
Wood-Lawn; prometiendoles acompañarles en
seguida al Castillo de Carberry, y de allí á la
Abadia de Dunreath: el convite fué aceptado.

Pocos dias despues Oscar vió reunidos á
su vista y viviendo bajo un mismo techo los
dos seres que tenia en el mundo mas queridos, y derramaba lágrimas de placer al contemplar á Adela en los brazos de Amanda que
la daba gracias por haber dado la felicidad á
su querido Oscar. Lord Cherbury conocia ya
á Adela, y despues de Amanda, la miraba como la mas amable de las mugeres. Lady Martha y Lady Araminta que vinieron tambien

á Wood-Lawn sintieron los mismos sentimientos
Pocos dias despues de su llegada, Mistriss
Howell se preparó para marchar. Adela que
la miraba como una segunda madre no pudo ver estos preparativos sin derramar muchas lágrimas.—Mi querida Adela, le dijo esta respetable amiga, vuestras lágrimas me li-
songean, pero me afligen. Estoy penetrada de
vuestro afecto, pero siento que mi partida os
afecte tan dolorosamente. Los obsequios de
los amigos que os rodean habrán borrado prontamente de vuestra alma todas la penosas
memorias; pero la naturaleza me llama léjos
de vos. Quiero estar cerca del hijo que el cielo me ha dejado, y ver la tierra, añadió con
los ojos humedos, que ha recibido los restos
de la que he perdido.

Tres semanas despues de su partida toda
la reunion se encaminó al castillo de Carbe-
ry. Amanda no pudo entrar en él, sin esperimentar conmociones muy penosas. Acordose del momento cruel, en que oprimida de
disgusto y de la enfermedad habia llegado á
él despues de la salida de su padre, y le
habia seguido en la pobre habitacion de Bry-
nes para tribntarle los últimos cuidados que
habia recibido de ella. Lloraba al pensar que
su padre no era testigo de su felicidad. Lord
Cherbury adivinó la causa de su conmocion
y esforzose á calmarla por demostraciones de
ternura. Este era el solo bálsamo que podia
curar una herida de esta naturaleza, y Lord
Cherbury consiguió convertir este disgusto tan
vivo en una dulce melancolía. Ella no difirió

ir al convento. Las buenas hermanas corrieron
amontonándose á alrededor, esclamandose, ale-
grándose, y hablando á la vez, la doseaban
toda suerte de prosperidades. Sor María sobre todo estaba transportada. El placer de la
superiora era mas calmado, pero mas patéti-
co. El castillo llegó á ser la morada de la
alegría y de la felicidad; pero en medio de
estas distracciones los dueños de él no olvidaban los deberes que imponen la riqueza y
la propiedad; tomaron conocimiento de la situacion de todos sus pobres arrendatarios, aliviaron sus necesidades, escucharon sus quejas
y remediaron sus agravios; en fin los colma-
ron de alegría, cuando les dijeron que pasarian en el castillo muchos meses de cada
año. Despues de haber permanecido allí seis
semanas se embarcaron para Port-Patrik, desde
donde se trasladaron á la Abadia de Dunreath
que acababa de ser preparada y amueblada á la
moderna con bastante alegancia. Dispuisieron
permanecer allí hasta el casamiento de Lord Dunreath. Mientras llegaba el tiempo, lo llenaron
con diversiones agradables y variadas, con
correrias á sus vecinos y escursiones en el pais
Mas los habitantes de la Abadia, unidos por
los mas tiernos afectos no tenian horas mas
deliciosas que las que pasaban juntos, libres de
toda otra sociedad. Lord Dunreath poco tiempo despues de su llegada al castillo, habia ido
á propuesta de su hermana, á casa del mar-
pues de Rosline á decirle que Lady Cherbury se proponia hacerle una visita á la marquesa, si esta lo tenia á bien, pero el mar-

ques desvió la preposicion y al mismo tiempo murió Lady Dunreath. Mistriss Bruce se retiró á otra parte de Escocia, corrida de habitar un pais en que su conducta era conocida. Esta conducta habia afligido mucho á Mistriss Duncan su sobrina á quien Amanda fué á visitar luego de su llegada, y encontró establecida en una hermosa casa cerca del pueblo en que se habian retirado al salir de la Abadia: volviéronse á ver con el mayor placer y la madre y las hijas fueron á pasar algun tiempo á la Abadia de Dunreath.

Llegó en fin el feliz dia que debia colmar la dicha de Oscar. En la capilla de Dunreath donde Fitzalan y Malvina se habian jurado una fé mútua, recibió Oscar de mano de Lord Cherbury el objeto amable de su ternura tanto tiempo deseado. La ceremonia solo tuvo por testigos un pequeño numero de amigos, pero fueron convidadas á comer todas las familias de la vecindad, entretanto que los arrendatarios fueron obsequiados en el vestibulo del castillo, de donde los bailes se sucedieron á la comida, y duraron toda la noche.

Aquí termina nuestra historia. Solo nos falta dar á conocer á nuestros lectores la suerte de algunos personages que han hecho papel en ella. Hablaremos primero de Lady Greystok uno de los mas notables. Despues de la muerte de Lady Eufrasia no halló ya el mismo gusto en la sociedad del marques y se retiró á Bath. Allí en poço tiempo hizo conocimiento con una especie de mugeres puri-

tanas que obraron una grande mudanza por
no decir una gran reforma en sus sentimientos; para dar una señalada prueba de su
conversion se casó con un jóven predicador
de la secta. El nuevo dueño le enseñó prontamente una vírtud de la que tenia necesidad, esto es, el arrepentimiento, pues bien
luego y bien amargamente se arrepentió de
haberse puesto en su poder. Vejada, arrui-
nada y oprimida por él, cayo en una enfermedad de languídez que en breve llegó á ser
incurable. Cuando se vió moribunda envió á
buscar á Rusbrook á quien confesó plenamente su traicion y su injusticia para con él.
Hizole entrar en posesión de todos los bienes de su tio, y halló en la tarde de la vida una indemnízacion de todo cuanto habia
sufrido. Al morir, tuvo la satisfaccion de haber arrancado á su marido, una buena parte
de sus bienes por los cuales se habia casado
con ella.

Mistriss Howell despues de haber estado á
ver á su hijo, se retiró en la casita de su marido
en donde pasan sus dias con dulzura. El hijo Howell y su Emilia disfrutan de toda la
felicidad posible en este mundo.

Sir Cárlos Bingley, despues de haber evi-
tado cuidodosamente durante dos años todas
las ocasiones de ver á Lady Cherbury, se encontró por casualidad con ella y su esposo,
y á conocido á la vista de Amanda que su
conmocion no era tan grande como temia.
Lord Cherbury le ha convidado de un modo
tan amable y con tantas instancias á que le

viniese á ver que ha cedido á sus súplicas.
Testigo de la felicidad doméstica de los dos
esposos, se ha disgustado de la vida errante
que hasta entónces habia llevado. Veía todos
los dias á Lady Araminta Dormer, y estinguida su pasion por Amanda, ha encontrado
en esta jóven todos los encantos y todas las
virtudes de que estaba dotada. Dió á conocer
su admiracion y sus sentimientos, y su declaracion fué recibida favorablemente. Obtuvo
la mano de Araminta y al mismo tiempo una
dicha igual á la de Lord Cherbury.

El marques y la marquesa de Rosline pasan su vida retirados, echando de menos lo
pasado, y sin esperanzas para lo venidero;
Free-Love pasea su fatuidad en todos los pa-
rages públicos, alabándose de haber robado
una heredera escocesa; y bien persuadido que
despues de esto no podrá resistirle muger
alguna.

Volviendo otra vez á los amables descendientes de la familia de Dunreath, hijos de la
Abadia, conservan la bondad de corazou y
la sencillez de sus modales que les han dis-
tinguido siempre. Despues de haber cursado
en la escuela de la desgracia, compadecian á
los desgraciados, y su beneficencia es á la
vez el tributo del reconocimiento al cielo, y
el de la humanidad ácia los que sufren. Es
el homenage diario que tributan al ser supremo que ha velado sobre su juventud abandonada, que les ha salvado de tantos
peligros, y que les ha bendecido con tantas
prosperidades, defundiendolas en derredor su-

yo. Los deseos de Lady Dunreath se han cumplido. La memoria de sus desgracias solo es para ellos un motivo de compasion por los males de los otros. Sus virtudes han aumentado la reputacion de sus antepasados, y asegurado la paz de su alma y la felicidad de su vida. Cada uno de sus hijos es reputado como un don del cielo no solamente por ellos, sino tambien por todos los de su conocimiento. El reconocimiento ha consagrado ya sus nombres, y su ejemplo ha inspirado una noble emulacion de imitar sus virtudes.

FIN.

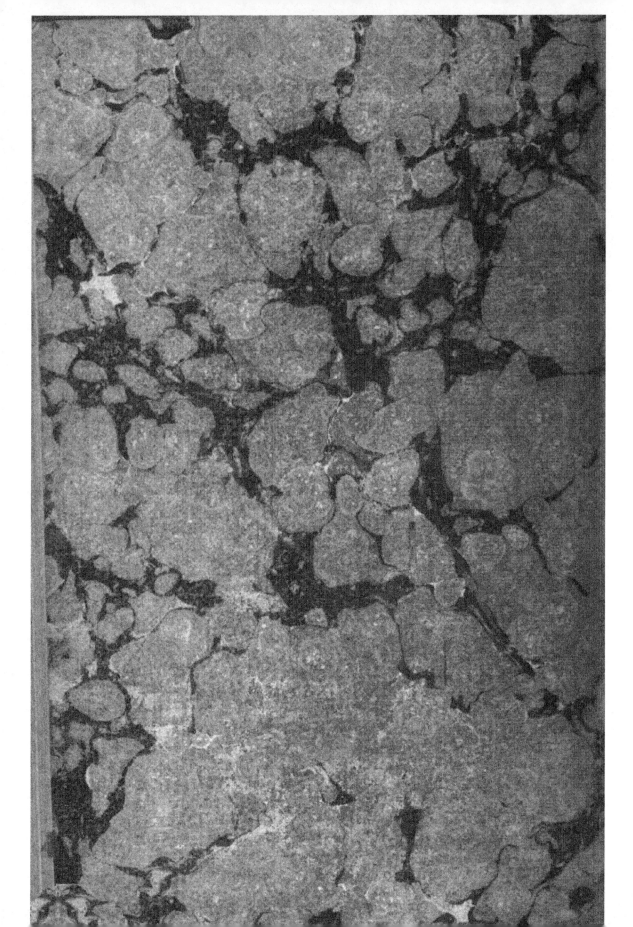

CPSIA information can be obtained at www.ICGtesting.com
Printed in the USA
BVOW09s0957130515

400213BV00016B/202/P